그 남자의
자동차

자동차 저널리스트 신동헌의 낭만 자동차 리포트

그 남자의 자동차

신 동 헌

차 례

여는 글 인생에서 자동차가 갖는 의미에 대하여 **06**

제 1 부 자동차, 톡 까놓고 말해서

명차는 어떻게 만들어지는가 **13**   국산 차의 성능에 대한 단상 **21**
자동차 색깔론 **28**   못생겼는데 예쁜 자동차들 **37**
나는 한국 차가 싫어요 **47**   자동차는 인테리어로 고르자 **54**
애증의 디자이너 크리스 뱅글 **64**

제 2 부 명차란 이런 것

완벽함도 진화할 수 있다 **75**   포르쉐 바이러스 **83**
로드스터에 낭만을 더하면 **93**   서울에서 컨버터블 즐기기 **103**
작지만 꿀리지 않는 해치백 **110**   세상에서 가장 빠른 예술품 **117**
포르쉐 디젤 매직 **125**   캐딜락은 아무것도 변하지 않았다 **132**

제 3 부 슈퍼카 훔쳐 타기

1억 7000만 원짜리 차를 타면 인생이 바뀔까 **143**
높은 절벽 위의 난 같은 존재, 페라리 F430 스쿠데리아 **150**
640마력짜리 괴물, 람보르기니 무르치엘라고 **159**
포르쉐는 대형 세단에 무슨 짓을 했나 **167**   아우디 R8, 슈퍼카 대열에 합류하다 **175**
남자를 미치게 만드는 포르쉐, 카이엔 GTS **185**

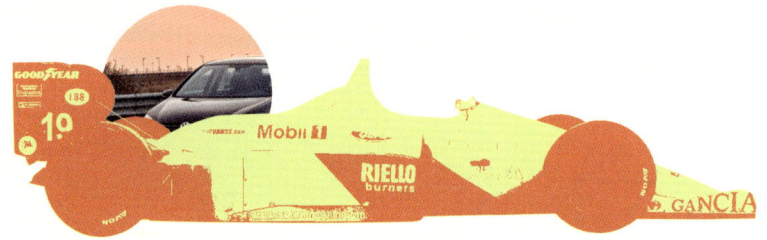

제 4 부 세상을 만나게 해 준 내 인생의 자동차

벤틀리의 위대한 유산 197 메르세데스 벤츠의 성지 순례기 207
세팡 서킷에서 체험한 주말 레이서의 세계 217
눈보라 휘날리며 외친 그 이름, 볼보 227
아우디와 함께 핀란드 설원을 달리다 237 아프리카에서 낭만을 경험하다 243
24시간의 오르가슴, 르망 24시 내구 레이스 257 가슴으로 느낀 F1 267

제 5 부 즐겁게, 멋지게, 그리고 자동차와 함께

자동차 운전, 이것만은 제대로 하자 279 경제적인 운전이란 285
자동차 길들이기는 여자친구 대하듯 291
엔진 오일 가격과 교환 주기는 비례하지 않는다 298
튜닝의 끝은 어디일까 304 완벽한 운전을 위한 완벽한 자세 311
주차의 달인이 되는 법 317

제 6 부 자동차가 인생을 바꿀 수 있을까

내 첫 번째 자동차를 주억하며 325 아빠를 위한 자동차 고르기 334
월급쟁이도 탈 수 있는 수입 차 343 내 가슴속의 스피드 레이서 351
여자를 사로잡는 남자의 차 359 생애 마지막 차를 고른다면 366

도판 출처 376
더 읽을거리 377
자동차 유형별 특징 | 자동차 외관의 부분별 명칭
F1 머신 둘러보기 | 엔진 기통별 특징 | 굴림 방식의 종류와 특징

여는 글

인생에서 자동차가 갖는 의미에 대하여

인류가 돌을 주워 도구로 사용하기 시작한 후 그 모양을 다듬어 용도에 맞게 사용하는 데에는 69만 년이 걸렸다. 69년을 만 번 반복하는 동안 인간은 '돌을 날카롭게 갈아 쓴다'는 생각을 하지 못한 셈이다. 그러나 1886년 카를 벤츠(Karl Benz)가 최초의 자동차를 만든 지 불과 130년이 지난 지금, 대부분의 자동차는 성인 네 명이 계절에 상관없이 쾌적한 실내에서 음악을 듣거나 길 안내를 받으며 한 시간에 200킬로미터를 달릴 수 있는 물건으로 발전했다. 게다가 청동기나 철기가 기나긴 역사 동안 줄곧 '권력'을 상징했던 것에 반해, 자동차는 태어난 지 얼마 되지 않아 권력이나 경제력에 상관없이 누구나 그 혜택을 즐길 수 있는 존재가 되었다. 처음 태어난 유럽, 대량 생산이 시작된 북아메리카뿐 아니라 아시아와 아프리카에 이르기까지 이제 자동차는 전 세계 모든 사람의 '생활필수품'으로 자리 잡았다. 전 세계 어디를 가든 자동차가 달릴 수 있는 도로가 만들어져 있고, 기름을 넣을 수 있는 주유소가 있으며, 고치고 기름칠 수 있는 인프라가 마련되어 있다. 인간 생활에 필요한 의식주와 관련된 그 어떤 물건도 이처럼 급속도로 퍼지고, 보편화되고, 사랑받은 것은 없었다.

좀 거창하게 설명했지만, 사회학이나 문명 발달 과정을 논하고자 하는 것은 아니다. 그런 어려운 해설을 덧붙이지 않아도 자동차의 매력은 충분히 이해할 수 있다. 남자들은 태어나서 두 발로 걷기도 전부터 자동차 장난감에 열광하고, 생애 첫 자동차의 설렘을 마치 첫사랑과의 추억이라도 되는 것처럼 오랫동안 간직하며, 노년이 되어서도 멋진 스포츠카를 타고 질주하는 꿈을 꾼다. 사내들끼리 모이면 여자 이야기보다 자동차 이야기를 더 많이 할 지경이니, 안드로이드와 사랑에 빠진다는 SF영화 속 이야기가 아니라 현실에서 이미 인류는 기계 장치와 사랑에 빠져 버린 것이나 다름없다.

인간 수컷들이 바퀴 네 개 달린 물건에 정신을 빼앗겨 버리는 정확한 이유는 나로서는 알 수가 없다. 그저 강력한 힘을 추구하는 원초적인 욕망, 누구보다 빨리 달려 사냥감을 쫓아야 하는 수컷으로서의 생존 본능을 충족시켜 주는 기계인 데다 생김새까지 여체를 연상케 하는 부드러운 곡선으로 구성되어 종족 번식의 본능까지 만족시키기 때문이 아닐까…… 하고 추측할 뿐이다.

오늘날 자동차는 '탈것' 또는 '이동 수단'이라는 의미만을 가지고 있지는 않다. 더 이상 '남자'에게만 한정된 이야기도 아니다. 요즘 시대를 살아가는 현대인이라면 자동차를 생각할 때 그저 바퀴 달린 기계의 이미지를 떠올리는 사람은 거의 없다. 자동차는 내 개성을 표현해 주는 수단이 되기도 하고, 은밀하고 사적인 공간을 제공해 주기도 하며, 귀금속처럼 소유 욕구를 채워 주는 물건이기도 하다. 우리는 자동차에 뭔가 다른 가치를 투영해서 바라보곤 하는 것이다.

이는 현대사회가 '이미지'를 중요시하는 방향으로 흘러온 것과도 관련이 있다. 사람을 겉모습만 보고 판단하면 안 된다고 하지만, 사실 겉모습은 다른 사람을 평가하고 판단하는 아주 중요한 잣대가 되었다. 첫 만남에서 성격 테스트나 가치관 평가를 할 수도 없는 노릇이니, '겉모습'은 우리가 사회생활을 하면서 올바른 판단을 내리는 데 절대적인 역할을 하는 셈이다. 그리고 그 겉모습은 그 사람의 라이프스타일이 어떠한가에 따라 좌우된다. 라이프스타일을 구성하는 요소가 과거에는 '의식주'였다면, 오늘날에는 여기에 '자동차'가 추가된다. 왜냐하면 이제 자동차는 그 사람의 옷이나 주거 환경과 비슷하게 '살아가는 방식'을 나타낼 수 있게 된 물건이기 때문이다.

단적으로 예를 들자면, 남들 눈에 띄지 않는 평범한 삶을 살고 싶다면 우리나라에서 가장 많이 팔리는 2000cc 은색 쏘나타를 타고 다니면 된다. 성공한 사업가로 보이고 싶다면 검은색 메르세데스 벤츠 뒷자리에 회색 슈트 차림으로 앉아 있으면 되고, 환경을 걱정하는 사람이라면 토요타 프리우스를 타고 개량 한복을 입고 다니면 된다. 톡톡 튀는 내 개성을 표현하고 싶다면 미니를 타라. 그리고 참고로 자수성가한 사람으로 보이고 싶다면 아무리 돈이 많아도 20대에 페라리를 타면 안 된다.

비싼 차를 타야 남에게 인정받는다는 시대착오적인 이야기를 하고자 하는 것은 아니다. 자동차에 의미를 부여하지 않고, 그저 고장이 나기 직전까지 굴러가기만 하면 된다고 생각한다면 그건 그것대로 자신의 라이프스타일이라고 할 수 있을 것이다. 하지만 20년 된 차를 찌그러진 채로 타고 다녔을 때, 그 차의 주인을 '가난뱅이' 혹은 '수전노'라고 판단하는 사람들이 있을 수도 있다는 것은 부정할 수 없는 사실이다.

이처럼 자신이 소유한 자동차, 그리고 그 자동차를 사용하는 생활방식들이 보여 주는 것은 의외로 많다. 겉모습 때문에 주변 사람들로부터 오해를 받지 않기 위해서, 또는 겉모습으로 상대방에게 좋은 인상을 주기 위해서 남들에게 자신이 어떻게 보이는가를 고려하는 것처럼, 자동차와 함께하는 라이프스타일도 고민해 볼 필요가 있다. 자동차 마니아가 아니더라도 누구나 자신이 탈 차를 고르기 위해서는 자동차에 대해 제대로 알고 있어야 하는 것이다. 경차를 타도 품위 있어 보이는 사람이 있는가 하면, 최고급 독일 차에서 내리는데도 뭔가 부족해 보이는 사람이 있는 것은 자신의 차에 대한 이해도가 다르기 때문일지도 모른다.

그리고 즐거움도 빼놓을 수 없다. 우리가 자동차를 좀 더 이해해야 하는 가장 중요한 이유는 바로 이 '즐거움' 때문이라고 말하고 싶다. 스포츠카를 타야만 즐거움을 얻을 수 있는 것은 아니다. 출퇴근용 패밀리 세단이라도 충분하다. 자동차를 단순히 '집과 직장을 오가는 데 쓰는 물건'이라고 생각하면, 그것을 이용하는 만큼의 시간을 버리는 것이나 마찬가지다. 출근길에 지하 주차장을 빠져나오면서 스티어링 휠을 꺾는 동작에서 즐거움을 느낄 수도 있고, 카 오디오에서 흘러나오는 음악을 큰 소리로 따라 부르며 회사로 가는 시간을 즐거운 시간으로 바꿀 수도 있다. 퇴근길에는 사랑하는 사람과 대화를 나눌 수 있는 카페가 되기도 하며, 회사에서 받은 스트레스를 해소해 주는 게임기가 될 수도 있는 것이다.

이 책은 자동차 마니아를 위한 객관적인 데이터 해설서가 아니라, 자동차에 대한 경험과 다양한 시각을 바탕으로 '매우 주관적'인 잣대로써 내려간 에세이다. 자동차란 누가 운전하느냐에 따라 느낌이 다르다. 그뿐 아니라 같은 차라고 해도 그 차를 소유한 사람의 취향이나 상황에 따라 완전히 다른 느낌을 줄 수 있는 물건이기 때문에, 이 책에서는 '주관'을 강조한다. 어설프게 객관적이고자 하는 것보다는 완벽한 주관을 드러내는 편이 오히려 읽는 이의 판단과 이해에 도움을 줄 수 있을 것이다. 주관적이라고는 해도 아마 이 책을 읽고 난 후에는 왜 자동차라는 물건에 남자들이 그렇게 환호하는지, 똑같이 바퀴 네 개 달린 자동차인데 왜 그렇게 가격 차이가 많이 나는지, 자신의 라이프스타일에는 어떤 자동차가 가장 잘 어울리는지를 누구나 판단할 수 있으리라 생각한다.

자동차는 결코 어려운 물건이 아니다. 어쩌면 우리 주변에서 사람보다 더 자주 볼 수 있는 물건일지도 모른다. 한 가지 장담할 수 있는 것은 자동차를 더 이해하고 나면 인생도 즐거워진다는 사실이다. 그리고 감히 말하자면, 이 책을 통해 얻은 자동차에 대한 새로운 시각은 어쩌면 당신의 인생에서 상당 부분을 바꾸어 놓을지도 모른다.

2012년 8월

신동헌

제 1 부

자동차, 톡 까놓고 말해서

자동차는 우리 주변에서 쉽게 볼 수 있는 물건이지만,
의외로 제대로 알고 있지 못한 경우가 많다. 자동차의 제원표를
달달 외우면서 스스로 마니아라고 착각하고 있지는 않은가?
명차의 조건, 국산차의 진실, 전설의 자동차와 디자이너 등
모든 편견과 착각, 오해를 벗어던지고 바라본 자동차의 숨은 이야기.

명차는 어떻게 만들어지는가

이 책에 자주 등장하는 자동차는 내가 개인적으로 좋아하는 차들이다. 나는 오랫동안 모터사이클을 타 왔기 때문에 차체가 다이내믹하게 움직이고, 거동에 군더더기가 없으며, 직관적으로 가속하고 감속할 수 있는 차를 좋아한다. '스포츠카'라고 불리는 차들이 대개 이런 특성을 보이지만, 나는 비현실적인 수치의 성능과 가격을 자랑하는 슈퍼카보다는 누구나 살 수 있는 차에 관심이 많다. 즉 내가 좋아하는 차는 '제대로 만들어진, 그리고 누구나 노력하면 손에 넣을 수 있는 차'라고 할 수 있다.

BMW 3시리즈는 내가 가장 좋아하는 차다. 이 차는 1970년대 초 제1차 석유 파동 때 처음 등장했다. 그 이전까지의 독일제 고급 차는 대부분 차체가 크고 권위적인 인상을 풍겼다. '작은 고급 차'라는 말이 익숙하지 않던 무렵에, BMW는 다이내믹한 운동 성능과 필요 충분한 차체 크기를 섞어 혼자 타거나 두세 명이 탈 때 가장 좋은 자동차를 만들어 냈다. 3시리즈는 앞바퀴와 뒷바퀴를 각각 저울 위에 올려놓으면 거의 정확한 50대 50의 무게 배분을 보이는 것으로도 유명하다. 그 덕분에 가속할 때나 감속할 때, 코너링할 때 등 언제든지 안정된 움직임을 보인다. 물론 50대 50의 무게 배분은 '그렇게 만들자'고 해서 쉽게 해낼 수 있는 게 아니다. 오랜 경험과 수많은 연구가 뒤따라야 가능하다. 후륜구동이라고 모두 이런 무게 배분이 가능한 것은 아니며, 대부분의 후륜구동 차는 55대 45 정도의 무게 배분을 갖게 된다.

1970년대의 초대 3시리즈와 지금의 3시리즈가 갖고 있는 상황은 완전히 다르다. 최근의 3시리즈는 여러 개의 에어백이 기본으로 들어가고, ABS와 ESP® 등의 전자 제어 장치가 기본 장착되며, 각종 전자 장비와 안전 장비도 들어간다. 헤드라이트만 해도 예전에는 그냥 전구 하나 달랑 있던 것이, 이제는 할로겐 램프보다 더 밝고 더 멀리 시야를 확보해 주는 HID 램프 관련 부품과 안정기, 각도 조절기, 헤드라이트 워셔 등 다양한 부품으로 인해

● 미끄러지는 것을 막기 위한 가장 기본적인 안전 장치가 ABS(Anti-lock Brake System)이며, 여기서 좀 더 발전한 안전 장치가 전자식 주행 안정 프로그램인 ESP(Electronic Stability Program)다. 차체가 불안정한 거동을 보일 경우 자동으로 바로잡아 주는 역할을 한다.

무게가 올라간다. 그리고 그 대부분은 차체의 앞부분에 실린다. 자동차의 무게는 가벼울수록 주행 성능에 좋다. 게다가 요즘의 환경 규제와 연비 기대치를 지키려면 가볍게 만들 수밖에 없다. 그러므로 무게

1975년 BMW 3시리즈인 E21 모델(위)과 2012년형 320d(아래). BMW 3시리즈는 전문가들이 꼽는 사상 최고의 자동차 중 하나라 해도 과언이 아니다. 이 차는 '작은 고급차'라는 새로운 장르를 창조했으며 스포츠카가 아니라 세단으로도 스포츠 드라이빙이 가능하다는 것을 증명해 냈다. 크기로 자동차의 가치를 판단하는 경향이 강했던 우리나라에서도 3시리즈 덕분에 인식이 많이 바뀌었다.

배분 50대 50을 지키기 위해서는 뒤를 무겁게 하는 게 아니라 앞부분의 무게를 줄여야 한다. BMW 3시리즈는 '세단'이면서도 웬만한 브랜드가 슈퍼스포츠 자동차에 쏟아 붓는 노력을 해 가며 자신들이 정한 잣대를 지켜 내고 있는 것이다.

그렇다면 무게 배분은 50대 50이 최고일까? 꼭 그런 것만은 아니다. 페라리나 람보르기니 같은 차들은 대략 40대 60 정도의 비율을 갖고 있다. 엔진이 뒤에 실렸기 때문이기도 한데, 40대 60의 무게 배분 비율은 가속 시 뒷바퀴를 더욱 노면에 짓눌러 댈 수 있고, 감속 시 하중이 앞쪽으로 쏠리더라도 앞 타이어에 부담이 지나치게 많이 가는 일이 없기 때문에 가장 적당한 무게 배분으로 여겨지고 있다. 그러나 엔진이 뒷자리 부근에 실리기 때문에 이런 방식은 2인승이어야 가능하다. 따라서 많은 사람들이 타는 4인승 승용차라면 50대 50이 실현 가능한 최고의 밸런스라고 봐도 좋을 것이다.

그러나 50대 50이 아닌 매우 기형적인 무게 배분으로도 '명차'가 될 수 있다. 포르쉐 911은 37대 63이라는 유례없는 기형적 무게 배분을 갖고 있는 차다. 그 이유는 뒷바퀴 뒤쪽, 그러니까 일반 차량의 트렁크 부분에 엔진을 싣고 있기 때문이다. 상식적으로 이런 무게 배분이라면, 액셀러레이터를 바닥까지 밟고 급가속할 때 앞부분의 하중이 너무 부족해서 방향 전환이 제대로 되지 않거나, 코너를 돌아 나갈 때 뒷바퀴에 너무 많은 하중이 걸려서 미끄러지기 십상이어야 한다. 그러나 911은 실제로 다른 차들과는 좀 색다른 움직임을 보인다. 스티어링 휠을 움직이지 않아도 액셀러레이터의 개도에 따라 차량의 방향이 바뀌는 등 일반 차량에서는 상상하기 힘든 움직임이 일어난다.

결과적으로는 어떤가? 이 차는 수많은 레이스에서 우승을 차지하고, 코스 레코드를 세우며, 수많은 사람들의 가슴을 두근거리게 만들기까지 한다. 2011년 선보인 최신형 911은 급가속하거나 급감속할 때도 차체의 흔들림이 거의 없다. 차체 설계와 서스펜션 세팅으로 구조상의 문제점을 극복한 것이다. 그렇다면 911은 왜 차체 앞부분이나 운전석 바로 뒤가 아니라 트렁크 부분에다 엔진을 싣기 시작했을까? 포르쉐 박사에게 '스포츠카'란 어디까지나 가족을 위한 차였다. 뒷바퀴를 엔진으로 누르는 방식이 접지력 확보에 유리하다고 해서 뒷자리가 있어야 할 부분에 엔진이 있다면, 그건 둘 밖에 타지 못하는 반쪽짜리 차라고 생각한 것이다. 그리고 그 이상을 실현시키기 위해 포르쉐는 지금까지도 수십 년째 연구를 거듭해 가면서 911을 더욱 완벽한 모습으로 만들려고 애쓰고 있다.

아우디는 또 다른 철학을 갖고 있다. 그들은 운동 성능에 민감한 사람들만 느낄 수 있는 무게 배분보다는 실내 공간에 더욱 집착했다. 그들은 엔진을 최대한 앞쪽으로 빼서 실내 공간을 넓혔다. 무게 중심은 차체의 가운데에 있는 것이 여러모로 유리하고, 엔진은 자동차에서 가장 무거운 부속이기 때문에 대부분의 엔지니어들이 앞바퀴와 뒷바퀴 사이에 놓으려고 하는 것과는 완전히 반대되는 개념이었다. 아우디의 엔진은 앞바퀴 축보다도 앞에 놓여 있다. 그러나 그들이 무

엔진을 뒤에 싣고 뒷바퀴를 굴리는 포르쉐 911(위)과 엔진을 앞에 싣고 네 바퀴를 모두 굴리는 아우디 콰트로(아래). 기계 구조와 설계 철학은 상반되지만, 추구하는 바는 똑같다. 잘 달리고, 잘 돌고, 잘 서는 차, 그리고 운전이 즐거운 차. 인생에 한 가지 정답이 있는 게 아닌 것처럼 자동차 구조에도 정답은 없다.

게 배분의 중요성을 간과한 건 아니다. 아우디는 전륜구동(FF)이나 상시 사륜구동(AWD) 방식이기 때문에 엔진을 가로로 배치하는 게 구조적으로 유리하지만, 그들은 엔진을 세로로 배치해서 좌우로 무게가 퍼지는 것을 최대한 억제했다. 엔진을 세로로 배치한 덕분에 스티어링 휠을 꺾을 때 앞바퀴가 움직이는 각도는 훨씬 커졌고, 구조는 조금 복잡해졌을지언정 일반적인 전륜구동 차보다 뛰어난 핸들링 성능을 가질 수 있었다. 아우디 A4의 앞뒤 무게 배분은 55대 45 정도인데, 앞부분이 무거운 것에 대한 보상으로 상시 사륜구동이기 때문에 트랙션 성능에는 모자람이 없다. 실내 공간 확보를 위해 무게 중심의 황금률을 깼지만 기술로 그 모자람을 보충하고 있는 셈이다.

이외에도 사고가 발생했을 때의 생존율을 높이는 수동형 안전 장비(에어백이나 차체 보강)뿐 아니라, 그에 앞서서 사고가 발생하지 않도록 미리 사고를 예방하는 능동형 안전 장치(사각지대 감시 시스템이나 자동 정지 시스템) 개발에도 적극적인 볼보, 도서관처럼 조용하고 침대처럼 편안한 차를 만드는 데 모든 힘을 쏟아 붓는 렉서스 등도 명차라고 할 수 있다. 예술에 가까운 공예 기술을 투입해 차의 모든 부분을 고급스럽게 감싸는 데 능한 롤스로이스나 벤틀리, 도로뿐 아니라 아직 인간의 손길이 닿지 않은 길을 달리는 데 집중하는 랜드로버 같은 회사도 있다.

명차란 이처럼 철학과 기술이 뒷받침될 때 태어난다. 어떤 차를 만들겠다고 하는 확고한 신념이 없으면 올바른 방향을 잡을 수 없고, 기술이 없으면 그 이상을 추구할 수가 없다. 요즘 세상에는 가슴과 머리가 아니라 입으로 자동차를 만드는 회사도 많이 있다. 모든 회사가 새로운 이상을 추구하고, 앞서 가는 기술을 투입해야 하는 건 물론 아니다. 다른 회사들이 닦아 놓은 길을 따라 달리는 대신 좀 더 많은 사람들이 탈 수 있도록 단가를 낮추는 것도 훌륭한 철학이 될 수 있다. '명차'를 결정짓는 가치는 단순히 값이 비싸거나 오래되었다고 해서 생겨나는 것이 아니다. 자신이 추구하는 바를 이루기 위해 쉽게 타협하지 않고 얼마나 최선을 다했느냐가 잣대가 될 수 있을 것이다.

국산 차의 성능에 대한 단상

 몇 년 전 어느 신문에 실린 설문 조사 결과를 보고 한참을 웃은 적이 있다. "자동차를 고를 때 가장 중시하는 점은?"이라는 제목의 설문 조사였는데, 가장 많은 사람들이 선택한 항목이 '성능'이었기 때문이다. 그것도 수치가 40퍼센트에 가까웠다.

 아마 대부분의 사람들은 그게 왜 웃기냐고 반문할 것이다. 우리나라에서 가장 잘 팔리는 차는 현대 쏘나타다. 같은 회사의 아반떼와 그랜저까지 세 차종이 엎치락뒤치락하며 순위권을 다툰다. 만년 3위권에 기아의 이름이 거론되기 시작했는데, 차종은 경차 모닝이다. 아마 아직도 내가 왜 웃는지 모르겠다면, 차를 고를 때 무엇을 중요시하느냐는 질문에 '성능'이라고 답한 39.4퍼센트에 속하는 사람이거나 '성능'이 뭔지 제대로 모르는 사람일 것이다.

우선 우리나라에서 가장 잘 팔리는 자동차 10위권에 있는 자동차 중에서 '성능'을 자랑으로 내세울 만한 자동차는 전무하다. 최근에는 2리터 엔진으로 270마력을 발휘하는 '초고성능' 국산 차도 등장했지만, 막상 운전석에 앉아 보면 전혀 고성능 차라는 생각이 들지 않는다. 출력을 '성능'보다는 '운전 편의성'에 맞게 세팅했기 때문이다. 이 때문에 외국의 경쟁 차종과 비교해 보면 형편없을 정도로 성능이 달린다.

'성능'을 가장 내세우는 스포츠카는 우리나라에서 단 한 차종만 판매되며, 그나마 판매 순위에서는 수입 차에게도 밀리는 수준이다. 한마디로 거의 팔리지 않는다. 게다가 현대와 기아의 자동차는 성능이 완전히 동일함에도 불구하고 현대가 무조건 더 잘 팔린다. 현대와 기아는 차체를 구성하는 플랫폼이 같을 뿐 아니라 엔진과 구동계, 그리고 대부분의 소모성 부품을 공유한다. 디자인만 다른 같은 차라는 이야기다. 그럼에도 불구하고 현대는 거의 대부분의 차급에서 기아보다 많이 팔린다. 심지어 고성능 엔진을 기아에서 먼저 채택해도, 현대보다 많이 팔리는 경우는 극히 드물다. 성능보다는 브랜드 인지도를 더욱 따진다는 것을 보여 주는 증거라고 할 수 있다. 심지어 외제 차와 비교해서 꿀리지 않는다고 일컬어지는 기아의 디자인도 브랜드 인지도에서는 밀린다는 소리다.

아마도 이런 결과가 나오는 이유는 우리나라 사람들이 '성능'이라는 것을 여러 가지 의미로 이해하고 있기 때문일 것이다. 엔진의 출력과 구동계의 탄탄함에서 나오는 동력 성능만 '성능'이라고 생각하는

우리나라에서 가장 잘 팔리는 현대 쏘나타. 아마도 대한민국 대표 자동차라고 하면 가장 먼저 떠올리는 것이 현대 쏘나타일 것이다. 이 차는 우리나라 사람들이 차를 고를 때 가장 중요시한다는 '성능'이나 '연비'와는 전혀 상관이 없지만, 어쨌거나 국내에서 제일 잘 팔린다.

것이 아니라, 주변의 조언이나 세간의 이미지와 같은 '감성 성능'까지도 성능으로 이해하고 있는 것 같다. 실제로 어떤 차의 엔진이 더 강력한가, 어떤 기술을 적용했는가보다는 그저 사람들 사이에 어떻게 알려져 있는가가 중요한 선택 기준이 되는 것이다.

대부분의 사람들이 최고 출력이나 최고 토크도 제대로 이해하고 있지 못한 나라, 국내 자동차 경주 하나 제대로 치러지지 않는 나라에서 '차를 고를 때 가장 중요한 항목'으로 성능을 꼽는 것은 부끄러운 이야기다.

만약 진짜 성능이 중요한 판단 기준이 된다면 제대로 된 국산 스포츠카가 두세 종쯤 국내에서 팔리고 있고, 원 메이크 레이스(one make race)˚도 뿌리를 내리고 있을 것이다. 그리고 아반떼나 쏘나타에는 고성능 버전이 하나쯤 있어야 했다.(현대·기아는 고성능 버전을 만들지 않는 세계에서 몇 안 되는 자동차 회사 중 하나다.)

˚ 단일 차종 경주.
한 회사에서 만든 단일 차종 또는 동일한 차체 구조를 가진 자동차만으로 실력을 겨루는 자동차 경주다.

문제는 우리나라 사람들이 차를 고를 때, 자신이 무엇을 중요시하는지조차 모르고 있다는 사실이다. 뭘 보고 골라야 하는지 모르기 때문에 설문 조사에서 '성능'이나 '연비'(동일한 설문 조사에서 34.5퍼센트가 유지비를 꼽았다.)와 같은 뻔한 대답을 하는 것이다.

설문 조사에서 2위를 차지한 '유지비'도 사실은 우리나라 사람들이 별로 중요하게 생각하지 않는 것 중 하나다. 정말 '연비'를 중요시한다면 국산 차 판매 순위권에 디젤 승용차가 한 대도 없을 리가 없고,

하이브리드 승용차가 지금처럼 가뭄에 콩 나듯 팔리는 일도 없을 것이다. 차량을 보통 5년 정도 탄다고 하면, 디젤을 사용하는 3000만 원짜리 폭스바겐 골프가 휘발유를 사용하는 2500만 원짜리 쏘나타보다 유지비가 훨씬 저렴하다. 차량 구입비와 5년 동안 차량을 유지하는 데 들어간 비용을 모두 합치면 오히려 골프 쪽이 훨씬 저렴하다. 연비가 좋고, 보증 기간 동안 소모품을 무상으로 공급하기 때문이다. 고장은 보증 수리로 처리하기 때문에 돈 들 일이 없고 보험료는 가격에 비례하기 때문에 약간 비싸지지만, 연비로 인한 절약분에 비하면 새 발의 피다. 그러나 대부분의 사람들은 "수입 차는 유지비가 비싸서……"라는 이유로 고개를 절레절레 흔든다. 결국 실제 유지비가 문제라기보다는 사회의 관념, 분위기, 남과 다른 것에 대한 두려움이 크게 작용하는 셈이다.

요점은 "수입 차 구입하는 편이 더 경제적이랍니다."라고 말하고 싶은 게 아니다. 차를 고를 때 자신이 중요시하는 것을 명확히 판단하지 않으면, 마음에 들지도 않는 차를 비싼 돈을 주고 사는 경우가 생길 수도 있다는 걸 알아야 한다는 말이다. 집 다음으로 비싼 물건을 사면서도 사람들은 자신의 취향보다는 타인의 시선을 더 신경 쓴다. "우리 형편에"라는 식의 겸양을 내세우면서 오히려 더 비싼 것을 구입하기도 한다. 이건 절대로 세계 5위의 자동차 생산 대국에 어울리는 소비 문화가 아니다.

"자동차는 역시 수동"이라는 말을 하는 스포츠카 마니아치고 수동 차를 운전하는 사람이 드물고, "○○○이 국내에 수입되기만 하면 바로 살 텐데."라고 하는 사람치고 실천에 옮기는 사람은 극히 적다. 그런 사람일수록 차를 고를 때는 이런저런 핑계를 대 가며 보수적인 선택을 하는 경우가 적지 않다. 우리나라처럼 커다란 패밀리 세단이 인기 있는 나라에서는 차라리 "큰 차가 좋다."거나 "남의 차와 비교해서 꿀리지 않는 차가 좋다."는 사람이 많아야 설득력이 있다.(국산 준중형 차는 이미 '커다란' 차라고 불려도 좋을 크기다.)

이런 '자기 성찰'은, 좀 거창하게 말하자면 우리나라 자동차 산업의 발전과도 관계가 깊다. 자기가 뭘 좋아하는지를 모르는 소비자와 뭘 잘 만드는지를 모르는 자동차 회사는 닭과 달걀과도 비슷한 관계다. 우리나라 자동차 회사는 이제 세계 어디에 내놓아도 부끄럽지 않은 규모로 성장했지만, 그 내용물은 참으로 초라하다. 자신의 '드림카'로 한국 차를 꼽는 사람은 우리나라에서조차도 찾아보기 힘들다.

자동차라는 게 고성능의 비싼 차만 존경받아야 하는 건 아니지만, 우리나라 차들은 세계 최고 수준의 '실용 차'를 만들면서도 뜬금없이 '럭셔리', '하이클래스', '프리미엄' 노래를 부르는 바람에 스스로의 가치를 떨어뜨리고 있다. 부가가치가 큰 자동차를 만들겠다는 야망으로 고급 후륜구동 세단을 만들었지만, 전 세계적으로 판매량이 만족스럽지 못해 그 개발비를 메우느라 소형차의 가격을 올려야 하는 웃지 못할 상황에 빠져 버린 것이다.

슈퍼카만 존재 의의가 있는 것은 아니다. 이 세상에는 저렴하고 쓸

만한 차도 필요하다. 그리고 그런 차를 가장 잘 만드는 건 지금의 우리나라다. 거기에 더 힘을 쏟아서 더욱 저렴하고 더욱 쓸 만한 차를 만들어 그 시장을 확고하게 하는 편이 낫다. 레이스에 참가해 본 적도 없고, 고급 차에 어울리는 문화 활동을 추진해 본 적도 없는 자동차 회사가 '성능이 뛰어난 고급 차'를 만든다는 건 거의 불가능에 가깝다. 커다란 중형 세단 차체에 터보도 없는 2리터 휘발유 엔진을 실은 차를 타면서 "성능으로 선택했다."고 하는 것처럼 바보 같은 짓이다.

자동차 마니아란 출력 수치를 외우고, 해외 자동차 브랜드의 라인업을 줄줄 외우는 사람을 말하는 게 아니라, 그 차의 본질을 제대로 꿰뚫고 있는 사람을 말한다. 그리고 자동차 회사는 적어도 그런 '마니아'보다는 차를 더 잘 알고 있어야 할 것이다.

자동차 색깔론

당신이 만약 자동차를 가지고 있다면 장담하건대 검은색이거나 흰색이거나 은색일 것이다. 놀랍게도 우리나라에서는 당신과 같은 선택을 한 사람이 90퍼센트나 된다. 자동차를 구입해 본 적이 있다면 무채색이 어쩔 수 없는 선택임을 알고 있을 것이다. 자동차는 MP3 플레이어나 디지털 카메라, 휴대전화와 달리 자신의 개성과 패션에 따라 구입하기에 어려운 물건이다. 기분 내키는 대로 색깔을 바꿀 수도 없는 물건인 데다 중고차 가격도 고려해야 한다.

 중국 문헌에 따르면 우리 민족은 이미 부여시대부터 백의(白衣)를 즐겨 입었다고 한다. 이유는 정확히 알려져 있지 않지만, 염색 기술이 발달하지 않아 색깔이 들어간 옷은 매우 비싸서 아무나 사 입을 수 없었다는 것이 일반적인 분석이다. 그러던 것이 일제강점기 때 총독부가 흰옷 입기를 강력하게 금지시킨 것에 서민들이 저항함으로써 '백의'가 항일 정신의 상징으로 강조되기 시작했다.

그러나 사실 백의 착용을 금지시킨 것은 일본제국이 아니었다. 백의를 깨끗이 입기 위해서는 세탁을 자주 해야 하는 등 경제적으로 부담이 많았기 때문에 1894년의 갑오개혁 이후부터는 유색 옷 착용이 장려됐으며, 1906년에는 고종의 명으로 백의 착용이 금지됐다. 우리나라 사람들이 색깔 있는 옷을 즐겨 입기 시작한 것은 광복 이후부터다. 갑오개혁 이후 무려 50년이나 걸린 셈이다.

자동차 색깔 이야기를 하다가 갑자기 백의민족 이야기를 하는 것은 그 둘 사이에 매우 비슷한 공통점이 있기 때문이다. 흰 옷과 무채색 자동차는 모두 자신을 드러내지 않을 수 있다. 모두 비슷비슷해 보이기 때문에 개성보다는 묻어가는 게 중요했던 우리나라 사람들의 라이프스타일에 잘 맞았던 것 같다. 무채색 자동차는 어떤 상황에서도 어떤 옷을 입어도 어울린다. 빨간색 자동차를 타다가 장례식장에 갈 일이 생기면 곤란하다거나 노란색 차를 탈 때 검은 정장을 입으면 좀 창피하다거나 하는 걱정을 할 필요가 없는 것이다. 게다가 염색하지 않은 흰 옷이 저렴하듯, 무채색 차는 가격도 싸고 중고차 가격을 더 높게 받을 수 있다. 단점까지 비슷하다. 흰 옷이 자주 빨아야 하고 옷감도 쉽게 상하기 때문에 결과적으로 경제적이지 못한 것처럼, 흰색이나 검은색 차는 더러움이 쉽게 타서 세차를 자주 해 줘야 한다.

우리나라 자동차 오너들의 맹목적인 무채색 사랑은 이제 해외 언

원색의 차를 사려고 하면 사람들은 흔히 "쉽게 질릴 걸?"이라고 하며 조언한다. 그런 이들에게 묻고 싶다. 원색의 차를 타 본 적이 있냐고. 아마도 대부분 없다고 할 거다. 이런 식의 조언과 개성을 상실한 선택이 도시를 회색빛으로 만든다.

론에서 보도되기도 한다. 길을 다니다 보면 도무지 유채색 차를 찾기가 힘들 지경이니 거의 사회 문제 수준으로 느껴진다. 무채색 자동차들이 알록달록한 원색 간판이 벽면에 빼곡하게 들어찬 빌딩 사이를 달리는 풍경을 보고 있으면 어느 실력 없는 화가 지망생이 그린 추상화라도 보고 있는 것 같아 기분이 언짢다. 자기네 가게 간판을 고를 때의 컬러 감각과 자동차를 고를 때의 컬러 감각을 섞어서 반으로 나누면 딱 좋을 텐데.

내가 가장 좋아하는 자동차 색상은 파란색이다. 스포티하고 젊어 보이기 때문이다. 파란색은 유럽에서 전통적으로 사랑받는 색상인데, 특히 BMW의 경우 거의 이 브랜드를 상징하는 컬러라고 해도 좋을 정도로 파란색이 인기다. 나는 약 10년 전에 파란색 3시리즈를 탔다. 중고이긴 해도 상태가 무척 좋았고, 범퍼도 까진 곳 하나 없었다. 나는 매일 점심시간마다 주차장으로 내려가 왁스칠을 했다. 번쩍번쩍 빛나는 차를 바라보는 게 밥보다 좋았다.(할부금을 갚기 위해 점심을 거를 필요도 있었다.) 그러나 사람들은 "BMW씩이나 사는데 왜 파란색을 골랐어?"라며 의아해 했다. "파란색이야 말로 가장 BMW다운 색"이라고 주장해봐야 씨도 안 먹혔다. "고급 차는 곧 검은색"이라는 등식이 너무나도 강했기 때문이다. 다음 차는 렉서스의 IS200이었는데, 역시 파란색을 골랐다. IS200의 파란색은 반짝이는 펄이 섞여 마치 사파이어처럼 빛났다. 숨이 멎을 정도로 예쁜 색이었지만 사람들의 반응은 똑같았다. "넌 왜 이상한 색만 사?" 혹은 "색맹이냐?"라는 둘 중의 하나. 팔 때는 검은색 차보다 50만 원이나 덜 받을 수밖에 없었다. 그 때문인지 신형 IS250의 파란색은 아직 거리에서 한 번도 본 적이 없다. 메르세데스 벤츠의 E클래스를 살 때는 조금 머리를 써서 검은색처럼 보이는 짙은 파란색을 골랐다. 그런데 여지없이 중고차 가격은 깎였다. "이런 색은 인기가 없어요." 중고차 딜러는 이 사이에 낀 뭔가를 빼내려는 듯 쩝쩝 거렸다.

그 다음에 차를 살 때는 아예 선택의 여지가 없었다. 흰색 아니면 회색, 혹은 빨간색. 빨간색은 언젠가 이탈리아 차를 탈 때를 위해 아껴 두고 싶어서 결국 회색을 고를 수밖에 없었다. 그땐 결국 나도 '도로 흑백화'를 조장하는 한 사람이 되고 말았다.

새 차를 사려는 사람들과 영업소에 가 보면 영업사원들은 백이면 백 무채색을 권한다. 중고차 가격이 엄청나게 차이가 난다고 이야기하면 대부분의 사람들은 수긍을 하고 영업사원의 권유를 받아들인다. 아무리 개성적인 색을 사려고 마음먹어도 '전문가'인 영업사원이 적극 만류하면 쫄게 마련이다. 그런데 알고 보면 영업사원들이 무채색을 권하는 이유는 다른 데 있다. 수입 차의 경우 100대를 수입하면 95대는 검정색, 흰색, 은색이다. 그나마 다섯 대는 색상을 지정해서 예약한 사람들의 몫이다. 몇 달을 기다려 가면서 특이한 색을 고르려는 사람은 우리나라에는 거의 없다. 돈을 지불하면 적어도 일주일 이내에는 차를 받기를 원한다. 유채색 차를 수입하면 재고가 될 가능성이 높으니 수입을 안 하고, 재고가 없으니 억지로 무채색을 권하는 악순환의

영국 국민 누구나 탈 수 있는 저렴한 자동차로 설계된 미니는 톡톡 튀는 색상과 디자인 덕분에 국민차임에도 개성적인 차로 여겨지게 됐다. 그런 긍정적인 이미지 덕분에 오늘날의 미니는 '프리미엄 콤팩트'라는 새로운 장르의 개척자가 되어 '가장 비싼 소형차'의 지위를 차지하고 있다.

연속이다. 대형 세단뿐 아니라 스포츠카도 마찬가지니 할 말 다했다.

이 같은 사태에 이르게 한 주범은 사실 국산 차다. 국산 차는 애초에 색상이 다양하지도 않은 데다가 대부분은 흰색 세 종류, 검은색 두 종류, 은색 네 종류……라는 식이다. 경차부터 대형차까지 죄다 똑같은데, 유채색을 고르면 몇 달 기다려야 한다고 으름장을 놓는다. 기다려야 하는 건 수입 차나 다를 바가 없다. 자동차의 도색은 공정이 매우 까다롭고 시간이 걸리는 작업이다. 표면이 매끈해지도록 하려면 한 번 피막을 입힐 때마다 꽤 오랜 시간을 들여야 하고, 그 공정을 반복해야 한다. 그러나 국산 차의 피막은 세계 기준으로 볼 때 어이가 없을 정도로 얇고 거칠다. 곱게 뿌리려면 도료가 묽어야 하는데, 그러면 건조시키는 시간이 오래 걸리기 때문이다. 거친 입자가 그대로 보이는 차가 버젓이 신품으로 팔린다. 클레임을 걸면 어떻게 될까? 군소리 없이 바꿔 준다.(두 번이나 경험이 있다.) 결국 원래 그런 줄 알고 산 사람만 바보가 되는 격인데, 피막이 얇고 거칠기 때문에 얼마 지나지 않아 광택이 죽고 색이 벗겨지기 시작한다. 수입 차가 반짝이는 건 오너가 세차를 자주 해서가 아니라 원래 피막이 강하기 때문이다. 물론 국산 차가 기술이 없는 건 아니다. 외국에 수출하는 차들은 도색에 좀 더 신경을 쓴다. 자동차 회사들은 언론에 이런 지적이 나올 때마다 "외국과 국내 법규가 다를 뿐이다."라고 하는데, 그게 내수용과 수출용이 다르다는 이야기이고 수출용이 더 좋다는 사실을 시인하는 것과 다름없다. 그들이 말하는 자동차 관련 '국내 법규'란 결국 자동차 회사들이 입김을 불어넣어 만들어지는 것이니까.

어쨌거나 우리나라 도로가 흑백 텔레비전 상태인 가장 주된 이유는 소비자들이 굳이 자동차로 튀려고 하지 않기 때문이다. 이제는 슬슬 남들과 비슷한 차, 남들 보기에 꿀리지 않는 차를 타던 시대에서 자기가 원하는 차를 타는 시대로 업그레이드할 때다. 우리가 사랑하는 두 귀염둥이 미니와 비틀이 자동차 색상 파괴를 위해 힘쓰고 있고, 대형 세단 중에서는 재규어가 다양한 색상을 선보이면서 우리나라 도로를 좀 더 밝은 분위기로 만드는 데 힘쓰고 있다. 쏘나타 급의 세단에 스포티한 파란색을 선택하면 덜 아저씨처럼 보이고, 펄이 들어간 초록색 차체에 베이지색 내장을 선택하면 유럽 차 부럽지 않은 품위를 느낄 수 있다. 해치백이라면 좀 더 튀는 색상을 선택해 보는 것도 나쁘지 않다.

서로 튀려고 하다 보니 건물 외벽이 난잡한 간판으로 뒤덮인 것과는 반대로 서로 눈에 띄지 않으려고 하다 보면 언제까지나 우리나라의 거리는 지루한 모습을 떨치지 못할 것이다. 자, 당신의 선택이 도시의 거리 모습을 바꾼다. 이제 제발 백의민족에서 벗어나자.

못생겼는데 예쁜 자동차들

컴퓨터에 미녀의 요소를 집어넣고 계산하면 황신혜가 나온다느니, 김희선이 나온다느니 하는 건 가십으로 먹고 살아가는 스포츠 신문의 단골 기사다.(나도 여러 번 썼다.) 그게 얼마나 신빙성이 있는지는 알 수 없지만, 그런 기사가 가능한 것도 그녀들의 미모가 '절대 미인'이라는 기준에 한없이 가깝기 때문일 것이다. 개인적으로는 두 여배우 모두에게 관심이 없지만.

자동차의 세계에도 '미인'은 존재한다. 페라리의 둥그스름하고도 날렵한 차체, 람보르기니의 칼로 자른 듯한 라인, 포르쉐의 풍만한 엉덩이 등 전 세계 각계각층의 사람들이 동시에 엄지손가락을 추켜세우는 자동차들이 바로 자동차계의 '절대 미인'이라고 불릴 만하다.

그러나 남자들이 미녀를 좋아한다고 해서 모두 미녀와 사귀고 미녀와 결혼하는 건 아니다. 또한 사회적으로 성공하지 못해서, 경제적으로 부족해서 미녀가 아닌 여자들과 사랑에 빠지고 결혼하는 것도 아니다. 물론 미녀를 차지한 남자가 부럽기도 하겠지만, 사실 우리는 평범하지만 서로를 진정으로 이해하고 위하는 사람들을 보며 더 부러워한다. 누구나 각자의 가치관이 있고, 취향이 있기 때문이다. 제 눈에 안경이라는 말이 있는 것처럼, 자동차도 누가 봐도 예쁜 것보다는 각자의 취향에 맞는 자동차를 찾아 가는 과정도 즐거움 중의 하나다.

　가령 현대 라비타를 예로 들어보자. 지지리도 못생겼다며, 대체 뭔 생각으로 저렇게 만든 거냐며 혀를 끌끌 차는 사람이 많았던 차다. 깍두기처럼 생긴 데다 헤드라이트는 십여 년 전 1980년대의 것처럼 네모나게 생겨서 어떤 이들은 '테레비 헤드라이트'라고 불렀다. 판매량은 참혹할 정도였는데, 국산 차 중에 그보다 덜 팔린 차는 거의 없었고, 수입 차 중에서도 하위권에 위치하는 차와 판매량이 비슷할 정도였다.

　그런데 그 차는 내가 예나 지금이나 가장 좋아하는 국산 차다. 그 못생긴 디자인이 너무나 세련되고 아름다워 보이는 것이다. 천장이 높고 각진 차체는 지금 유행하고 있는 '박스카(box car)'의 원조라 할 만하다. 공간 활용성이 무척 높고, 실내가 넓게 느껴져서 안락하기 때문에 패밀리카로는 그만이다. 라비타는 '박스카가 세계적인 유행'이라는 설명과 함께 선보인 기아의 쏘울이나 레이보다 10년이나 앞서 국내 자동차 시장에 등장했던 선구자인 셈이다.

현대 라비타는 천장이 높고 차체가
각이 진 박스카 스타일의 미니밴이다.
국내 박스카의 원조라 할 수 있는 이 차는
페라리 458 이탈리아나 FF, 마세라티
그란 투리스모와 같은 디자인 센터에서
태어났다. 믿거나 말거나.

제1부 자동차, 톡 까놓고 말해서 39

피닌파리나 배지를 달고 있는 페라리 250GTE. 피닌파리나가 디자인한 페라리를 보고 있노라면 한숨이 절로 나온다. 이들의 디자인은 산업 디자인의 영역을 넘어 순수 예술의 경지에 올랐다고 해도 과언이 아니다. 피닌파리나의 디자인에서 국산 차에서는 찾아볼 수 없는 라인과 디테일이 돋보이는 건, 사실 피닌파리나가 이탈리아 자동차만 편애해서가 아니라 우리나라 자동차 회사들이 그들의 디자인을 '원가 절감'이라는 이유로 간략화했기 때문이다.

다시 한 번 찬찬히 자태를 살펴보면 아마도 놀랄 것이다. 그 차에는 패밀리카로 사용하기에 편리한 다양한 편의 장비가 실려 있고, 공간은 무척 드나들기 편하다. 7인승 차량이나 대형 SUV 중에는 그 이전에도 '거주성(居住性)'이라는 개념을 고려한 차가 있었지만, 아이를 하나둘 낳아 기르는 지금 우리나라 사람들의 라이프스타일에는 지나치게 컸다. 이 차는 거주성을 고려한 첫 번째 국산 5인승 승용차라고 불러도 좋을 것이다. 게다가 못생겼다던 그 디자인은 심지어 피닌파리나(Pininfarina)의 작품이다. 그래, 그 피닌파리나다. 458 이탈리아부터 599 피오라노까지 페라리의 현행 차종 모두, 마세라티의 현행 차종 모두, 그리고 롤스로이스를 디자인한 세계 최고의 자동차 디자인 회사인 피닌파리나 말이다. 1930년대부터 현재에 이르기까지 자동차 디자인의 최첨단을 걸어온 그 회사. 사실 라비타의 옆구리에는 피닌파리나 배지까지 붙어 있다.(배지 하나를 다는 데도 돈을 내야 한다. 당연히 꽤 비싸다.)

라비타가 못생겨 보였던 건, 그 차를 국내 시장에 선보였던 2001년 당시만 해도 우리나라엔 '승용차는 곧 세단'이라는 공식이 있었기 때문일 것이다. 게다가 당시는 일반인이 자가용으로 끌고 다니는 게 용서되는 차종이라고는 SUV뿐이던 시대다. 뒷자리에 아이들을 좀 더 쉽게 태우고 내리게 할 수 있으며, 내부의 승객들이 좀 더 자유롭게 움직일 수 있도록 천장을 높인 차보다는, 기존 고정관념에 부합하는 '무채색 세단'을 찾는 사람이 훨씬 많았던 시대.

지금은 슬라이딩 방식으로 문이 열리는 기아 레이를 보면서 사람들은 특이하다고 외치고, 예쁘다고 이해하지만, 라비타의 시대에 나왔다면 아마도 "작은 미니밴이네?" 하고는 볼품없다고 했을 것이다. 자동차를 겉멋 내지는 고정관념으로 골라 온 우리나라 사람들이 실제로 생활에 이용하는 데 편리한 차를 고르게 되기까지는 십여 년의 시간이 필요했던 셈이다.

그러고 보면 요즘엔 분명히 못생겼는데도 예뻐 보이는 차들이 꽤 많이 생겼다. BMW 그란 투리스모는 SUV도 아니고 세단도 아니고, 왜건도 아니고 쿠페도 아닌, 뭔가 대단히 괴상한 차다. 이 차도 만약 10년 전에 나왔다면 분명 노망난 디자이너와 무책임한 경영자가 손을 잡고 내놓은 괴작 정도로 치부됐겠지만, 지금은 전 세계에서 인기를 모으는 존재다. 소비자들은 이제 이 차에서 단점과 낯설음을 찾는 대신 여러 차종에서 얻어 온 장점들을 보는 방법을 익혔다.

프랑스 메이커들도 못생긴 차를 멋지게 보이게 하는 것이 특기다. 20세기 중반, DS나 2CV처럼 멋진 라인의 자동차를 만들었던 시트로엥은 한동안 슬럼프를 겪었다. 도저히 패션의 나라 프랑스에서 태어났다고는 생각할 수 없는 희한한 자동차만을 만들어 오다가 최근 들어서는 그 '희한함'을 '멋'으로 느끼게 하는 방법을 알아차린 것 같다. 이건 소비자들이 아둔해서 그 동안 프랑스 차의 멋을 몰라 준 것이 아니라 단순히 프랑스 자동차 디자이너들이 근래에야 '디자인 하는 법'에 눈을 뜬 경우다.

그렇다고 지금까지 프랑스 자동차 디자이너들이 태업을 해 온 것

BMW 그란 투리스모는
객관적으로 '못생긴' 차지만,
비호감은 아니다. 이 차는
못 생겼지만, 세련되고
멋스러워 보인다.
마치 흥겨품에 광대뼈가
툭 튀어나온 얼굴, 납작한
가슴과 넝넝이를 가졌시만
만인에게 부러움 섞인 시선을
받는 패션모델처럼, 이 차는
사람들의 시선을 사로잡는다.

성능이나 가격 면에서 매력이 거의 없는 프랑스 자동차가 여전히 사랑받는 이유는 오래 전에 이룩해 놓은 그 독특한 이미지 때문일 것이다. 프랑스 차 전성기에 등장한 시트로엥 DS(위)는 최근 재조명되고 있으며, 프랑스 대통령의 애마 르노 벨사티스(아래)는 독일과 영국 차 메이커들 사이에서 벤치마킹의 사례가 되고 있다.

은 아니다. 그들은 옷이 바람과 추위를 막는 것 이외에 사람의 삶을 윤택하게 하는 데도 중요하다고 생각하면서도, 자동차는 그저 '이동 수단'으로 생각했기 때문에 도구로서의 디자인을 해 온 것뿐이다. 아무리 고급 차라도 개구리 주차를 해야 하는 프랑스 도시의 주차 환경, 수백 년 된 돌길 위를 달려야 하는 특이한 도로 형편 등이 그런 사고방식을 심어 준 배경일 것이다.

그래서 그들은 오트 쿠튀르에 나오는 옷들처럼 멋진 라인을 자동차에 집어넣는 대신 돌길에서도 승차감을 보존할 수 있는 차체의 강성이라든지, 오래된 하수구 위에 주차를 해 놔도 차 안에 냄새가 스며들지 않도록 방향제를 장착한 에어컨 같은 것에 신경을 써 왔다.

르노가 해치백뿐 아니라 프랑스 대통령이 타는 대형 세단 벨사티스(Vel Satis)까지도 괴상한 형태의 수직 뒷창문 구조를 고집하는 건 그게 차체의 강성 확보에 더 도움이 되는 형태이기 때문이다. 결과적으로 승차감과 운동 성능에 도움이 되기 때문이라는 말이다.

그리고 이런 독특한 요소들이 이제는 개성으로 받아들여지기도 한다. 예전 같으면 '황금비율을 무시한 폭력적인 디자인'이라고 혹평을 받았을지도 모르지만, 비슷비슷한 스타일의 자동차가 판을 치는 요즘 같은 세상에는 그런 특이한 차를 멋지다고 느끼는 사람도 많다. 게다가 디자인을 위한 디자인이 아닌, 어떤 이유를 가진 디자인은 보면 볼수록 매력이 풍겨 나온다. "더 빠르고 더 높이 날아서 적진에 더 정확하게 미사일을 쏜다."는 명확하고 잔인한 이유를 갖고 태어난 전

투기가 결과적으로 아름다운 형태를 띠는 것과도 같다. 여자들은 절대적인 아름다움에 끌릴지 모르지만, 남자들은 그런 '이유 있는 형태'에 약하다. 그러고 보면 어떤 이유를 갖고 있어서 남과 다른 형태를 띠면서 그 다르다는 이유 때문에 '못생겼다'는 평가를 들어 온 자동차들이야말로, 남자들이 좋아할 수밖에 없는 태생적 유리함을 갖고 있는 것인지도 모른다.

　잘 생각해 보라. 우리는 노면을 좀 더 움켜쥐기 위해 좌우로 벌어진 포르쉐의 엉덩이에 열광하며, 좀 더 민첩하게 방향을 바꾸기 위해 짧아진 BMW의 오버행® 을 바라보며 침을 꿀꺽 삼킨다. 그러나 난초의 아름다움을 표현하기 위해 이리저리 그었다는 쏘나타의 라인을 보며 전율을 느끼지는 않는다. 멋진 디자인이란, 어떤 이유를 포함해야 하는 것이다. 이유가 없으면 어딘가에서 영감을 얻었다고 지어내도 되지만, 그건 적어도 우리가 일 년에 한 번쯤은 아름답다고 느끼는 것이어야 한다. 삼엽충이나 곤충을 따라하면 안 된다는 이야기다.

● 차체 끝에서 바퀴 중심부까지의 거리. 앞 범퍼 끝에서 앞바퀴 중심까지의 거리는 프론트 오버행, 뒷 범퍼 끝에서 뒷바퀴 중심까지의 거리는 리어 오버행이라고 부른다.

나는 한국 차가 싫어요

나는 한국 차가 싫다. 물론 이렇게 말하면 대부분의 사람들은 나를 사대주의자나 부잣집 아들 또는 주제 파악 못 하는 놈으로 생각할 것이다. 그래도 싫은 건 싫은 거다.

얼마나 싫은가 하면, 나는 국산 차 관련 기사는 거의 쓰지 않을뿐더러 시승에도 별 관심이 없다. 꼭 필요한 경우에는 내가 직접 움직이지 않고 동료 기자나 후배를 시켜서 접촉하도록 한다. 가능하면 엮이기가 싫은 것이다.

물론 대한민국에서 십 년 넘게 자동차 저널리스트 일을 하면서 우리나라 시장의 90퍼센트에 가까운 국산 차 시장을 배제한다는 건 어떻게 보면 자살 행위에 가깝다. 사람들의 공감을 얻으며 살아가는 직업을 갖고 있으면서도 가장 많은 사람들의 관심을 모으는 차, 가장 많은 사람들이 타는 차에 관심을 갖지 않는다는 건, 사람들이 알고 싶어 하는 것을 알려 주지 못한다는 이야기니까. 그러나 어쩔 수 없다. 나는 개운한 기분으로 국산 차에 대한 이야기를 쓸 수가 없기 때문에 아예 안 쓰는 길을 택했다.

우선 국산 차에 대해 혹평을 하거나 비판을 하면 "우리나라 깎아내려 좋으냐?" "외국 것이 그렇게 좋으냐?" 등의 반응을 보이는 사람들이 생각보다 많다. 아마도 자신이 타는 차를 자기 자신과 동일시해서, 차에 대한 비난을 보면 자신이 공격당했다고 생각하는 것 같다. 대기업의 수장뿐 아니라 대통령도 잘못하면 욕을 먹고 풍자의 대상이 되는 세상에 그런 반응은 솔직히 이해하기 어렵다. 자동차 회사도 잘못된 점을 지적하는 기사를 용납하지 못하고 광고를 이용해 우회적으로 회유하거나 반 협박에 가까운 메시지를 전달하는 경우가 더러 있다.

사실 자동차 회사는 칭찬이든 지적이든 외부의 소리를 듣고, 개선해 나가는 것이 정상이다. 미디어란 그런 목적을 위해서 존재하는 것이다. '비평가'라는 직업을 알고 있으면서도 우리나라 사람들은 비평에 익숙하지 못하고, 그 비평을 비평하는 것에도 익숙하지 못하다. 영화 평론가에게 "그럼 너는 그런 영화 만들 수 있냐?"고 묻는 것과 마찬가지인데, 그건 영화감독과 비평가의 차이를 구분하지 못하는 아둔한 짓이다.

배경 설명은 이 정도로 간단히 해 두고, 내가 우리나라 자동차를 싫어하는 진짜 이유는 사실 단순하다. 우리나라 자동차에는 철학이 없기 때문이다. 철학만 없는 게 아니라 꿈도 없다. 어린아이들이 국산차 포스터를 방에다 붙여 놓는다는 이야기는 들어 본 적이 없다. 애초에 미래의 소비자들이 꿈을 키울 수 있도록 포스터를 만들어 뿌려야겠다는 생각도 안 해 봤을 것이다. 이건 결코 값이 싸거나 성능이 떨어지기 때문이 아니다. 사람들은 가격이나 성능 이외에도 자동차 속에 숨어 있는 철학과 낭만과 분위기를 읽을 줄 안다. 이는 독일의 국민차였던 비틀이나 영국의 국민차였던 미니가 패션과 시대의 아이콘이 되어 있는 것을 보면 일목요연하다.

우리나라는 세계에서 7번째로 큰 자동차 회사를 갖고 있고, 자동차 생산 대수는 세계에서 5번째로 많다. 그런데 전 세계 어디에서도 우리나라를 '자동차의 나라'로 기억하지 않는다. 자동차 관련 일을 하면서 오대양 육대주의, 자동차가 생산되는 나라는 거의 다 다녀봤지만, 한국에서 왔다는 말에 자동차를 떠올리는 사람을 만난 적은 거의 없다. 심지어 한국 차에 대한 긍정적인 대화를 5분 이상 나눠 본 적도 없다. 외국사람 중에서 한국 차를 타고 있는 자동차 업계 종사자를 만나기란 거의 불가능한 일이다. 자동차 세금이 살인적이어서 현대 액센트가 5000만 원에 가까운 금액으로 팔리는 동남아시아 일부 지역에서만 한국 차를 타는 사람을 만날 수 있었는데, 그들도 자신이 타고 있는 우리나라 차보다는 내가 타고 있는 독일 차에 대한 이야기를 더 즐거워했다. 독일 차를 탄다는 것은 (경제적인 의미이건, 순수한 의미에서의 좋은 차이건 간에) 세계 어디에서나 자랑이지만, 한국 차를 탄다는 건 어디에서나 "그래서?" 또는 "그런데?"라는 반응을 보인다. 아무도 한국 차의 성능이나 핸들링, 레이스에서의 역사, 디자인에 대해서 관심을 두지 않는다. 도대체 왜 그런 걸까?

사실 우리나라는 독자적인 기술로 자동차를 개발한 지 그리 오래되지 않았다. 일반인들이 생각하는 것보다 훨씬 오랜 시간 동안 기술 개발 없이 라이선스를 사다가 그대로 조립해 왔다. 햇수로는 30년이 넘는다. 우리나라의 독자 기술로 생산한 차들이 나타나기 시작한 것은 이제 겨우 십 년 남짓 지난 셈이다.

현대는 미쓰비시의 기본 차대와 구동계를 가져와 포니를 만들기 시작한 이래로 오랫동안 미쓰비시의 기술에 의존해 왔다. 쏘나타는 오랫동안 미쓰비시 계열의 엔진을 사용해 왔다. 1986년 이래 우리나라에서 '자수성가'의 동의어처럼 여겨지는 그랜저도 미쓰비시의 데보네어를 그대로 가져와 생산하면서 판매되기 시작된 차이고, 초대 에쿠스도 미쓰비시의 기술로 만들어진 차였다. 데보네어와 에쿠스는 일본에서는 지지리도 안 팔리는 차였지만, 우리나라에서는 최고의 차로 인정받으면서 지금의 현대를 있게 해 주었다. 1991년에는 현대정공이 미쓰비시의 구형 파제로를 갤로퍼라는 이름으로 발매했고, 1996년에는 미쓰비시 스페이스 왜건을 싼타모라는 이름으로 들여왔다.

기아는 1962년에 나온 T600 이후로 계속 마즈다의 차를 들여와 팔았다. 1974년에 등장한 브리사, 1976년의 K303 같은 차들도 모두 동명의 마즈다 차들이었다. 그 이름도 정겨운 봉고도 마찬가지로 마즈다제였고, 1987년부터 생산된 프라이드도 마즈다와 포드의 합작품이었다. 콩코드는 마즈다의 카펠라, 포텐샤는 마즈다의 루체, 크레도스는 마즈다의 크로노스, 엔터프라이즈는 마즈다 센티아였다. 가끔 기아와 현대가 합병된 것을 안타까워하며 "엔지니어링이 살아 있던 기아가 그립다." 하는 식의 감성 어린 글을 남기는 사람들도 있지만, 사실 기아의 역사를 제대로 살펴보면 엔지니어들이 한 일은 별로 없었던 것 같다.

지금 르노 삼성이 된 삼성자동차는 1994년부터 생산되던 닛산의 2세대 세피로가 단종되고 3세대 모델이 출시되던 시점인 1998년에 일본에서는 단종된 2세대를 들여와 팔았다. 헤드라이트와 라디에이터 그릴만 다시 디자인한 한 세대 전의 자동차였지만, 일부에서 쏘나타보다 좋은 평가를 얻으며 꽤 많은 양을 팔았다. 지금은 GM 산하의 쉐보레로 넘어간 대우는 닛산, 토요타, 이스즈, 스즈키, 혼다에 이르기까지 다양한 브랜드의 일본 차와 오펠 등의 독일 차를 들여와 만들던 회사다.(당연히 독자적인 기술력이라 할 만한 것은 없었던 것으로 보인다.) 인도 기업 마힌드라 산하에 들어간 쌍용은 지금도 1980년대의 벤츠 플랫폼과 엔진으로 뭔가 해 보려고 시도하는 중이다. 쌍용자동차는 중국에 팔렸다가 다시 버림받으면서 중국 기업의 '먹튀' 논란이 일기도 했다. 과연 상하이 자동차는 먹튀였을까? 폭스바겐, GM, 볼보 등과 합작사를 설립해 2011년 당시 364만 대의 자동차를 만들고 있던 상하이 자동차는 정말 자신들의 100분의 1 규모에 불과한 쌍용차에게서 기술만 빼먹고 버린 걸까? 거기에 정말 빼먹을 기술이 있었을까?

지금 이 순간에도 우리나라 자동차 회사들은 자립(自立)보다는 자위(自爲)에 강하다. 더욱 큰 문제는 거짓말도 서슴지 않는다는 데 있다. 수출용과 내수용이 다르다는 비난에는 "각 나라마다 법규가 다르기 때문"이라는 말로 어물쩍거리며 넘어가고, 해외에서는 7년이나 10년의 보증 수리를 제공하면서 우리나라에서는 그 반밖에 안 되는 서비스를 제공한다. "각 시장마다 특성이 다르기 때문"이라는 말은 결국 "우리나라에서는 아연 도금이나 안전 장비를 제대로 갖추지 않고, 보증 수리 기간을 줄여도 잘 팔리기 때문"이라는 말이다. 독일이나 일본 자동차 회사들이 여러 다른 나라의 안전 기준보다 훨씬 엄격한 기준을 스스로 만들어 적용하는 것과 비교하면 부끄러울 정도의 차이다.

우리나라에는 앞서 말한 애국심 강한 소비자들이 많이 있다. 그들은 '국산'이라는 이유 하나만으로 무조건적인 구매를 불사하는 애국자들이다. 최근 각국과의 FTA가 타결되기 전까지 수입 차에는 관세 8퍼센트 이후 추가되는 누진세 때문에 수입 원가의 약 20퍼센트가 넘는 가격 인상 요인이 있었다. 그 결과 수입 차는 가격 경쟁력이 떨어졌고, 우리나라 소비자들은 선택의 여지가 거의 없었다. 정부는 세금 이외의 각종 규제로도 국산 차를 보호해 주었다. 새로운 안전 장비나 편의 장비는 우리나라 회사들이 그것을 장착할 때까지 좀처럼 장착이 허락되지 않는다. 수입 차가 아무리 좋은 기술을 채택하고 있어도, 우리나라에서 허가를 받지 못하면 못 파는 것이다. 그리고 그 허가는 공교롭게도 국산 차 업체가 움직인 다음에야 나서는 경우가 다반사였다.

　우리나라 자동차 회사는 과연 우리나라 소비자들이 국산 차를 사랑하는 것만큼 국내 소비자들을 사랑하고 있을까? 지구상의 그 누구보다도 큰 애정을 갖고 지켜보고 있는, 그리고 가장 큰 수익을 올리게 해 주고 있는 우리나라 소비자를 애정 어린 눈으로 보고 있는 걸까? 정답은 "아니오."다. 이건 내 생각이 아니고 사실이다. 심지어 자동차 회사 스스로도 알고 있는 사실이다.

　그나마 다행인 것은 최근 국내 자동차 회사 내부에서 "독점적 위치에서 가진 힘을 남용해 왔다."는 것을 자각하고 대책을 만들기 시작했다는 점이다. 물론 그것도 수입 차의 시장 점유율이 점점 늘어나는 것에 대한 대비책이기 때문에 썩 개운한 것은 아니다. 그래도 우물 안 개구리의 시각으로 우리나라 시장을 좌지우지하던 예전과 비교하면 큰 발전이라고 해도 좋을 것이다.

　만약 우리나라 회사가 가격표 떼고 붙어도 수입 차에게 이길 수 있는 제대로 된 자동차를 만들어 준다면, 그리고 첫 번째 후륜구동 차를 만들자마자 "세계 최고의 후륜구동 차와 경쟁하겠다."면서 설레발치는 대신 "이제 시작입니다. 지켜봐 주세요." 하는 진지함과 도전 정신을 보여 준다면, 나는 전 세계 어느 나라 사람보다도 먼저 한국 차에 대한 애정을 표할 것이다. 우리나라 자동차가 독일과 일본의 자동차를 진짜로 이기는 건, 그 나라 사람들처럼 "자동차는 역시 국산 아니겠어?"라는 말을 자신 있게 할 수 있을 때 가능해질 것이다.

자동차는 인테리어로 고르자

 자동차를 고를 때 우리는 디자인에 대해 심사숙고한다. 날렵한 차를 고를까? 중후한 차를 고를까? 이 차에서 내리는 내 모습은 어떻게 보일까? 내 패션 스타일에 이 차가 어울릴까? 색상은 어떤 걸로 해야 좋을까? 이처럼 자동차의 외관은 누구나 차를 고를 때 가장 먼저 고려하는 부분이다.
 그러나 실제로 차를 구입한 후에는 상황이 달라진다. 아무리 팔불출이라도 구입한 지 몇 달이 지났는데도 내 차의 겉모습과 이렇게 멋진 차를 고른 자신의 심미안에 감탄하며 몇 시간씩 차 주위를 빙빙 도는 사람은 없을 것이다. 애초에 시장에 출시될 정도의 자동차라면 일정 수준 이상의 외관은 갖추었을 것이고, 그 차를 구입하기까지 했다면 자신의 취향이 반영된 스타일일 것이다. 하지만 그걸로 끝이다. 외관을 고르는 문제는 매우 중요하지만, 차를 이용하면서 외관 때문에 감동하거나 구입하기를 잘했다고 느끼게 되는 일은 별로 없을 것이다.(물론 문이 하늘을 향해 열리는 차라면 매일매일 여자들의 시선을 느끼면서 뿌듯해 하겠지만…….)

정작 차를 이용하면서 중요한 것은 인테리어다. 자동차 오너가 운전하면서 보게 되는 건 외관이 아니라 실내이기 때문이다. 헤드라이트의 생김새보다는 스티어링 휠의 모양, 스위치의 위치와 재질, 가죽 질감 같은 것들이 훨씬 더 자신의 자동차 생활에 영향을 끼친다.

인간의 삶에서 가장 중요한 의식주도 처음에는 세 가지 요소를 갖추었는지가 중요하다가 나중에는 그 질이 어떠한지가 중요해진다. 집의 넓이에 신경 쓰다가 일정 수준 이상이 되면 그 내부를 어떻게 꾸몄는지가 중요한 것과 마찬가지다. 중고등학생들 사이에서 유행하는 거위털 패딩도 처음에는 브랜드가 중요하다가 나중에는 거위털의 복원력을 나타내는 수치인 필 파워(Fill Power)가 중요해지는 것도 비슷한 이유 때문일 것이다.

물론 인테리어가 중요하다는 걸 모르는 사람은 없다. 예산 부족으로 낮은 등급의 인테리어를 고르는 사람은 있어도, 인테리어가 중요한지 몰라서 가죽 시트를 선택하지 않는 사람은 없을 테니까 말이다. 인테리어로 차를 골라야 한다는 건 단순히 값비싼 옵션을 선택하라는 말이 아니다. 같은 차종의 등급에서 비교할 때뿐만 아니라 다른 차종과 비교할 때도 인테리어는 매우 중요한 요소가 된다.

가령 2009년에 등장한 메르세데스 벤츠의 W212 E클래스는 자동차 마니아들을 깜짝 놀라게 했다. 내장재 질감이 예전 모델에 비해 급격히 떨어졌기 때문이다. 원가 절감이 자동차 업계 최고의 화두인 것은 사실이지만, 이렇게 극적(?)으로 질감이 떨어지는 건 유례가 없을 정도였다. 게다가 우는 아이도 그친다는 메르세데스 벤츠의 대표 차종인 E클래스가 이렇게 티 나는 원가 절감이라니!

사실 메르세데스 벤츠는 알고 보면 초호화 차종과는 거리가 멀다. 오히려 우직하고 튼튼한, 신뢰도 높은 자동차를 만드는 회사에 가깝다. 시계로 따지자면 롤렉스와 비슷한 차다. 일반인들에게는 '최고'로 알려져 있지만 마니아들 사이에서는 '중급'으로 여겨진다는 점도 비슷하다. 메르세데스 벤츠는 최고급 나파 가죽을 시트에 사용하기도 하지만, E클래스에서는 일찍이 인조 가죽을 애용해 왔다. 플라스틱 우드 그레인을 사용하거나 시트 뒷부분에 플라스틱 소재를 사용하는 것도 '고급스러움'보다는 '실용성'을 중시한 선택이다. 값싼(?) 소재를 쓰면서도 고급스럽게 연출하는 것에 능했다고 봐야 옳을 것이다. 같은 소재를 써도 '메르세데스 벤츠'라는 네임 밸류가 있기 때문에, 사람들의 눈에는 고급스러워 보인다. 이 차의 라이벌들은 더 나아 보이기 위해 더 많은 돈을 들여야 했고, 그게 바로 브랜드 가치라고 할 수 있을 것이다.

그러나 2009년 모델의 사례에서 볼 수 있듯이 고급스러움과 싼 티는 종이 한 장 차이다. 절대적인 기준이 있는 게 아니라 사람들의 눈에 의해 판단되며, 인테리어는 패션과 마찬가지로 유행을 따르면서 사회적 분위기에도 영향을 받는다. 메르세데스 벤츠 W212 E클래스의 인테리어는 BMW와 아우디가 인테리어 면에서 엄청난 발전을 이룬 시기에 태어났기 때문에 더욱 문제가 심각하게 느껴진 경우다.

유럽을 시작으로 놀라운 성장세를 보이고 있는 아우디는 차가운 듯하면서도 딱 떨어지는 시크한 인테리어로 사랑을 받고 있다. 단차는 거의 보이지 않으며 플라스틱의 질감, 우드 그레인의 광택 하나까지도 거의 완벽에 가깝다. 자동차라기보다는 인테리어 소품이나 고급 오디오를 보고 있는 듯한 느낌이 든다. 게다가 세계 최대의 자동차 기업인 폭스바겐 그룹 소속답게 생산 단가도 그다지 비싸지 않다. 폭스바겐과 거의 모든 소재를 공유하면서 끝마무리를 슬쩍 고급스럽게 다듬어 아우디의 인테리어를 완성했다.(그 안을 들여다보면 거의 대부분의 부품을 공유한다.)

BMW는 21세기 초 혁명적인 디자이너 크리스 뱅글(Chris Bangle) 덕분에 자동차 인테리어의 새로운 시대를 열었다. 스칸디나비안 스타일의 가구를 연상케 하는 미니멀한 디자인 속에 진보적인 분위기를 담았다. 예전과 확연히 다른 분위기는 공간 꾸미기에 관심이 있는 하이오너들의 마음을 빼앗았다.

다분히 개인 취향에 따라 판단할 수 있는 인테리어에 대해 이렇게 이야기할 수 있는 이유는 그 결과가 판매량으로 증명되었기 때문이다. 아우디는 2009~2010년 연속으로 유럽 시장에서 판매 1위를 차지했

2002년 선보인 BMW
7시리즈의 실내 인테리어는
일종의 혁명이었다.
수많은 버튼이 사라지고
깔끔하게 정리된 실내는
자동차라기보다는
스칸디나비안 스타일의
가구와도 같은 모습이었다.
다양한 기능을 하나로 통합한
조작 계통 방식은 10년이 지난
지금 세계 표준이 됐다.

으며, BMW가 그 뒤를 이어 2위, 메르세데스 벤츠는 3위를 차지했다. 물론 세계 시장으로 가면 순위는 BMW 1위, 메르세데스 벤츠 2위, 아우디 3위로 다시 바뀌지만, 자동차 시장의 안마당이자 차를 보는 눈이 가장 까다로운 유럽에서의 판매 수치는 중요한 의미를 가진다.

그렇다면 좋은 인테리어란 어떤 것일까? 예전에는 중고차 시장에 '풀 옵션'이라는 말이 유행하곤 했다. 말 그대로 "선택 가능한 모든 옵션을 넣었다."는 의미이지만, 실제로는 "남들과 다르다.""보통 차가 아니다."라는 의미로 쓰이는 단어였다. 결국 "겉으로 보기에는 똑같은 차지만, 안에는 많은 옵션을 선택했으니 보통 차가 아니랍니다."라고 하는 자기 PR인 셈이다. 여기서 풀 옵션이란 주로 '기능'에 관련된 것들이었다. 오토매틱 미션, 후방 감지 센서, 시트 히터 같은 것들이 여기에 속한다.

그러나 여기서 중요한 옵션은 그런 게 아니다. 우선 시트 재질을 살펴보라. 빳빳한 질감의 직물 시트는 의외로 나쁘지 않다. 여름에 시원하고 겨울에는 따뜻하다. 때가 잘 탄다는 건 솜털이 뽀송뽀송한 옛날 국산 차의 직물 시트 때문에 생겨난 편견이다. 빳빳한 재질이라면 방오·방수 가공도 되어 있으니 걱정할 필요가 없다. 가죽 시트를 좋아한다면서 인조 가죽 옵션을 선택하는 것은 모조품 루이 비통 가방을 사는 것과 마찬가지 행위다. 특히 국산 차의 인조 가죽은 머리를 지끈거리게 하는 플라스틱 냄새의 원흉이다. 가죽 시트의 좋은 예는 최근의 BMW에 쓰이는 다코타 가죽이다. 부드럽지 않고 빳빳하지만 오랜 주

가죽 시트의 좋은 예는 최근의 BMW에 쓰이는 다코타 가죽이다. 부드럽지 않고 빳빳하지만 오랜 주행에도 엉덩이가 편하고 더러움도 덜 탄다. 방수 처리도 되어 있어 어지간히 터프하게 사용해도 몇 년간은 새 차처럼 느끼게 된다.

행에도 엉덩이가 편하고 더러움도 덜 탄다. 방수 처리도 되어 있어 어지간히 터프하게 사용해도 몇 년간은 새 차처럼 느껴진다. 부드러운 나파 가죽으로 된 시트는 언제나 부드러운 슈트를 입는 사람이라면 권할 만하지만, 리벳 장식이 달린 청바지를 자주 입는다면 권할 만하지 않다. 타고 내리는 부분의 시트는 얼마 안 가 찌그러지고 더러워질 것이다. 1~2년쯤 지난 국산 고급 차와 일본 차의 가죽 시트를 보면 한눈에 알 수 있다. 독일 차들이 최고급 모델에만 나파 가죽을 쓰는 건 원가 절감을 위해서가 아니라 고객층의 라이프스타일을 연구한 결과다.

아우디는 '냄새 연구소' 조직을 별도로 운영하기까지 한다. 새 차에서 날 수 있는 유쾌하지 않은 냄새를 제거하기 위해서다. 이 연구팀은 연중 쉬지 않고 소재를 테스트하는데, 신차뿐 아니라 실제 사용 조건 하에서 몇 년이 지난 차의 냄새도 연구한다. 일상생활에서 사용하면서 공기와 직사광선에 노출되면 다른 냄새를 풍기게 되는 소재도 있기 때문이다. 수입 신차에서 역겨운 냄새가 나지 않는 것도 다 이유가 있다.

볼보는 이케아와 뱅 앤 올룹슨이 태어난 스칸디나비아 출신답게 간결하면서도 감각적인 실내 인테리어가 인상적이다. 마치 디자이너 브랜드의 부티크 호텔과도 같은 실내 분위기를 연출한다. 운전하고 있으면 뭔가 무척 감각적인 일을 하는 사람이 된 듯한 기분을 준다. 디자인과 소재, 버튼의 질감 같은 것들이 어우러져 느끼게 하는 일종의 마법이다.

반대로 프랑스 차들의 인테리어는 정말이지 악몽과도 같다. 패션과 디자인의 나라이기 때문에 무척 의외이지만, 그들에게 자동차는 하나의 도구 이상 아무것도 아니기 때문이다. 푸조의 인테리어 디자이너에게 "왜 이렇게 밖에 못하느냐."고 물었더니, "우리 인테리어 디자인 책임자는 자동차 레이스를 너무 좋아해서 실내에는 아무것도 필요 없다고 여긴다."고 말했다. 실화다.

해외 브랜드를 적극적으로 벤치마킹해 온 국산 차의 인테리어는 이제 꽤 수준급이다. 얼마 전까지만 해도 "10년 전 프랑스 차(앞서 말한 대로 인테리어가 나쁘기로 유명하다.) 같다."는 혹평을 하던 일본 저널리스트들이 "일본 차는 한국에게 배워야 한다."는 말을 할 정도다. 특히 기아의 인테리어는 무척 모던하고 기능적이어서 해외에서도 호평을 받고 있다. 르노 삼성도 모기업이 프랑스이기는 하지만 그나마 르노가 인테리어에서 두각을 나타내기 때문에 꽤 감각적인 디자인을 하고 있다. 국산 차 중에서 스포티한 것을 좋아하는 남자라면 기아, 우아한 것을 좋아하는 여성이라면 르노 삼성의 인테리어가 꽤 좋은 선택이 될 것이다. 그러나 국내 자동차 회사에게 한마디 조언하자면, 롤스로이스의 소재를 수입하고 볼보의 디자이너를 영입해서 만들어 낸다고 해도 지금처럼 냄새가 나서야 절대 일류가 될 수 없다는 사실을 명심하라는 점이다. 새 차를 구입한 후 처음 문을 열고 시트에 앉아서 하는 첫 번째 행동이 냄새 때문에 인상을 찌푸리는 일이 되어서는 안 되지 않을까.

BMW는 인테리어에 가장 신경을 쓰는 회사 중 하나다. 덴마크의 유명한 텍스타일 회사인 크바드랏(Kvadrat)과 차세대 인테리어에 대한 연구를 하거나, 이탈리아의 가죽 메이커 트루사르디(Trussardi)와 스페셜 모델을 만드는 등, 다양한 소재와 디자인에 대한 연구를 계속하고 있다. 트루사르디의 창립 100주년이던 지난 2011년에는 BMW와의 합작으로 트루사르디의 클래식 장갑을 모티브로 실내를 장식한 그란 투리스모를 발표하기도 했다.

제1부 자동차, 톡 까놓고 말해서 63

애증의 디자이너 크리스 뱅글

BMW 그룹의 디자인 총괄 책임자였던 크리스 뱅글은 아마도 21세기 들어 가장 유명한 자동차 디자이너일 것이다. 1992년부터 BMW 그룹에서 근무하기 시작해 2001년 발표된 7시리즈를 통해 전 세계에 이름을 알린 그는 이전까지의 BMW와는 완전히 다른 디자인 방향성을 제시하면서 톱스타가 됐다.

단순하면서도 기능적인 바우하우스 디자인을 고수하던 BMW를 급진적인 아방가르드 성향으로 바꿔 놓은 그는 수많은 BMW 마니아들의 비난을 받았다. 이 글을 쓰고 있는 나도 크리스 뱅글이 싫은 이유를 약 3943가지 정도 들 수 있는데, 미국에는 '크리스 뱅글을 죽여라(Kill Chris Bangle)'라는 이름의 웹사이트가 개설될 정도였다.

우선 그가 디자인한 차들은 트렁크 라인이 너무 뚱뚱하다. 좌우측 펜

더보다 높이 솟아오른 그 특유의 트렁크 디자인은 '뱅글 엉덩이(Bangle Butt)'라는 별명이 붙을 정도로 비웃음을 샀다. 이전의 BMW가 호리호리해 보이지만 알고 보면 슈트 속에 근육을 감추고 있는 스마트한 인상이었다면, 그가 디자인한 BMW는 뇌까지 근육으로 가득 찬 마초 내지는 금덩이를 주렁주렁 매달고 있는 중국 졸부처럼 보였다. 그는 자신이 디자인한 지나치게 볼륨감 넘치는 차 표면을 '불타오르는 표면(flame surfacing)'이라고 불렀는데, 그 유치한 이름부터가 젊은이들이 타는 '싸구려 스포츠 쿠페'라면 몰라도 BMW에게는 좀 어울리지 않았다.

나는 촌스러운 콧수염을 기른 데다 지나치게 말라서 슈트 입은 모습도 어색하기 짝이 없는 그가 자신에게 없는 근육에 대한 열망을 자동차로 풀고 있다고 생각했다. 물론 나는 정신과 의사도 아니고 심리학 개론조차 들어 본 적이 없었지만, 익숙했던 뭔가를 너무도 쉽게 바꿔 버린 그가 마음에 들지 않았다.

그런데 내 예상과는 달리 그가 디자인한 차는 매우 잘 팔렸다. 더 많은 사람들이 BMW를 기억하기 시작했고, 거리에는 그가 디자인한 BMW의 헤드라이트, 트렁크, 심지어 안테나 모양을 따라하는 차들이 넘쳐나기 시작했다. 감각 없이 돈 냄새만 맡을 줄 아는 애프터마켓 시장이 움직였다면 그러려니 하겠지만, 수많은 자동차 회사들이 크리스 뱅글의 BMW를 따라하려고 발버둥 쳤다. 그의 재임 기간 중에 세계 경제를 뒤흔든 리먼 사태가 일어났음에도 불구하고 BMW는 10퍼센

크리스 뱅글 이전의 BMW(위)가 바우하우스로 대표되는 스타일로 직선적이고 비장식적인 느낌이었다면, 크리스 뱅글의 BMW(아래)는 매우 장식적이고 일견 기괴한 듯한 라인으로 구성되어 있다. 그러나 그 모든 선은 과장되어 보일지언정, 의미가 없는 것은 아니었다. 실내는 무척 간결하면서도 실용적이다. 지금 보면 뱅글의 디자인은 '예술과 기술의 융합'을 시도한 바우하우스에 한없이 가깝다.

트 가까운 성장을 이뤘다.

그리고 세계 자동차 업계에서 가장 핫한 인물로 지내던 2009년 2월의 어느 날, 그는 홀연히 떠났다. 라이벌 회사로 스카우트 되었다거나, 국내 대기업에 취업하기로 약속이 되었다거나 하는 소문이 파다했지만, 그는 자신이 소유한 와이너리에서 포도 수확량을 늘리는 데 열중했다.(최근에는 그가 운영하는 디자인 회사가 삼성전자와 계약을 맺고 새로운 제품을 디자인하고 있다.)

그가 BMW를 떠난 것은 '해고'가 아니라 자발적인 '은퇴'였다. 전성기에 은퇴한다는 게 쉬운 결정은 아니라서 처음에는 이해가 되지 않았다. 그의 빈자리는 함께 일했던 아드리안 반 호이동크(Adrian van Hooydonk)가 메웠고, 그는 급진적인 뱅글의 방향성과 이전의 바우하우스적인 디자인 사이에서 균형 잡기에 나섰다. 그 결과 BMW는 2012년 현재, 독일 3대 럭셔리 메이커 중에서 가장 잘 나가는 회사가 됐다. 메르세데스 벤츠의 판매량을 앞지른 지 오래고, 발터 드 실바(Walter de Silva)의 디자인을 앞세우며 추격하는 아우디는 유럽과 아시아에서 약진 중이긴 하지만, BMW를 따라잡기에는 아직 시간이 필요한 듯하다.

내가 좋아하는 타입의 디자이너는 아니었지만, 지금 시점에서 크리스 뱅글을 다시 평가하자면 그는 매우 훌륭한 디자이너였다. 아니, '매우' 정도로는 부족하다. 어쩌면 BMW 역사상 가장 중요한 디자이너로 기억되어야 옳은지도 모른다.

그는 이미 BMW가 성공 궤도에 진입해 있던 시점에 디자인 수장

2006년 Z4 쿠페가 처음 등장했을 때 사람들은 눈을 의심했다. BMW 카탈로그보다는 공상과학 영화에 등장하는 악당의 차로 어울릴 것 같은 기괴함 때문이었다. 그러나 2012년 BMW와 이탈리아의 카로체리아 자가토(Zagato)가 협업해 선보인 'Z4 자가토 콘셉트 카'를 보면 그 디자인이 얼마나 유니크하고 앞서 가는 것이었는지 알 수 있다.

의 자리에 올랐다. 자신의 감각을 이용하면 쉽사리 성과를 낼 수도 있었고, 수많은 BMW 마니아들의 칭찬을 들을 수도 있었을 것이다. 만약 1990년대 BMW 디자인에 LED 코로나 링과 약간의 근육질 펜더만 추가하는 방법을 썼다면, 그는 손쉽게 '영웅'의 반열에 오를 수 있었을 것이다.

그는 그렇게 하지 않았다. 지금까지 BMW가 걸어 온 방향을 부정한 것까지는 아니지만 정반대로 방향타를 돌렸다. 그가 방향타를 돌리는 걸 만류하는 손길이 왜 없었으랴. 180도까지 꺾지 않고 적당히 45도 정도 꺾으면 많은 사람의 박수를 받을 수 있다는 걸 왜 몰랐으랴. 그러나 그는 두 번 생각하지 않고 정반대 방향을 향하도록 했다. 바닷물이 들이치고, 승무원이 떨어져 나가고, 위태위태한 모습을 지켜보는 사람들이 비난을 퍼부었지만, 그는 끝까지 방향타를 잡고 있다가 BMW라는 거대한 배가 안정권에 들어서는 것을 확인하고는 자신의 후임에게 권한을 넘겼다. 그리고 홀연히 떠나갔다.

크리스 뱅글의 방향타를 넘겨받은 아드리안 반 호이동크는 매우 영리한 사람이다. 지향하는 바가 크리스 뱅글과 완벽하게 일치하는 건 아니었지만 그가 왜 그런 작업을 하는지, 그다음에는 어떤 일을 해야 하는지를 알고 있었다. 그리고 방향타를 넘겨받은 다음에는 왼쪽도 오른쪽도 아닌 중간을 향하도록 잘 조종해서 원활한 순항이 가능하도록 만들고 있는 중이다.

어느 정치가에게서 들었던 말이 생각났다. 그는 "건강한 정치란 오른쪽으로 기울었다가 왼쪽으로 기울었다가를 반복하면서 중심을 잡는 오뚝이 같은 것"이라고 했다. 계속 오른쪽으로 기울어져 있으면 배는 빙글빙글 돌거나 가라앉는다. 왼쪽도 마찬가지다. 그렇다고 어설프게 방향을 바꾸면 방향이 바뀌고 있는 건지, 균형을 잡고 있는 건지 확인할 수 없다. 제대로 기능을 하는 오뚝이는 오른쪽으로 쓰러져 있더라도 왼쪽으로 퉁겨 주면 왔다 갔다 하다가 어느새 균형을 잡고 똑바로 일어선다.

어쩌면 크리스 뱅글은 오뚝이 같은 존재가 되려고 했는지도 모른다. 방향타를 완전히 반대 방향으로 돌리지 않으면 오랫동안 자리 잡은 BMW의 디자인 요소가 바뀌지 않을 거라고 판단해 많은 사람들의 저항에 부딪힐지도 모르는 시도를 스스로 한 것이다. 수많은 반대와 비난을 헤쳐 나가면서 기존의 가치를 다시 한 번 생각하게 하고, 새로운 시도의 문제점과 가능성을 파악한 후 자신의 후계자에게 방향타를 넘김으로써 균형을 잡도록 한 것이다. 그는 독재자가 될 수도 있었지만 돈키호테 같은 사람으로 남았다. 그리고 그의 뒷모습은 그를 싫어했던 나 같은 사람들조차 인정할 수밖에 없는 존재감을 여전히 과시하고 있다.

한국에 왔을 때, 크리스 뱅글은 이렇게 말했다.

"나는 튀기 위해서 디자인을 하는 것이 아니다. 과거에는 아이덴티티가 강한 제품을 만들어 그것으로 브랜드 이미지를 구축하던 시대가 있었지만, 오늘날은 브랜드 이미지를 바탕으로 제품을 만들어 내는 과정으로 바뀌었다. 그것은 한 시대가 가고 다른 시대가 도래했음을 의미한다. 무엇보다 중요한 것은 관계에 대한 이해다. 책상 앞에서 좋은 아이디어를 구상하는 것도 물론 중요하겠지만 그보다 더 중요한 것은 시장에 직접 참여할 수 있어야 한다는 것이다."

이 말을 듣고 나면 그가 주변 사람들의 말에 귀 기울이는 데 인색하지 않았음을 알 수 있다. 그는 자신의 디자인을 싫어한 나머지 암살하려고까지 하는 안티 팬들이 있다는 사실도 분명 알고 있었을 것이다. 그럼에도 불구하고 그가 자신의 디자인 철학을 꾸준히 밀어붙였다는 건, 자신의 시도가 나중에 제대로 평가되리라는 확신이 있었기 때문일 것이다.

크리스 뱅글의 시대가 좋았다고 말하고 싶지는 않지만, 그의 뒷모습에는 박수를 칠 수밖에 없을 것 같다. 만약 그가 "예전 모습이 더 좋았어."라고 말하는 보수주의자들의 입맛에 맞추었다면 BMW는 더 이상 BMW가 아니었을 테니까.

제2부

명차란 이런 것

'명차'는 가격이나 유명세로 결정되는 것이 아니다.
자동차 한 대가 혁명에 가까운 사회적 변화를
가져오기도 하고, 어떤 사람의 가치관을 바꾸기도 한다.
위대한 문학이나 음악처럼 우리를 감동시킨 명차를 말한다.

완벽함도 진화할 수 있다

'좋은 차'라고 생각하는 기준은 사람에 따라 다르다. 내 눈에는 심해어처럼 보이는 차가 누군가에게는 완벽한 생김새를 갖춘 차로 보일 수도 있으며, 거저 줘도 싫은 차를 어떤 사람은 평생 일해 모은 돈으로 산다. 너무 평범해서 싫다는 차를 또 다른 이는 평범해서 편하다는 이유로 구입한다. '좋은 차'는 어쩌면 자동차의 수만큼 존재하는지도 모른다. 그렇다고 "그래서 자동차는 모두 다 좋은 것이랍니다. 여러분 모두가 소중한 독자인 것처럼요."라고 대답한다면 그건 당신이 읽고 있는 이 책을 '조금 까진 남자' 신동헌이 아니라 대필 작가가 썼다는 이야기일 것이다. 그래서 속 시원하게 최고의 차를 하나 짚어 주겠다. 바로 BMW 3시리즈다. 그러면 또 이런 사람이 나온다. "에이, 그건 강남 가면 아줌마들이 타고 다니는 찬데, 뭐." 우선 아줌마들을 무시하면 안 된다. 남성 우월주의자들은 그녀들에게 자꾸 솥뚜껑 운전을 권하지만, 그런 사람치고 솥뚜껑과 자동차를 모두 운전해 본 사람은 많지 않을 것이다.

아줌마들이 3시리즈를 고르는 이유는 명확하다. 디자인이 멋지고, 운전이 편하고, 승차감이 좋고, 잘 나가고, 어디 가서 무시당하지 않고……. 그리고 이 모든 것들을 고려할 때 가격이 적당하기 때문이다. 그것만 봐도 좋은 차다. 내가 '최고의 차'로 BMW 3시리즈를 꼽는 이유는 물론 그것뿐만이 아니다. 이 차는 달리고, 돌고, 멈추는 자동차의 기본 동작을 정말이지 완벽할 정도로 잘 해낸다. 여기서 또 예상되는 반응이 있다. "비싸니까 좋은 게 당연하지." 미안하지만 이 차는 동급 독일 차 중에서 유례가 없을 정도로 완벽한 밸런스를 보이며, 훨씬 비싼 차 중에서도 이 차만큼 기본을 제대로 해내는 차는 찾기 어렵다. 메르세데스 벤츠나 렉서스가 '타도 3시리즈'를 외치는 데는 이유가 있는 것이다. 게다가 아직 타도에 성공한 차는 없다.

BMW는 1975년 '작은 고급 차'를 기치로 태어났다. 이전까지는 유럽에서도 '고급 차는 곧 대형 차'라는 고정관념이 있었지만, BMW는 적당한 크기의 고급 차를 원하는 사람도 있다는 데 착안해 이 차를 만들었다. 작고 고급스러운 자동차에 스포츠카 못잖은 운전 재미를 추구하면서 이전까지 찾아볼 수 없었던 새로운 시장을 개척한 것이다. 때마침……이라고 하면 이상하지만, 1973년 일어난 제1차 석유 파동 이후 경제성에 대한 인식이 커지면서 이 차는 등장과 동시에 슈퍼스타가 됐다. 그리고 지금까지 6세대를 거쳐 오면서 진화를 거듭해 이 시장의 벤치마크로 자리 잡았다.

　3시리즈에 대해 잘 아는 사람이라면 2012년 새로 선보인 F30 3시리즈가 얼마나 달라졌나보다는 얼마나 기존의 가치를 잘 지켜냈는가를 궁금해 할 것이다. 이 차는 이미 3세대 전쯤부터 완벽했기 때문에 뭐가 더 추가됐는지보다 장점이 희석되지는 않았는지가 더 중요한 것이다. 물론 BMW가 그걸 모를 리 없다. 5시리즈나 7시리즈라면 새로움을 추구하면서 방향성을 바꾸기도 하겠지만, BMW를 대표하는 3시리즈라면 그것도 쉽지가 않다. 새로운 것을 시도해 보고 싶다고 해도 기존의 것을 지켜 가면서 해내야 하는 것이다.

　슈퍼카도 아니고, 보기 힘든 차도 아닌데, 뉴 3시리즈의 열쇠를 받아 들고 시동을 건 후 운전을 시작할 때까지 얼마나 가슴이 떨렸는지 모른다. 인천공항 주차장에는 이미 구형이 되어 버린 내 애마 3시리즈가 서 있다. 벌써 3년 가까이 매일 아침 나를 감동시키는 차다. 설마 그 차보다 뛰어날 수 있을까? 만약 그 차보다 못하다면, 대체 나는 다음에 어떤 차를 사야 하지? 쓸데없는 걱정이 머릿속을 맴돌았다. 나는 가장 사랑하는 차가 어떻게 바뀌었는지 궁금하기도 했지만, 맛있는 걸 아껴 두는 심정으로 나중에 운전하기로 하고 다른 잡지사 에디터에게 먼저 키를 넘겼다. 50미터마다 로터리가 한 개씩 나오는 스페인 바르셀로나 인근 도로를 달리기 시작하자마자 그가 소리쳤다. "이거 그냥 3시리즈야!"

위 F30 3시리즈는 4000만 원대에서 선택할 수 있는 최고의 선택이다. 운전이 재미있고, 잘 나가고, 연비가 좋으며, 옵션 풍부하고, 안전하며 저렴하다. 이보다 더 좋은 차를 꼽으라면, 나는 도저히 찾아 낼 자신이 없다.

아래 뉴 3시리즈에는 에너지 소비를 줄여 주는 에코 프로 모드가 추가되었다. 이 버튼을 누르면 연료 소모가 20퍼센트 정도 줄어든다. 계기판에는 에코 프로 모드를 선택한 이후 늘어난 주행 가능 거리가 표시된다.

이건 최고의 찬사다. 구형보다 더 커진 차체, 더 길어진 휠베이스는 '큰 차'를 좋아하는 보통 사람들에게는 장점이겠지만, 3시리즈의 군더더기 없는 움직임을 좋아하는 내게는 걱정거리였던 것도 사실이다. 사람들이 좋아하는 넓은 공간과 웅장한 분위기 때문에 요즘 차들은 점점 커져 가고 있지만, 3시리즈에게 그런 가치를 부여한다는 건 슈트 입고 100미터 달리기를 하는 것처럼 부자연스러운 일이기 때문이다.

3시리즈의 프로젝트 매니저인 우도 핸레(Udo Hanle)는 이렇게 소개했다. "3시리즈의 다이내믹한 성능은 이전 세대에서 이미 한계에 도달했습니다. 우리가 추구해야 할 것은 거기에 더해서 안락함을 추구하는 것이었죠." 그는 너무 쉽게 말했지만, 이건 거의 불가능에 가까운 일이다. 다이내믹과 승차감을 동시에 추구한다는 건, 아이돌이 작사·작곡과 연주에 녹음까지 해내는 것과 마찬가지다. 어떻게든 해낼 수는 있겠지만 모든 분야에서 최고의 수준에 오른다는 건 기대하기 어렵다.

뉴 3시리즈의 스티어링 휠을 잡고 달리기 시작하면, 이 차가 기존에 없었던 안락함을 이룩해 냈다는 걸 금세 느낄 수 있다. 서스펜션은 요철을 부드럽게, 출렁거리지 않으면서 넘는다. 앞바퀴는 스티어링 휠 조작에 명확하게 반응하지만 지나치게 급격하게 움직이며 차체를 요동치게 하지는 않는다. 뒷자리는 이제 독일 차를 처음 타 보는 사람이라도 불평하지 않을 정도로 넓어졌다. 액셀러레이터를 밟을 때마다 등이 떠밀리는 느낌에 멀미를 느끼는 일도 줄어들었다.

승차감이 좋아진 가장 큰 이유는 실시간으로 노면의 상황을 파악하면서 즉각적으로 반응하는 서스펜션 덕분이다. 대개 이런 장비는 상위 등급 차에 장착되는 경우가 많았지만, BMW 3시리즈를 진화시키는 데는 이 장비를 투입하는 것 외의 방법이 없다고 판단한 듯하다. 그 결정은 매우 성공적이며, 지금까지의 어떤 조절식 서스펜션보다도 즉각적으로, 위화감 없이 작동한다. 승차감뿐 아니라 엔진 반응, 미션의 변속 프로그램, 스티어링 필링(Steering feeling, 조향감)까지 변화시키는 다이내믹 드라이빙 컨트롤 기능이 표준 장비로 장착된 것도 특필 사항이다. 편안한 시내 주행에 걸맞은 컴포트, 박력 있게 달릴 수 있는 스포츠, 서킷 주행에서도 재미를 느낄 수 있는 스포츠 플러스에 더해, 차량의 구동계뿐 아니라 에어컨이나 조명 등 전장 계통까지 관할하면서 에너지 소비를 줄여 주는 에코 프로 모드까지 더해졌다. 이 버튼을 누르면 연료 소모가 20퍼센트나 줄어든다. 계기판에는 에코 프로 모드를 선택한 이후 늘어난 주행 가능 거리가 표시된다. 이건 국산 차에서 볼 수 있는, 액셀러레이터를 아무리 밟아도 차가 안 나가도록 만들어서 연비를 좋게 하는 어이없는 에너지 절약 시스템이 아니다. 그 버튼을 눌러도 차는 어디까지나 BMW답게 움직인다.

BMW쯤 되는 메이커가 돈을 들여서 좋은 장비를 장착하는 건 별로 대단한 일이 아니다. 그러나 구형 모델과 비슷한 가격대로 등장한다면 이건 다른 라이벌들을 지옥으로 몰아넣는 것과 마찬가지다. 게다가 국내 가격은 다른 메이커의 판매 담당자들을 패닉 상태에 빠지게 할 정도로 저렴하다. 기존 모델보다 옵션은 더 좋아지고, 가격은 더 낮아졌다. 등급도 다양해서 원하는 대로 선택할 수 있다. 옵션 끼워 팔기 같은 장난과는 거리가 멀다.

지금까지도 그랬지만, 이제 이 세그먼트에서 3시리즈를 능가하기는 쉬운 일이 아니게 됐다. '민첩함(agility)'을 새로운 기치로 내걸고 3시리즈를 잡으려 했던 메르세데스 벤츠의 표정이 궁금해졌다.

이 외에도 이 차의 진화를 안타까워할 사람은 많다. 구형 3시리즈를 타고 있는 나 같은 사람들. 값이 확 올라가길 바라는 것 외에는 할 수 있는 일이 없긴 하지만. 에라, 모르겠다. 박수나 쳐 줄까?

포르쉐 바이러스

슈투트가르트의 포르쉐 직영 매장에 가지 않는 한 포르쉐의 전 차종을 한꺼번에 만나기는 힘들다. 그러나 이제 대한민국에서도 세상의 모든 포르쉐를 타 볼 수 있는 기회가 열리고 있다. 포르쉐 공식 수입원인 슈투트가르트 스포츠카가 주최하는 '포르쉐 드라이빙 익스피리언스(Porsche Driving Experience)'가 그것이다.

용산역을 떠난 KTX가 전라남도 목포를 향해 시속 300킬로미터로 가속을 시작한 것은 나에게 불길한 전조와도 같았다. 솔직히 말하자면 포르쉐의 공식 수입원인 슈투트가르트 스포츠카에서 '포르쉐 월드 로드 쇼(Porsche World Road Show, PWRS)'를 개최한다는 소식을 매우 기쁜 목소리로 전해 왔을 때부터 기분이 별로 좋지 않았다. 긍정적인 성격의 소유자인 나는 아무리 멋지고, 아무리 빠르고, 아무리 비싼 차를 시승한 후에도 내 차에 오르면 손때 묻은 내 애마와 다시 사랑에 빠지는 타입이지만, 유일하게 유혹을 뿌리칠 수 없는 차가 포르쉐였기 때문이다. 이 빌어먹을 자동차는 눈빛이 마주치는 것만으로 나를 욕정의 노예로 만들었던 20대 시절의 여자친구처럼 치명적이다. 페라리나 람보르기니처럼 손이 닿지 않을 저 먼 곳에 있지도 않다. 손을 뻗으면 닿을 것 같은 거리에서 나를 내려다보면서 매혹적인 웃음을 짓고 있다. 포르쉐가 개구리처럼 생겼다는 사람도 있지만 어떻게 보면 개구리는 나고 포르쉐는 뱀이다. 나는 그 둥그런 헤드라이트만 쳐다봐도 사지가 마비되고 침이 흐른다. 어떨 땐 오줌을 지릴 것 같아서 황급히 눈을 감고 만다.

포르쉐 월드 로드 쇼는 포르쉐의 전 차종을 차례로 타 보면서 마음껏 즐길 수 있는 행사다. 독일 본사에서 준비하는 이 행사는 포르쉐의 전 모델을 싣고 세계를 돌면서 진행된다. 한 번 타 보면 반할 수밖에 없다는 확신을 갖고 마련한 듯하다. 독일에서 온 포르쉐의 드라이빙 인스트럭터는 "포르쉐 바이러스를 퍼뜨리러 왔습니다." 하면서 윙크를 찡긋했다. 머리에 피도 안 마른 꽃미남 배우가 어눌한 발음으로 "넌 내게 반할 수밖에 없어." 따위의 대사를 내뱉으면 아줌마들이 까무러치는 것도 이해가 될 정도였다. 전 세계의 모든 자동차 회사가 자신들이 만든 자동차가 최고라면서 엄지손가락을 추켜세우지만, 포르쉐는 그 격이 좀 다르다.

내가 처음 포르쉐를 탔던 게 언제였는지는 잘 기억이 나지 않는다. 그런 멋진 경험을 어떻게 잊을 수 있냐고 할지도 모르지만, 포르쉐의 스티어링 휠을 잡은 후에는 '첫 경험' 같은 세속적인 가치는 모두 잊어버리게 된다. 자동차와 혼연일체가 되어 무아지경에 빠질 뿐이다. 유명산의 고갯길 내리막을 말도 안 되는 스피드로 달리면서 나도 모르게 큰 소리를 내어 웃었던 기억만은 생생하다.

은색 차체에 붉은 가죽 인테리어의 그 911을 경험한 이후로 내 인생은 조금 바뀌었다. 어렸을 때부터 꿈꿔 오던 무언가를 실제로 경험했을 때 느끼는 허탈함이랄까, 배신감 같은 게 없었기 때문인지도 모르겠다. 그 차는 내가 생각한 것 이상으로 즐거웠다. 아니, 즐거웠다기보다는 황홀했다고 해야 할 것이다. 그저 값비싼 스포츠카라서, 혹은 사람들이 쳐다봐서가 아니었다. 포르쉐 911은 내가 이끄는 곳으로 따라가고, 내가 시키는 대로 따르며, 때로는 내게 새로운 방법을 제시하기도 하고, 생각지도 못한 가능성을 보여 주기도 했다. 내가 멈칫할 때는 안심시켜 줬고, 기뻐하고 있을 때는 그게 진짜라는 사실을 일깨워 주려는 듯 끊임없이 피드백을 전달해 줬다. 만약 911이 여자였다면 이 여자와의 섹스는 환상적일 것이다. 자동차인데도 불구하고 웬만큼 궁합 잘 맞는 여자와의 시간보다 즐거울 정도니 말이다.

포르쉐 월드 로드 쇼기 포르쉐 드라이빙 스쿨과 다른 점은 포르쉐 오너가 아니라도 참가할 수 있다는 점이다. 이 행사에는 누구나 참가할 수 있다. 최상의 상태로 보존된 모든 차종의 시승차가 독일 포르쉐 본사에서 공수되며, 타이어도 매일 새것으로 교체되어 참가자에게 주어진다. 자신의 차로 참가하는 드라이빙 스쿨이 오너의 실력을 끌어올

포르쉐가 개구리처럼 생겼다는 사람도 있지만 어떻게 보면 개구리는 나고 포르쉐는 뱀이다. 나는 그 둥그런 헤드라이트만 쳐다봐도 사지가 마비되고 침이 흐른다. 어떨 땐 오줌을 지릴 것 같아서 황급히 눈을 감고 만다.

리기 위한 행사라면, 이 행사는 포르쉐 각 라인업의 차이를 알고 싶은 사람, 혹은 다양한 차종 중에서 어떤 걸 고를까 고민하는 사람에게 자신에게 맞는 차를 고를 수 있도록 도와주는 행사라고 생각하면 된다. 또 나처럼 포르쉐에 반해 있기는 하지만, 당분간은 포르쉐 오너가 될 수 없는 사람들의 대리만족을 위한 장도 될 수 있다. 참가비용을 아껴서 장래에 911을 구입하는 데 쓴다면야 911을 손에 넣을 날이 얼마간 앞당겨질 수 있을지 모르겠지만, 이런 행사에 참가해서 목적의식을 확실히 다지는 것도 좋을 것이다.

행사는 브레이킹 테스트, 슬랄롬(slalom, 지그재그 주행), 두 번의 핸들링 테스트, 그리고 포르쉐 익스클루시브*에 관한 설명과 데모 주행 등으로 구성됐다. 가장 즐거웠던 건 뭐니 뭐니 해도 박스터(Boxster), 카이맨(Cayman), 911 등의 스포츠카와 파나메라(Panamera), 카이엔(Cayenne) 등의 대형 차종으로 나누어 치러진 핸들링 테스트였다.

* 개인의 취향이나 라이프스타일에 따라 다양하게 옵션을 선택할 수 있는 포르쉐의 특별 주문 프로그램을 말한다.

F1이 열리는 영암 서킷을 달리는 것만 해도 흥미로운 경험인데, 포르쉐를 타고 달릴 수 있다니 흥분하지 않을 수가 없었다. 카이앤 S에 가장 먼저 올랐다. 이 차는 내가 몇 년 내로 구입하고야 말겠다고 마음먹고 있는 차다. 미드십의 솔직한 핸들링과 왕년의 356B를 연상시키는 멋진 실루엣이 매력적인 데다 가격도 전세 빼면 두 대는 살 수 있는 수준이다. 코너를 면도날로 베어내듯 날카롭게 돌아 나가는 이 차에 타고 있으니 제임스 딘이라도 된 듯한 기분이 들었

다. 이런 손맛을 느끼다가 죽었다니, 제임스 그 녀석은 분명 행복했을 것이다. 제임스 딘 흉내를 내려면 박스터도 괜찮고, 박스터에서 1000만 원을 더 주면 이름까지 그가 타다 죽은 차와 똑같은 박스터 스파이더(Boxter Spyder)를 살 수도 있다. 그러나 지붕 대신 간이 우산 비스무리한 게 덮여 있을 뿐이어서 차량 구입 전에 차고 딸린 집부터 장만해야 한다.

911의 도어를 여는 순간 마음이 흔들리기 시작했다. 아아아아아, 포르쉐의 빈틈없는 라인업 앞에서는 남자의 마음도 갈대다. 옛날에 읽었던 자동차 잡지에서는 미드십이 스포츠카에게는 가장 이상적이며, 뒷바퀴 뒤에 엔진을 싣는 포르쉐의 RR(Rear engine Rear wheel drive) 구동 방식은 기형적인 것이라고 씌어 있었다. 무게 중심이 뒤에 있기 때문에 정확한 핸들링을 할 수 없어서 포르쉐 측에서도 미드십으로 변경하고 싶지만 마니아들의 성화 때문에 바꾸지 못하고 있다는 것이다. 우리나라 잡지뿐 아니라 미국의 자동차 전문지나 일본 잡지에서도 심심찮게 비슷한 이야기를 하는 걸 읽을 수 있다. 물리학적으로도 맞는 이야기다. 그러나 그건 여자 한 번 사귀어 본 적 없는 안경잡이 엔지니어들이 늘어놓는 소리다. '스포츠카'란 감성을 즐기는 탈것이다. 절대적인 속도와 수치를 위해 달리는 건 스포츠카가 아니라 레이싱카다. 스포츠카에게는 사람의 감성을 자극하는 요소가 필요하다. 자로 잰 것처럼 잘라내는 미드십이 나쁘다는 건 아니지만, 액셀러레이터의 개도에 따라 차의 자세가 바뀌는 RR 구조의 911이야말로 정말 재미있는 스포츠카다.

영암에서 열린 포르쉐 월드 로드 쇼. 이 행사가 포르쉐 드라이빙 스쿨과 다른 점은 포르쉐 오너가 아니라도 참가할 수 있다는 점이다. 박스터, 911, 파나메라, 카이엔, 카이맨 등 최상의 상태로 보존된 모든 차종의 시승차가 독일 포르쉐 본사에서 공수되며, 타이어도 매일 새것으로 교체되어 참가자에게 주어진다.

스포츠카에게는 사람의
감성을 자극하는 요소가
필요하다. 자로 잰 것처럼
잘라내는 미드십이 나쁘다는
건 아니지만, 액셀러레이터의
개도에 따라 차의 자세가
바뀌는 RR 구조의
911이야말로 정말 재미있는
스포츠카다.

세간에는 FR(Front engine Rear wheel drive) 구동 방식에 네 개의 문짝이 달리고 거대한 덩치를 가진 카이엔과 파나메라는 진정한 포르쉐가 아니라고 말하는 사람도 있다. 그런 말을 하는 사람들은 사실 진정한 포르쉐가 뭔지 모르는 사람들이다. SUV라고 얕잡아 보고 카이엔을 타면 깜짝 놀라는 정도가 아니라 화들짝 놀라게 된다. 이 차는 거의 소형 스포츠카만큼이나 민첩하게 움직이기 때문이다. 대형 SUV지만 운전할 때는 소형 해치백과 비슷한 감각을 보여 준다. 크기나 무게를 전혀 의식하지 않게 된다. 오히려 무게를 이용해 일부러 뒤를 흘리면서 드리프트 주행을 즐기는 재미를 알게 된다. 파나메라도 마찬가지. 원한다면 네 명이 타고 드리프트를 하면서 즐길 수 있다. 911이나 박스터를 따라잡기는 쉽지 않지만, 그렇다고 크게 뒤처질 일도 없다.

포르쉐 드라이빙 익스피리언스에 참가해 보면 911 오너는 카이엔이나 파나메라에 반할 수밖에 없고 카이엔, 파나메라 오너는 자신들의 차에서 엑기스만을 뽑아 낸 듯한 911이나 박스터에 눈을 돌리지 않을 수 없게 된다. 그리고 나처럼 아직 포르쉐를 손에 넣지 못한 사람이 이 행사에 참가하면 바이러스 감염이 더욱 심각해진다. 한 가지 다행인 점은 이 바이러스는 사람을 약하게 만드는 대신 강하게 만든다는 것이다. 시름시름 앓다가 죽어가는 다른 바이러스와 달리 이 바이러스에 감염되면 자신의 삶에 더욱 집중하게 된다. 성공을 꿈꾸고, 인생의 목표를 찾게 된다. 그리고 이 바이러스에서 벗어나는 방법은 없다. 포르쉐를 손에 넣어도 증세가 더욱 심각해질 뿐이다.

로드스터에 낭만을 더하면

BMW Z4는 어떤 의미에서 가장 BMW다운 자동차. 앞바퀴 위에 엔진을 싣고 뒷바퀴를 굴리는 FR(Front engine Rear wheel drive) 구동 방식의 이 2인승 자동차는 차량 앞부분은 길고 뒷부분이 짧은 '롱 노즈 쇼트 데크(long nose short deck)'라는 전통적인 스포츠카의 디자인 양식을 따른 멋진 차다. 앞바퀴를 엔진이, 그리고 뒷바퀴를 운전자가 땅바닥에 눌러대는 Z4의 이상적인 무게 배분은 BMW가 어떤 것을 희생하더라도 포기하지 못하는 가치인 '운전의 즐거움'을 극한까지 맛볼 수 있게 해 준다.

 이 한 문단이 Z4의 모든 것을 설명한다. 만약 BMW의 핸들링에 반해 있는 나 같은 사람이라면, 소주라도 들이켠 것처럼 '캬!' 소리를 내면서 동의할 수 있을 것이다. 우리 같은 사람들은 BMW가 키드니 그릴®을 별 모양으로 만들거나 트렁크에 상어 지느러미 모양의 스포일러를 달아도 그들을 미워할 수 없다. 아무리 디자인이 마음에 안 들고 인테리어 디자인을 이해할 수 없어도 일단 BMW의 스티어링 휠을 잡고 액셀러레이터를 밟는 순간 주르륵 눈물이 흘러 버리니 말이다.

● BMW의 상징이라고도 할 수 있는 라디에이터 그릴. 차체의 전면에 마치 콩팥처럼 좌우대칭으로 놓여 있어서 '키드니 그릴(Kidney Grille)'이라는 이름으로 불린다.

그러나 오늘날 BMW를 사는 사람들의 대부분은 그 감동적인 핸들링이나 서사적인 엔진의 회전 질감 따위를 잘 모르는 것 같다. 그저 BMW라는 브랜드가 주는 고급스러우면서도 젊은 이미지가 마음에 들기 때문에 선택할 것이다. 이런 현상은 강남의 아주머니들 사이에서만 벌어지는 게 아니고 전 세계적으로 일어나고 있다.

사실 BMW 입장에서는 그런 점이 큰 고민이다. 운전 재미와 스포츠성이 없으면 BMW의 본질을 잃어버리게 되고, 너무 스포츠성만 추구하다 보면 대부분의 고객이 더 필요로 하는 안락함이나 편의성을 제대로 챙길 수가 없게 된다. 좀 더 일반인들의 입맛에 맞는 차를 만들면 판매고는 분명 올라가겠지만 전 세계의 마니아와 저널리스트들이 '배신' 운운하며 들고 일어날 게 뻔하고, 그것은 이미지 악화로 이어져 다시 일반인 고객들의 이탈을 부추길 것이다. 양날의 검이 BMW의 목을 겨누고 있는 것이다.

그러나 그런 상황에서도 BMW는 지금까지 중도를 매우 잘 지켜왔다. 지금까지 선보인 모든 차가 핸들링과 운전 재미 측면에서 합격점, 아니 최고 점수를 받아 왔고 전체적인 세일즈도 훌륭했다. 다른 메이커가 따라왔으면 따라왔지 BMW가 자신들의 아이덴티티를 바꿀 필요는 전혀 없어 보였다.

그런데 그들의 변화는 전혀 생각하지도 못한 데서 시작됐다. 바로 Z4다. BMW는 자신들이 자랑하는 퓨어 스포츠 로드스터를 개념부터 완전히 뜯어고쳤다. 이전의 Z4가 와인딩이나 서킷에서 진가를 발휘하는 스포츠 로드스터였다면, 2009년에 출시된 E89 Z4는 백화점 명품관 주차장이나 복잡한 강북의 시내 도로에도 어울리는 차다. 지붕이 열리니까 너무 낭만적이라며 Z4를 샀다가 딱딱한 승차감과 무거운 핸들링에 혀를 내두르며 팔아 버린 적이 있는 사람들에게 보내는 공식 사과문과도 비슷한 존재다.

그 사실은 Z4의 시동을 걸고 액셀러레이터를 밟아 주차장을 빠져나가는 순간에 이미 알 수 있었다. 단단하고 딱딱한 BMW 특유의 승차감은 온데간데없고, 부드럽게 노면을 타고 넘어 사뿐히 내려앉는 모습이 영락없는 메르세데스 벤츠였다. 아니, 어떤 의미에서는 렉서스와도 닮았다. 어라? 비행시간이 너무 길었나? 신형 Z4를 만나기 위해 스페인 알리칸테(Alicante)까지 기기 위해서는 비행기를 세 번이나 갈아타야 했다. 집에서 나와 알리칸테의 호텔에 짐을 풀기까지 걸린 시간은 무려 25시간. 머리가 좀 아프긴 했는데 혹시 그 때문에 차의 느낌을 제대로 느끼지 못하는 건가 싶었다. 그러나 조수석에 앉아 있던 자동차 전문지 편집장도 과속 방지턱을 세 개 정도 넘은 시점에서 나를 쳐다

보며 눈을 껌벅거렸다. 우리는 과속 방지턱을 넘을 때 엉덩이에 힘을 주지 않아도 된다는 사실을 깨닫고는 매우 혼란스러웠다. 지금까지의 Z4는 이런 차가 아니었으니까.

사실 프레스 시승 행사가 열리기 전 이미 인터넷에 떠돌고 있던 사진만 보더라도 어느 정도의 변화는 예상할 수 있었다. Z4의 실내에는 파킹 브레이크 레버(parking brake lever)가 사라지고 전자식 파킹 브레이크 버튼이 있었기 때문이다. 풀 가속으로 코너를 향해 달려가다가 브레이크를 밟는 동시에 스티어링 휠을 꺾으며 파킹 브레이크를 당기면, BMW는 드리프트를 시작한다. '깜'도 안 되면서 꽁무니에 붙어 시비를 거는 국산 스포츠카들이 귀찮을 때는 파킹 브레이크 레버를 이용해 제자리에서 유턴을 하며 따돌릴 수도 있다. 전륜구동 세단에게 파킹 브레이크 레버란 차가 서 있을 때 의도하지 않게 움직이는 것을 방지해 주는 장치일지도 모르지만, BMW에게 그 레버는 드리프트와 순간 방향 전환을 위한 장치였다. 메르세데스와 아우디가 전자식 파킹 브레이크를 장착함에도 불구하고 BMW는 최근까지 7시리즈를 제외하고는 모든 차종에 파킹 브레이크 레버가 달려 있었다. 펑크가 나도 100킬로미터 가까이 달릴 수 있는 런 플랫 타이어(Run-flat tire)를 장착하는 등 최첨단 이미지를 자랑하는 BMW가 수동 레버를 아직까지 고집한 건, 그게 운전의 재미를 가져다주는 장치이기 때문이다. 그러나 사실 그 장치를 활용하는 사람은 그닥 많지 않았다. 자신의 BMW를 과격하게 운전하는 사람은 매우 적으니까.(나도 내 차의 파킹 브레이크 레

2인승 로드스터를 구입하려고 고민해 본 사람이라면 동의하겠지만, Z4는 이 시장에서 엄친아 같은 존재다. 유려한 디자인과 성능, 분위기를 동시에 갖춘 차는 많지 않기 때문이다. 많이 팔리는 데는 그만한 이유가 있게 마련이다.

Z4는 더 이상 눈을
부릅뜨고 달려야 하는
딱딱한 스포츠카가 아니다.
여자친구와 함께 부드럽게
달리거나, 며칠간의 철야 후
피곤한 몸을 싣고 퇴근길에
몸을 실을 때도 훌륭하게
자신의 역할을 해낼 수 있다.

버는 주행 중에 절대 당기지 않는다.) 그래서 아마도 7시리즈에 이어 차세대 5시리즈쯤에는 사라지겠지…… 하고 생각하고 있었는데 이게 웬걸? Z4가 7시리즈에 이어 전자식 파킹 브레이크를 장착한 모델이 될 줄은 꿈에도 몰랐다. 그리고 그 낯설음은 실제로 운전하는 동안 점점 더 커지고 있었다.

Z4는 출렁출렁까지는 아니지만, 말랑말랑이라고 할 수 있을 승차감이다. 지금까지의 BMW는 요철을 만나면 출렁 또는 말랑보다는 '턱!'에 가까운 느낌이었다. 요철을 밟자마자 빨리 자세를 추스르기 때문에 좋아하는 사람이 있는가 하면, 국산 차나 일본 차에 익숙한 사람들은 너무 딱딱하다고 불만이 많았다. 그러나 신형 Z4는 허리 디스크를 앓고 있는 할머니가 타도 만족할 수 있는 승차감이었다. 승차감이 좋다는 데야 뭐 반론의 여지가 없다. 누군들 노면 충격을 받는 게 즐거워서 딱딱한 승차감을 좋아하는 건 아니니까. 문제는 이 부드러운 서스펜션이 와인딩에서 제대로 버텨 낼 수 있느냐는 것이었다. 물론 우리가 그런 의구심을 가질 거라는 사실을 BMW도 잘 알고 있었다. 우리에게 시승차의 키를 건네면서 금발의 홍보 담당자는 뉴 Z4는 전자식 서스펜션을 장착해 소프트 스포츠, 스포츠, 스포츠 플러스의 세 모드를 선택할 수 있다고 일러주었다. 그리고 그들은 시승 코스로 알리칸테의 해안도로가 아닌 산악도로를 선택했다. 지도를 보면서 왜 휴양 도시까지 와서는 바다 근처에도 안 가고 산으로만 달릴까 의아했는데, 아니나 다를까 시승 코스는 무려 네 시간에 달하는 와인딩 코

스였다. "렉서스처럼 스포츠성을 포기하는 건가요?" 따위의 바보 같은 질문을 날리는 대신 직접 달려 보고 평가하라는 의도였다.(실제로 그런 질문을 한 사람도 있었다.)

아아아, 말이 네 시간이지 그건 정말 대단한 길이었다. 구불구불 굽은 길이 끝도 없이 연결되는데, 나중에는 내가 운전을 하면서도 멀미가 날 지경이었다. 운전을 좋아하는 사람들은 흔히 몇 시간이고 계속되는 와인딩이 있으면 좋겠다는 말을 하곤 한다. 그런데 직접 경험하고 나니 그게 그리 좋은 것만은 아니었다. 첫 번째 한 시간은 정말 신나게 달렸다. 풀 가속과 풀 브레이킹을 1분에 20번쯤 반복하면서 눈에 불을 켜고 달렸다. 두 시간쯤 지났을 무렵 지붕을 열었다. 집중력이 떨어졌기 때문에 바람을 좀 맞고 싶어서였다. 하드톱이 열리는 속도는 매우 빨랐다. 세 시간을 지나 네 시간이 가까워질 무렵에는 머릿속의 피가 전후좌우로 흔들리다 못해 거품이 일 지경이라 얼굴이 하얘지고 현기증이 나기 시작했다. 이제 좀 그만했으면 싶었지만 내비게이션은 구불구불한 길이 앞으로도 한참 동안 이어짐을 나타내고 있었다. 와인딩에서 몰아붙이다가 차를 고장 낸 적은 있어도 내가 고장 난 건 처음이었다. 말할 필요도 없이 BMW의 전자식 서스펜션에는 합격점을 줄 수밖에 없었다. 스포츠 버튼을 누르는 순간 이미 코너를 돌기에 충분한 상태가 됐고, 스포츠 플러스 버튼은 마치 포르쉐에서나 느낄 수 있는 트랙션 성능을 안겨 줬기 때문이다. 예전 Z4는 신형 Z4의 스포츠와 스포츠 플러스 사이에 위치하는 감각이었다. 렉서스급 승차감과 함께 예전 모델 이상의 달리기 성능도 손에 넣었다는 이야기다.

물론 서스펜션의 느낌만 바뀐 건 아니었다. BMW 집안의 '전가보도(傳家寶刀)'나 마찬가지인 3리터 직렬 6기통 엔진에는 트윈 터보를 장착해 더 강력한 토크와 출력을 얻었고, 트랜스미션에는 새롭게 개발한 DCT[●]를 장착했다. 쉽게 말하자면 세계 최고의 엔진에 세계 최고의 트랜스미션이 달렸다는 말이다. 이 정도로 섹시하게 고회전까지 도는 엔진을 찾으려면 이 차보다 약 네 배의 돈을 더 주고 페라리를 사는 수밖에 없다. 그리고 Z4는 페라리에는 실을 수 없는 두 사람분의 골프백도 실을 수 있다. 그뿐 아니다. 로맨틱한 차를 원하는 여성에게도, 짜릿한 자극을 원하는 재벌 2세에게도, 인생의 황혼기를 빛내 줄 무언가를 찾는 백발 부부에게도 권할 수 있을 만한 차다. 달리는 것밖에 모르던 외골수 스포츠카 BMW Z4는 이제 만인의 연인으로 다시 태어났다.

● 더블 클러치 트랜스미션(Double Clutch Transmission)의 약자. 내부 구조는 수동 미션과 같지만 클러치 페달 없이 오토매틱처럼 운전할 수 있는 신세대 변속기다. 수동 변속기처럼 직결감을 느낄 수 있으며 연비도 뛰어나다.

서울에서 컨버터블 즐기기

그러고 보면 최근 몇 년 사이에 우리나라도 꽤 관대해졌다. 여름이면 우리는 엉덩이의 아래쪽 절반을 드러내는 쇼트 팬츠 차림의 여성들을 쉽게 만나 볼 수 있다. 모르는 여자의 엉덩이가 걸음에 맞춰 흔들리는 것을 보고 있으면, 기쁜 듯 슬픈 듯 묘한 기분이 든다. 이제 팔뚝에 문신을 한 신입 사원도 별로 어색하지 않다. 여고생들은 미니스커트 같은 교복을 입고 다니고, 밤중에 선글라스 낀다고 뭐라고 하는 사람도 찾아볼 수 없다. 남에게 피해만 주지 않는다면 뭘 하든 꽤 자유로운 나라가 된 것이다. 주말 드라마에 게이 커플도 등장하고, 어쩌면 조만간 포르노 배우 출신 국회의원이 등장할지도 모른다. 모든 게 내 취향은 아니지만, 어쨌거나 다양성을 인정하는 방향으로 흘러가고 있다는 점에는 박수를 쳐 주고 싶다. 개성이란 좋은 거니까.

'개성'이라는 말이 나와서 말인데 우리나라 사람에게서 개성을 찾기란 사실 쉬운 일이 아니다. '다르다'와 '틀리다'를 구분할 줄 아는 사람이 적은 이유는 어쩌면 국어 교육을 잘못 받아서가 아니라 '다름'을 '틀림'으로 여기는 국민성 때문인지도 모른다. 남과 다르고 싶지 않아 하는 국민성은 멀리 가지 않아도 확인할 수 있다. 베란다에서 내려다본 아파트 주차장에는 은색과 검은색, 그리고 흰색 자동차뿐이다. 그것도 세단 아니면 SUV. 그런 차를 타는 사람들은 "무난해서, 질리지 않으니까"라는 식으로 선택의 이유를 대지만, 결국은 튈까 봐 선택한 것이다. 그리고 남이 튀는 게 눈에 띄면 자신이 그런 선택을 하지 못했다는 사실이 찔려서인지, 다른 걸 틀렸다고 착각해서인지 안 해도 될 비난을 시작한다.

20여 년 전, 수입 차 시장의 개방과 함께 우리나라에 소개된 컨버터블은 그 오랜 세월을 함께했음에도 불구하고 여전히 객(客) 신세다. 국내에서 컨버터블이 찬밥 취급을 받는 것에 대해 실용성 탓을 하는 사람도 있고 내구성 탓을 하는 사람도 있지만, 가장 큰 이유는 역시 지나치게 눈에 띄기 때문일 것이다. 컨버터블을 타 보지 못한 사람들은 컨버터블 운전자가 남의 눈에 멋져 보이기 위해 몸부림을 치는 거라고 생각하기도 한다. 값비싼 자동차 운전석에 앉아 있는 모습을 보여 주고 싶어 어쩔 줄 모르는 노출광으로 여기는 것이다. 1000만 원짜리 경차를 사도 쇼윈도에 자신의 모습을 비춰 보게 마련인데, 컨버터블의 운전석에 앉아 있는 모습을 남에게 보이고 싶어 하지 않는다면 거짓말일 것이다. 그러나 남들이 생각하는 것만큼 그게 전부는 아니다.

컨버터블을 좋아하느냐, 좋아하지 않느냐는 전적으로 바람을 좋아하느냐, 그렇지 않느냐에 달려 있다. '지붕이 없는 차'가 존재하는 이유는 운전하는 모습을 남에게 보여 주기 위해서도 아니고, 피부암에 걸려 보험금을 타 내기 위해서도 아니다. 그저 바람에 머리카락이 흩날리는 기분이 좋기 때문이다. 그게 왜 좋으냐고 묻는다면 대답하기는 매우 곤란하다. 그건 설명할 수 있는 즐거움이 아니기 때문이다.

조금 쉽게 설명해 보면, 비 맞기를 좋아하느냐, 그렇지 않느냐와 비슷하다고 볼 수도 있다. 누구나 10대 때는 기꺼이 비를 맞는다. 사랑하는 사람, 좋아하는 친구와 함께 있다면 비를 맞는다는 건 평생 잊지 못할 추억이 되기도 한다. 옷이 젖는다거나, 건강에 좋지 않다거나, 산성비라서 대머리가 될지도 모른다고 걱정하는 10대는 없다. 가끔 엄마에게 혼나는 걸 걱정하는 애들도 있는데, 물론 그런 사람들은 어른이 돼서도 컨버터블은 못 탄다. 엄마나 와이프에게 혼날까 봐라는 이유도 변함이 없을 것이다. 컨버터블을 구입한다는 건, 누구나 그렇게 되기 싫어 하는 어른이 아직 되지 않았다는 증거일지도 모른다. 혹은 어른이 되긴 했는데 어린 시절의 마음을 잊지 않았다는 증거가 될 수도 있다. 주차할 곳이 없어서, 컨버터블 지붕을 찢어 놓는 애들도 있다던데, 보험금이 비싸서, 지붕을 열 만한 곳이 없어서 등등의 이유를 주저리주저리 늘어놓는 사람들은 논리적인 게 아니라 그냥 '어른'이라서 그런 것이다. 컨버터블은 어린이의 마음을 가진 채 성공한 어른이

3시리즈 컨버터블은 톱을 닫으면 완벽한 쿠페로, 열면 완벽한 컨버터블로 즐길 수 있다. 철제 지붕을 닫은 상태에서는 소프트톱 컨버터블처럼 누가 칼로 그어 놓을까 봐 걱정할 필요도 없고, 몇 년 후 비가 새지 않을까 걱정할 필요도 없어서 서울에서 즐기기에는 여러모로 하드톱이 낫다.

타는 차다.

사실 컨버터블은 흰머리가 적당히 있고 20년 정도 함께 살아온 커플에게 가장 잘 어울린다. 나이가 너무 어리면 사람들은 컨버터블의 낭만을 논하기 전에 그 차를 탄 사람의 부모가 뭘 하는지를 궁금해 하고, 남자끼리 타면 성 정체성을 의심하며, 혼자 타면 아무 이유 없이 문란한 삶을 사는 사람이라고 생각해 버리기 때문이다. 이런 선입견은 우리나라에서 컨버터블이 인기가 없는 가장 큰 이유 중 하나였다. 그러나 3시리즈 컨버터블은 평상시에는 쿠페. 어느 누구도 이 차의 지붕이 척척 접히면서 트렁크에 수납될 거라고 생각하지 못한다. 때로는 평범해 보이는 차를 원하는 사람에게도 안성맞춤이라는 말이다. 3시리즈만 하드톱 컨버터블인 것은 아니지만, 성인 네 명이 넉넉하게 앉을 수 있는 차는 그렇게 많지 않다. 철제 지붕을 닫은 상태에서는 소프트톱 컨버터블처럼 누가 칼로 그어 놓을까 봐 걱정할 필요도 없고, 몇 년 후 비가 새지 않을까 걱정할 필요도 없다. 시속 200킬로미터 이상의 속도에서도 소음이 적고 차체가 삐걱거리는 소리도 나지 않는다. 그런 단점들은 예전 같으면 컨버터블 오너가 당연히 감수해야 할 것들이었다. 초창기 하드톱 컨버터블의 단점이었던 개폐 시의 무게 배분 차이도 거의 느껴지지 않는다. 지붕을 닫은 상태에서는 그냥 쿠페라고 해도 믿을 수 있는 수준이다.

버튼 하나로 22초 만에 젖혀지는 철제 지붕을 열면 거대한 하늘을 직접 만날 수 있다. 선루프 따위에 비교할 감동이 아니다. 지붕을 연

상태에서는 엔진 소리가 더욱 강조된다. 액셀러레이터를 바닥까지 밟았을 때 엔진이 연주하는 사운드를 듣고 나면 웬만한 엔진에는 고개를 절레절레 흔들게 된다. 싱글 터보가 장착된 335Ci는 어느 영역에서나 힘차지만, 고회전으로 돌아갈수록 매력적인 사운드와 힘을 뽑아내는 건 자연 흡기 방식과 마찬가지다. 똑같은 터보라고 해도 힘이 없는 엔진에 터보를 붙여 힘을 뽑아내겠다는 발상이 아니다.

BMW의 터보는 자연 흡기 엔진의 단점을 보완하기 위한 방안이고, 이 때문에 회전 성능은 자연 흡기에 거의 가깝다. 특히 신형 335Ci 컨버터블에 실린 N55 엔진®은 효율성을 더 추구해서 연비도 향상됐다. 예전의 BMW는 액셀러레이터가 바닥에 처박힐 정도로 밟고 다니면 오후쯤에는 주유소를 찾아야 했다. 그러나 새로운 335Ci는 한밤중의 남산 순환로에서 타이어가 비명을 지를 정도로 내달려도 연료 게이지의 눈금이 그다지 움직이지

● BMW의 고성능 직렬 6기통 엔진을 대표하는 N54의 후속으로 만든 엔진. BMW 최초의 싱글 터보 가솔린 엔진이다. 싱글 터보이지만 트윈 스크롤 방식, 즉 배기가스 통로를 두 개로 나누고 실린더 여섯 개를 세 개씩 짝을 이루어 하나의 통로를 이용하도록 만든 방식으로 작동하여 출력이 더욱 빠르고 성능이 좋다.

않았다. 3시리즈의 열렬한 지지자인 내가 유일하게 탐탁지 않았던 게 컨버터블이었다. 3시리즈의 보석과도 같은 핸들링의 맛이 옅어지기 때문이었다. 그런데 이 차는 그런 트집을 잡을 여지가 별로 없었다. 겉모습은 세단보다 확실히 멋지고 지붕은 활짝 열린다. 연비도 한 세대 전과 비교하면 체감적으로 50퍼센트 가까이 상승된 것 같다.

지금으로부터 정확히 10년 전, 서울 월드컵이 시작되던 무렵에 나

는 빨간 컨버터블을 타고 있었다. 서울 시내를 뒤덮은 붉은 물결과 너무나 잘 어울리는 빨간색이었지만 시선은 곱지 않았다. 분명 형광기가 감도는 붉은색이었는데도 사람들은 거무튀튀한 포르투갈 유니폼 색으로 보이는 듯 인상을 찌푸렸다. 세월이 흐르면서 바뀐 건 대한민국 축구 국가대표팀의 실력뿐이 아니다. 이제 사람들은 빨간색 컨버터블 따위 대수롭지 않게 여긴다. 내 옆으로는 포르쉐 카브리올레도 한 대 서 있고, 저 뒤에는 벤틀리도 보인다. 그래, 10년 전에는 이런 다양함이 없었다. 서울, 그리고 이곳에 사는 사람들은 이제 자신과 다른 것을 받아들일 준비가 됐다. 아직 컨버터블 조수석에 토플리스 차림의 여자친구를 태우고 응원하는 건 좀 무리겠지만 10년쯤 후에는 그것도 가능할지 모른다.

작지만 꿀리지 않는 해치백

아우디 A3가 다가오면 나도 모르게 그쪽으로 눈이 향한다. 눈가에 펄이 들어간 아이섀도를 바른 것처럼 하얀 LED 데이라이트가 불을 밝히고 있어서다. 좀 더 가까이 다가오면 커다랗게 입을 벌린 싱글 프레임 그릴이 눈에 띄고, 쌩 하고 지나가고 나면 빵빵한 엉덩이에서 눈을 뗄 수가 없다. 멋지다고 하기엔 좀 그렇고 예쁘다고 하기에도 좀 그렇지만, 아무튼 디자인 하나는 끝내준다. 디자인 헤게모니를 찾은 최근의 아우디는 이렇다 할 라이벌이 없을 정도로 멋지다. 우리나라 수입 자동차 시장의 대세가 BMW와 렉서스를 거쳐 아우디로 넘어온 지는 한참 된 것 같은데, 아직도 그 힘을 이어가고 있는 것은 아우디의 디자인 덕분이다.

누구나 인정하는 디자인의 우수함에도 불구하고 2008년 아우디

A3가 국내에 등장했다는 건 일종의 '사건'이었다. 트렁크 부분이 생략되어 뒷문이 위로 열리는 해치백은 얼마 전까지만 해도 우리나라에서 "프라이드 같다."는 말을 하루에 백 번 정도 들을 각오를 해야 탈 수 있는 차였다. 원래 자동차란 해치백을 기본으로 트렁크 공간을 늘린 세단, 차체 전체를 길게 늘어뜨린 쿠페로 가지치기된 것이지만, '자동차'라는 물건을 접한 이래 세단만 보아 온 우리나라 사람들은 해치백을 이상한 모양으로 취급하는 데 익숙해져 있었다. 세단이 가족 중심, 품위 중심의 자동차라면, 해치백은 혼자 혹은 둘이 운전하는 경우가 많은 사람들을 위한 캐주얼한 차다. 품위야 아무래도 세단에 비해 떨어지지만 더 가볍고 날쌔며 활용도도 높다. 트렁크가 없으니 좁아 보이겠지만 과장을 조금 보태 말하자면 세단에는 안 들어가는 소형 냉장고도 해치백에는 넣을 수 있다.

까칠한 사람은 A3가 최초의 해치백도 아닌데 뭐가 사건이라고 호들갑을 떠느냐고 할지도 모른다. 물론 A3는 최초의 해치백이 아니다. 인기가 없긴 했지만 국산 차 메이커들은 지금까지 꾸준히 해치백을 만들어 왔고, 최근에는 수입 해치백도 꽤 인기를 끌고 있다. 몇 년 전 현대는 뭔가 다르다면서 해치백 i30의 마케팅에 힘을 쏟기도 했다. 그런데 A3의 등장을 사건이라고 하는 이유는 A3가 지금까지의 해치백과는 살짝 다른 의미를 가지고 있기 때문이다. 우선 A3는 아우디라는 독일 프리미엄 브랜드(3대 독일 프리미엄 브랜드 중 최초로 등장한 소형 차량이다.)의 해치백이라는 사실이 다르고, '저렴한 수입 차'라기보다는 다양한 라이프스타일에 초점을 맞췄다는 사실이 다르다. 우리나라 시장이 '크기'보다는 '질'을 추구하는 시장으로 전환했다는 증거나 마찬가지인 셈이다.

지금까지 우리나라 사람들은 대부분 차의 크기로 그 가치를 평가하는 데 익숙했다. 작으면 싸구려 차고, 크면 고급 차라는 식이다. 그래서 천연 가죽 시트의 질감을 느끼고 싶으면 2000cc 이상의 중형 세단 정도는 구입해야 했고, 인테리어 소재의 질감을 논하고 싶으면 3000cc 정도는 되어야 했다. 이 때문에 소형 해치백에는 '퀄리티'를 기대하기 어려웠다. 해치백은 차가 작은 만큼 가격이 싸야 했기 때문에 내장재도 옵션도 좋은 게 달릴 수가 없었다. 소비자들은 "크기와 디자인은 딱 마음에 들지만 내장재가 마음에 안 들어서……."라며 해치백을 외면했고, 안 팔리니 더더욱 옵션과 사양이 떨어지게 되는 악순환이 계속됐다.

그러나 2008년에 처음 등장한 A3에는 R8을 연상케 하는 데이라이트는 물론이고 파노라마 선루프도 달려 있고, 18인치 휠도, 보스 오디오도 장착되어 있었다. 예전에는 이런 옵션으로 등장하려면 4000만 원 후반에서 5000만 원 정도는 되어야 했는데, 시장이 커지면서 가격 거품이 떨어진 탓에 A3의 가격은 2008년 출시 당시 풀 옵션임에도 불구하고 4290만 원이었다. 유로화의 초강세 속에 결정된 가격인 만큼 라이벌들은 벌벌 떨며 A3를 지켜보고 있었다. 특히 A3와 플랫폼을 공유하는 폭스바겐 골프는 덜덜덜 소리가 날 정도로 떨었다. 좀 더 어

아우디 중에서도 가장 스마트한 차를 고르라면 A3라고 할 수 있을 것이다. 해치백이면서도 세단 못지않은 우아함이 있고 운전 재미도 무시 못 하는 수준이다. 슈트를 입건 캐주얼을 입건 모두 잘 어울리는 것도 특징.

제 2 부 명차란 이런 것

해치백의 교과서적인 옆모습을 갖고 있는 아우디 A3. 기교를 부리지 않고 정직한 라인을 이용해서 해치백이 가진 매력을 잘 표현했다. 유럽에서 가장 인기 있는 차 중 하나이기도 한 A3는 최근의 세계적인 아우디 붐을 일으킨 일등공신이다. 위에서부터 차례로 2010, 2011, 2012년형 A3.

른스러운 A3을 구입할 것이냐, 좀 더 강력하고 실속 있어 보이는 골프 GTI를 구입할 것이냐 하는 문제는 예비 오너들에게는 즐거운 고민이었다.

해치백이 인기를 끄는 현상은 남자들이 자신을 가꾸고 개성을 찾는 데 힘쓰기 시작했다는 현상과 무관하지 않다. 자동차에 대한 개념이 바뀌고 체면과 표준보다는 개성과 멋이 중시되면서 예전에 유럽에서 생활한 경험이 있거나 작은 차를 좋아하는 일부 사람들에게만 사랑받던 해치백이 대중적인 사랑을 받게 된 것이다.

이 시대를 살아가는 사람들의 라이프스타일에는 정답이 없다. 그 대신 삶의 스펙트럼이 다양할수록 멋지다고 생각하는 경향이 있다. 사이클링, 아트 토이 수집, 와인, 사진 찍기 등 다양한 취미를 갖고 살아가는 트렌디한 사람이라면 이런 해치백에도 주목할 필요가 있다. 아우디 A3는 고급스럽고 아름다우면서도 스타일리시함과 강력함, 어느 하나 부족하지 않을 정도로 모든 것을 갖췄다. 이 차는 지금까지 자동차를 운송수단으로만 생각했던 사람에게 또 하나의 취미 도구가 될 것이다.

세상에서 가장 빠른 예술품

미술 애호가에게 가장 어울리는 자동차는 무엇일까. 고상한 취미에 걸맞게 최고급 세단인 메르세데스 벤츠 S600? 커다란 조각 작품을 나를 수 있는 볼보 왜건? 누구보다도 빨리 트렌드를 엿볼 수 있는 페라리 V12? 정답을 찾기 위해 고민할 필요는 없다. 미술 애호가에게 어울리는 차라는 건 애초에 존재하지 않으니까. 그냥 자신의 취향에 맞는 차를 골라서 타면 된다.

그러나 만약 당신이 어떤 차가 어울리는지를 머릿속으로 생각해본 소심한 미술 애호가라면, 그리고 미술을 사랑하는 마음을 언제나 어필하고 싶은 사람이라면 권해 주고 싶은 차가 있기는 하다. 바로 BMW M3다. M3는 정지 상태에서 시속 100킬로미터에 도달하는 데 4.1초가 걸리는 420마력짜리 스포츠카다. 미술 애호가에게 너무 과격한 차 아니냐고? 당신이 만약 노는 날에도 슈트를 입고, 8대 2 가르마 외에는 어떤 헤어스타일에도 도전해 본 적이 없는 사람이라고 해도, M3를 타야 한다. 진정으로 미술을 사랑한다면.

제프 쿤스(Jeff Koons)의 이름을 알고 있다면, M3가 어떤 차인지 몰라도 갑자기 타 보고 싶어질 것이다. 오늘날 최고의 아티스트로 손꼽히는 그가 이 차를 가지고 예술 작품을 만들어 냈기 때문이다. 2010년 6월 1일, 파리 퐁피두센터에는 전 세계의 미술 애호가와 유명 인사들이 모여들었다. 제프 쿤스가 제작한 BMW의 열일곱 번째 아트 카 'BMW M3 GT2'를 선보이는 자리였기 때문이다. 2010년 35주년을 맞이한 BMW 아트 카는 지금까지 알렉산더 칼더(Alexander Calder), 프랭크 스텔라(Frank Stella), 로이 리히텐슈타인(Roy Lichtenstein), 앤디 워홀(Andy Warhol), A. R. 펭크(A. R. Penck), 데이비드 호크니(David Hockney), 올라푸르 엘리아손(Olafur Eliasson) 등 당대 최고의 아티스트가 직접 자신의 손으로 만들어 왔다. 이후 자동차 마니아뿐 아니라 미술 애호가들의 관심까지 끌어들이면서, 가장 거대하고 가장 연속적이며 가장 광범위한 예술 작품의 대명사가 되었다.

게다가 3년 만에 선보인 이번 작품은 첫 아트 카였던 알렉산더 칼더의 3.0 CSL과 마찬가지로 실제로 레이스에서 달리기 위해 만들어졌다는 점에서 의미가 깊다. 첫 번째 BMW 아트 카는 프랑스의 미술품 경매가이자 열렬한 레이서였던 에르베 풀랭(Herve Poulain)에 의해 구상되었다. 그는 자신의 레이스 카를 미술 작품으로 꾸미길 원했고,

제프 쿤스가 제작한 BMW와의 열일곱 번째 아트 카 BMW M3 GT2. 그는 경주차의 이미지 위에 폭발, 속도에서 느껴지는 흥분트를 고의적인 힘과 유동적인 빛의 형상까지를 그래픽으로 아트 카에 역동적인 모습들을 구현해낸다. 이는 M3가 원래 갖고 있는 역동적인 이미지와 잘 융합되어 있다.

1975년 그의 친구인 알렉산더 칼더가 그 작업을 맡았다. 예술과 모터 스포츠 사이의 공존 관계를 수립한 최초의 결과물인 이 자동차는 후에 르망 24시간 내구 레이스에 참가해 전설적인 존재가 됐다. 이듬해에는 프랭크 스텔라가, 그리고 그 다음 해에는 로이 리히텐슈타인이 작업에 착수했으며, 그 다음 해에는 앤디 워홀이 BMW의 전설적인 레이스카 M1을 자신의 캔버스로 삼았다. 제프 쿤스의 작품은 1999년에 르망 레이스에 참가했던 제니 홀처(Jenny Holzer)의 작품에 이어 11년 만에 르망 서킷을 달리는 아트 카가 되었다. 그의 M3 GT2는 앤디 워홀의 M1이 만들어진 1979년을 기념하는 의미로 79번 넘버를 달고 달리게 되었다.(앤디 워홀은 프랭크 스텔라의 1976년 작 아트 카를 기념하는 의미로 76번 넘버를 달았다.)

제프 쿤스는 미국의 현대미술을 대표하는 작가로 '키치(kitsch)'를 설명할 때 그를 빼놓고는 거의 설명이 불가능하다. 1955년 펜실베이니아 주 요크에서 태어난 그는 메릴랜드 미술대학과 시카고 미술학교에서 수학했다. 작가로 데뷔하기 전 그는 뉴욕 월스트리트의 증권 거래인으로 활동하면서 이미 성공을 거뒀다. 전혀 예술적인 발상이 넘치는 사람처럼 보이지 않는 그의 헤어스타일과 외모는 이때부터 일관된 것이다. 그의 초기 작품들은 주로 기성품을 이용한 조각 작품으로서 스테인리스로 만든 자질구레한 실내 장식물을 복제한 것들이었다. 그는 나무, 대리석, 유리, 스테인리스 등 다양한 물질을 조각과 회화, 사진, 설치 등 모든 기술을 동원하여 작품화했으며, 대중적 인기를 얻기

앤디 워홀은 BMW의 전설적인 레이스 카 M1을 자신의 캔버스로 삼았다. 그는 프랭크 스텔라의 1976년 작 아트 카를 기념하는 의미로 76 넘버를 달았다.

위 페인트공 출신으로 형체와 색채의 관계를 이용한 추상주의 작품을 선보이며 수많은 아티스트에게 영감을 준 프랭크 스텔라. 그가 디자인한 두 번째 아트 카는 모눈종이를 연상케 하는 반복되는 선을 온몸에 두르고 있다.

아래 이 차는 알렉산더 칼더가 만든 첫 번째 아트 카다. 모빌의 창시자로 우리나라 미술 교과서에도 등장한 칼더는 1975년 최초의 아트 카를 만듦으로써 '세계에서 가장 빠른 모빌'을 만든 예술가가 됐다.

쉬운 키치와 고급 예술 사이의 관계를 탐구하는 데 몰두했다. 그의 작품은 매우 유머러스하고 가벼워 보이면서도 한편으로는 심오하고 많은 의미를 담고 있는 것처럼 보인다. 이는 1980년대 뉴욕의 여피 문화에 완벽하게 맞아떨어졌는데 당시 여피들에게 사랑받으면서 세계 최고의 자동차 브랜드로 자리 잡은 것이 바로 BMW였다. 그는 실제로 그 시기부터 BMW를 타고 다녔으며, 뮌헨에 거주하면서 BMW와 밀접한 관계를 맺었다.

제프 쿤스는 초기 디자인 콘셉트를 위해 레이스 카의 이미지, 빛의 폭발, 속도에 대한 역사를 살폈다. 이 과정에서 그는 힘과 움직임, 빛을 연상시키는 그래픽을 고안해 냈다. 그의 아트 카가 정지해 있을 때도 역동적인 모습을 담아 낼 수 있었던 것은 그래픽, 그리고 M3가 원래 갖고 있는 역동적 디자인이 융합한 결과다. 제프 쿤스는 레이스 카의 엔진 후드 밑에서 마치 인간의 삶과도 같이 샘솟는 기운을 느꼈으며 거기에서 영감을 얻어 아트 카를 디자인했다고 말한다. 그는 수개월에 걸쳐 뮌헨에서 BMW 팀과 함께 일하면서 자신의 예술적 기법을 BMW의 첨단 엔지니어링과 결합시켜 역사에 남을 예술 작품인 동시에 르망 24시간 내구 레이스에서 좋은 성적을 거둘 수 있는 레이스 카를 만들어 냈다.

제프 쿤스는 지금까지 주로 대량생산물, 대중문화, 그리고 자본주의 소비문화를 소재로 새로운 미니멀리즘과 팝아트를 종합해 예술을 하나의 상품으로 제시했다. 미국뿐 아니라 세계 미술계에서 키치 문화의 스타로 대접받고 있고, 앤디 워홀이나 마르셀 뒤샹에 자주 비견되며 최고 수준의 네오팝 아티스트로 평가받고 있다. 제프 쿤스의 작품은 아트 카 프로그램 35주년을 기념하는 특별 전시회의 일환으로 뮌헨에 위치한 BMW 박물관에서 전시됐다. BMW 아트 카는 매년 루브르, 구겐하임, 상하이 미술관 등의 전 세계 유명 미술관에서 전시되고 있으며, 2005년부터 2010년 사이에는 뮌헨 BMW 박물관에 전시되었다. 상당수의 작품은 아시아, 러시아, 아프리카, 인도, 미국, 멕시코 등 세계 순회전을 통해 전 세계에 공개되고 있다. 국내에는 2007년 5월 서울 아트선재센터에서 앤디 워홀, 프랭크 스텔라, 켄 돈, 로이 리히텐슈타인의 아트 카 넉 대가 전시되어 자동차와 예술의 매혹적인 만남을 보여 준 바 있다. 제프 쿤스의 작품도 조만간 만나볼 수 있기를 바랄 뿐이다.

   그 전에 모형 자동차를 하나 사도 좋을 것이다. 쿤스의 작품이 수많은 어시스턴트에 의해 '공장'에서 만들어지는 것을 감안하면, 그의 사인이 들어간 레플리카 모델을 사는 것도 훌륭한 미술 애호 활동의 하나다. 미술은 전혀 어렵지 않다. 그저 서킷에서 달리는 차를 보며 소리를 지르는 것만으로도 훌륭한 예술 감상이 되는 것이다. 그게 바로 키치이고, 즐거움이며, 예술이자, BMW다.

포르쉐 디젤 매직

'파나메라'와 '디젤'이 만난다는 말을 들은 사람은 대체로 두 가지 반응을 보였다. 우선 환호성을 지르면서 이건 사야 한다며, 살 수밖에 없다며 흥분하는 사람들. 그리고 "파나메라쯤 타는 사람들이 기름 값 걱정하나?" 하고 의구심을 품는 사람들. 뭐 둘 다 일리가 있는 이야기지만, 후자는 하루가 다르게 발전하는 디젤 엔진의 물정을 모르는 사람이거나 부자들은 돈을 펑펑 쓰면서 아무 생각 없이 산다고 착각하는 사람일 가능성이 높다.

이미 내 취향을 예상할 수 있겠지만 나는 전자에 속하는 사람이다. 파나메라 디젤이 나온다는 소식을 들은 후부터 가슴이 떨려서 진정할 수가 없었다. 포르쉐에 디젤이 웬 말이냐며 고개를 절레절레 흔드는 사람도 많았다. 하지만 그런 사람들은 예전에 911이 공랭식을 버리

제 2부 명차란 이런 것

고 수랭식을 택했을 때도 있었고, 포르쉐의 첫 번째 SUV 카이엔이 등장했을 때도 있었다. 이런 사람들은 자신이 포르쉐를 정말 사랑하고 있다고 착각하겠지만, 변화를 두려워하는 사람들만 있었다면 지금의 포르쉐는 존재하지 않았을 것이다.

대형 세단과 디젤 엔진의 조합에 물음표를 떠올리는 사람들은 아마도 "디젤 엔진은 경제적이지만 구닥다리"라는 고정관념을 갖고 있을 것이다. 사실 그 고정관념이야말로 구닥다리다. 오늘날의 디젤 엔진은 예전처럼 시끄럽고 더럽고 냄새 나는 물건이 아니다. 아직까지 좀 덜덜거리는 건 사실이지만, 급속한 기술 발전으로 친환경성을 손에 넣으면서 품위 있는 대형 세단에도 어울리는 존재가 됐다. 게다가 대형 세단과 디젤 엔진의 조합은 '기름 값 절약'이라는 소형차 오너에게나 어울리는 가치보다는 '순항거리 증대'라는 스케일이 큰 장점에 더욱 주목할 만하다.

V8 휘발유 엔진을 장착한 대형 세단을 타 본 사람들은 알겠지만 이 엔진은 거의 장마철 장롱 속에 넣어 둔 물 먹는 하마처럼 기름을 빨아들인다. 액셀러레이터를 꾸욱 밟으면 연료 계기판 바늘이 뚝뚝 떨어지는 게 보일 정도다. 나는 4.2리터 V8 엔진을 장착한 독일제 대형 세단의 100리터짜리 연료 탱크를 가득 채우고 태백 서킷으로 향하다가 강원도 산속에서 기름이 떨어져 멈춰 선 기억이 있다. 그런 차를 타고 액셀러레이터를 바닥에 비벼대며 달렸다가는 리터당 2.5킬로미터도 못 달린다. 그렇다고 시내 연비가 좋은 것도 아니다. 이리저리 돌

파나메라 디젤은 더 저렴한
가격으로 더 많은 사람에게
파나메라를 경험할 수 있게
해 준다는 점 이외에도,
휘발유 엔진보다 훨씬 먼 거리를
달릴 수 있다는 장점이 있다.
대형 세단 오너들의 공통적인
불만 사항인 주유소에 너무
자주 가야한다는 단점에서
해방될 수도 있다. 리터당
10킬로미터가 넘는 거리를
달릴 수 있는 포르쉐라니,
몇 년 전까지만 해도 꿈같은
이야기가 현실이 됐다.

아우디에게서 가져 온 TDI 엔진은 현존하는 가장 신뢰성 높은 디젤 엔진 중 하나다. 수치상으로의 성능은 특별할 것이 없지만, 포르쉐 엔지니어들의 튜닝 능력이 더해져 매콤한 성능을 맛볼 수 있다.

아다니다 보면 일주일에 두 번씩 연료 탱크를 가득 채워야 한다. 이건 기름 값도 문제지만 귀찮음이라는 문제도 한몫을 한다.

디젤 엔진이라면 리터당 10킬로미터 이상 달릴 수 있을 뿐 아니라 공인 연비와 실 연비의 차이도 적어진다. 아니, 고속주행이 많다면 오히려 공인 연비보다 더 많이 달릴 수 있다는 건, 디젤 승용차를 오랫동안 타 온 경험으로 알 수 있다. 게다가 디젤 엔진의 토크는 거대한 세단을 좀 더 스포티하게 느낄 수 있게 해 줄 것이다. 원래 디젤 엔진은 트럭 같은 큰 차에 실리는 엔진일 뿐 아니라 선박이나 잠수함 등의 거대한 물건을 움직이게 하는 게 특기다.

포르쉐가 파나메라에 싣기로 결정한 엔진은 같은 그룹 소속인 아우디의 3리터 TDI 유닛이다. 엔진에는 아무런 차이가 없을뿐더러 컴퓨터 매핑에도 전혀 손을 대지 않았다고 한다. 아우디의 디젤 엔진이야 이미 검증이 끝난 세계 최고의 디젤 엔진 중 하나이기 때문에 걱정할 필요는 없겠지만, 포르쉐 오너라면 좀 더 특별한 것을 원하는 것도 사실이다. 포르쉐는 그 마음을 잘 알고 있었다. 그들은 르망 24시간 내구 레이스에서 이미 효율적으로 세팅된 엔진에 손을 대는 대신 배기 시스템을 다시 설계하기로 했다. 디젤 엔진의 사운드를 변화시키기 위해서였다.

시동이 걸린 파나메라 디젤의 곁으로 다가가면 그 배기 시스템의 효과를 알 수 있었다. 조용하면서도 음색이 곱다. 원래 디젤의 아이들링 사운드는 거칠고, 회전이 상승할 때의 소리는 섹시함과는 거리가 멀다. 그러나 파나메라 디젤은 꽤 사납고 색기 넘치는 배기 사운드를 연출해 냈다. 휘발유 엔진 같은 고회전 사운드를 기대할 수는 없지만, 고성능 GT카* 다운 박력 넘치는 배기 사운드를 갖추고 있다는 데에서 우선 안심이 되었다.

가속력도 충분하다. 국산 차들도 고출력을 내고 있는 요즘 250마력이라고 하면 비웃을지도 모르겠지만, 정지 상태에서 시속 100킬로미터에 도달하는 데 걸리는 시간은 6.8초. 이 거대한 차체에 이 정도면 대단한 실력이 아닐 수 없다. 저속에서부터 토크가 뿜어져 나오니 체감할 수 있는 가속력은 그보다 더 빠르게 느껴진다. 최고 속도는 시속 242킬로미터로 아우토반의 1차선을 차지하고 달리는 데 아무

● GT는 그란 투리스모(Gran Turismo)의 약자로 장거리를 고속으로 달릴 수 있는 스포츠카의 통칭이다. 주로 배기량이 큰 쿠페, 왜건 등을 의미하는 경우가 많다.

스트레스가 없다. 파나메라 터보가 뒤에서 다가온다면 슬쩍 비켜 주고 다시 1차선에 들어오면 된다. 디젤 엔진은 고속에서 재가속할 때의 기분 또한 끝내준다.

무엇보다도 특별한 것은 코너링 실력이다. 디젤 엔진은 원래 휘발유 엔진보다 무겁기 때문에 코너링에 불리하다고 알려져 있지만, 이 V6 디젤 엔진은 V8 휘발유 엔진보다 가볍고 부피가 작아서 스티어링 휠을 틀면 차 앞쪽이 경쾌하게 방향을 바꾼다. 커다란 차체가 아무런 무게감 없이 방향을 바꾸는 건, 파나메라 이외의 어느 차에서도 맛보기 힘든 특성이다. 후륜구동을 택한 것도 정답. 뒷바퀴가 노면을 박차는 감각이 기분 좋다. 여기에 풀타임 사륜구동(AWD)을 넣는 건 재미를 반감시키는 짓이다. "눈 오면 어떡해요." 하는 사람들도 있는데 후륜구동에도 스노타이어만 끼우면 제설차보다 빨리 달릴 수 있다.

아우디 3.0 TDI 엔진 차량을 소유하고서 이 글을 읽으며 뿌듯해하는 사람에게는 조금 미안하지만, 결론적으로 이 차는 아우디와 많이 다르다. 엔진은 자동차를 구성하는 하나의 요소일 뿐이다. 이 엔진과 결합한 변속기로 포르쉐는 아이신(Aisin) 8단 미션을, 아우디는 ZF 6~7단 미션을 사용한다. 단수가 많고 적음에 따라 차이가 나는 건 아니지만, 엔진과 미션의 직결감에 있어서 포르쉐는 차원이 다르다. 액셀러레이터를 밟을 때마다 회전수를 잘 맞춘 수동 미션 차처럼 시트 뒤를 떠미는 가속력이 느껴진다. 가속 페달 위에서 발가락을 꼼지락거리는 것도 자동차가 눈치 챌 것 같은 예민함이다. 음, 포르쉐라면 이 정도는 해 줘야 된다. 아우디도 1980년 프리미엄 브랜드로 발돋움하기 위해 '콰트로(Quattro)'를 내놓았을 때 포르쉐의 엔진 세팅 능력을 빌렸으니, 이의는 없을 것이다.

휘발유와 디젤 중에 뭐가 더 좋으냐는 건 자장면과 짬뽕 중에 뭐가 더 맛있냐는 질문과도 비슷하다. 각각의 특징이 있을 뿐 어느 쪽이 우월하다고는 말할 수 없다. 이 시대에 '스포츠카'라는 단어를 어느 하나의 의미로 규정할 수 없는 것처럼, 포르쉐는 휘발유로 달려야 한다는 것 또한 우리의 편견일 뿐이다. 공기로 엔진을 냉각하는 포르쉐는 무척 감성적이고 화끈한 자동차였지만, 수랭식으로 바뀌면서 타기 편해진 것도 사실이다. 지금 공랭 포르쉐를 다시 타 보면, '구닥다리'라는 느낌을 지울 수가 없는 것도 사실이다. 그러나 예전에 구닥다리 취급을 받았던 디젤은 가장 최신 기술 중의 하나다. 파나메라는 디젤 엔진을 싣고도 여전히 포르쉐라는 이름에 어울리는 달리기 성능을 보여 줬으며, 마음만 먹는다면 한 번도 멈추지 않고 전국일주를 할 수 있는 순항거리까지 갖췄다. 포르쉐는 이 차를 엔트리 모델로 소개하지만, 나는 터보 S까지 경험한 베테랑이라도 만족할 수 있는 '작품'이라고 평가하고 싶다. 수랭, 디젤, 5도어, 세단. 파나메라 디젤은 포르쉐와 절대 어울리지 않을 것 같은 단어의 조합으로 만들어 낸 최고의 포르쉐다.

캐딜락은 아무것도 변하지 않았다

내가 캐딜락을 멋지다고 생각했던 건 중학생 때인 1989년 클린트 이스트우드 주연의 영화 「핑크 캐딜락(Pink Cadillac)」의 포스터를 본 뒤였다. 각진 형태를 지나 점차 아무런 장식도 없는 단순한 유선형으로 자동차의 디자인 흐름이 바뀌던 시기였기 때문에, 과장된 크롬 장식과 멋들어진 테일 핀(tail-fin)에 광택이 좔좔 흐르는 핑크색 차체까지 갖춘 그 거대한 컨버터블이 유난히 멋져 보였다. 그때부터 나는 1950년대 미국 문화에 빠져들기 시작했다. 스프레이로 한껏 부풀린 1950년대 미국 여자들의 헤어스타일처럼 그 시대의 미국 문화에는 여유와 낭만이 넘쳤다. 크고 넉넉한 당시의 미국 자동차는 60년대 페라리보다 멋지면 멋졌지 못하지 않았다. 번쩍이는 크롬은 많으면 많을수록 좋았다. 흥겨운 로커빌리 음악이 흘러나오는 파스텔 톤 자동차에 어깨를

클린트 이스트우드 뒤로 보이는 차가 바로 '핑크 캐딜락' 1959년형 엘도라도이다. 이 포스터를 처음 봤을 때 한참 아메리칸 드림에 빠진 사춘기 소년이었던 나는 한동안 입을 다물 수 없었다. 이후 내가 어렸을 때 돌아가신 아버지가 생전에 캐딜락을 타셨다는 이야기를 듣고는 "나도 반드시 타고 말리라." 하는 다짐도 했던 것 같다.

부풀린 원피스를 입은 열일곱 살짜리 금발 바비 인형을 태우고 돌아다니는 모습을 상상하곤 했다. 오래전 좋았던 시대로 돌아가고 싶다고 애늙은이 같은 소리를 하면서 영화 「백 투 더 퓨처」를 테이프가 늘어질 때까지 봤다.

또래 친구 녀석들이 다들 람보르기니 쿤타치(Countach)며 페라리 테스타로사(Testarossa) 같은 발음하기 어려운 이탈리아 차에 빠져 있을 때 내가 유독 캐딜락에 빠졌던 것은 어쩌면 운명이었는지도 모른다. 어느 날 장롱 속 깊은 곳에 들어 있던 옛날 앨범을 꺼내 보다가 한 장의 흑백 사진을 발견했는데, 그곳에는 나와 똑같이 생긴 성인 남자가 검은색 슈트 차림으로 캐딜락 앞에서 아이를 안고 있었다. 나와 똑같이 생긴 남자는 내 아버지였고, 아이는 나였다. 커다란 검은색 캐딜락은 풍성한 59년식은 아니었지만, 널찍한 크롬 그릴과 납작한 모양새를 갖춘 멋진 모양이었다. 아아아아, 이런 멋진 캐딜락이 우리나라에 있을 거라고는 상상도 하지 못했는데 다른 사람도 아닌 내 아버지와 내가 그 앞에서 사진을 찍었다니. 곧바로 어머니에게 달려가 여쭤 봤더니, 아버지가 생전에 타던 차였다는 게 아닌가. 그때처럼 아버지가 안 계신다는 사실이 아쉬웠던 적은 없었다. 승차감이며, 엔진의 소리며, 시트의 촉감이며, 물어보고 싶은 게 너무나도 많은데 말이다.

다섯 살 때 돌아가신 아버지에 대한 기억은 전혀 남아 있지 않다. 초등학교 5학년이 될 때까지는 돌아가셨는지도 몰랐다. 미국에 돈 벌러 가셨다고 가족들이 감쪽같이 속인 탓이다. 생일에 아버지의 선물을 못 받을 때나 어린이날 가족 여행을 못 갈 때도 별로 아쉽지 않았는데 검은색 캐딜락에 관한 이야기를 듣지 못한다는 건 꽤 안타까웠다. 아버지의 지인들과는 이미 오래전에 연락이 끊긴 터라 그 차의 행방은 지금 아무도 모른다. 남은 것은 낡아서 바스러져 가는 흑백 사진 한 장과 나를 제외한 가족들의 추억뿐이다. 그 차가 우리 가족을 태우고 달릴 때 나는 너무 어려서 가죽 시트 위에 엉덩이도 붙이지 못했을 것이다. 내가 좋아하던 그 차에 대한 기억이 남아 있지 않다는 사실이 사춘기 때는 그렇게도 억울했다.

수많은 미국 영화와 음악의 단골 소재로 등장하는 캐딜락은 미국 사람들에게 일종의 희망이다. 아메리칸 드림을 이뤘을 때 손에 넣을 수 있는 성역과도 같은 존재다. 메르세데스 벤츠와 롤스로이스가 아무리 좋은들, 캐딜락의 추억과 낭만은 흉내 내지 못한다.

　문제는 쭉 뻗은 고속도로와 광활한 국토, 눈을 번뜩거리며 시속 65마일 이상으로 달리는 차를 응시하는 교통경찰이 득실거리는 미국 이외의 곳에서는 그 거대한 차체와 무지막지한 토크의 엔진이 별로 빛을 발하지 못했다는 사실이다. 아무리 영화에 멋지게 등장하고 다른 차에서 맛볼 수 없는 풍요로움이 깃들어 있다고 해도, 현대인에게 자동차는 생활용품이지 감성을 만족시키기 위한 물건이 아니지 않는가. 기억도 나지 않는 추억 덕분에 캐딜락에 막연한 동경을 갖고 있는 나도 자동차에 관한 직업을 갖게 되면서부터는 그런 현실적인 이유 때문에 캐딜락에 대한 관심이 줄어들었던 것이 사실이다. 나만 그런 것이 아니라 유럽 자동차와 일본 자동차의 열풍이 부는 우리나라는 물론이고 유럽, 미국에서조차 캐딜락에 관심이 있는 사람은 많지 않은 것처럼 보였다.

　아마 가장 안타까워한 것은 캐딜락 자신이었을 것이다. 미국적인 것만으로는 치열한 승부의 세계에서 살아남기 힘들다고 여겼는지, 2002년 등장한 CTS는 이전까지의 여유롭고 안락한 분위기에서 탈피하여 독일 차 수준의 주행 안정성을 강조하기 시작했다. 스포츠 세팅의 성역으로 불리는 독일 뉘르부르크링까지 가서 하체를 다듬고 왔다는 것을 보면 그들이 '최고의 고급 차' 자리를 넘겨줬다는 사실을 얼마나 분해 하는지 알 수 있었다.

　그러나 독일 차 수준의 주행 성능을 추구하고, 일본 차 수준의 조립 품질에 도전한다는 사실이 '캐딜락다움'을 잃는 것이냐고 묻는다면, 나는 아니라고 말하고 싶다. 올 뉴 CTS의 등장을 지켜보면서 캐딜락이 옛날부터 전해 내려온 전통을 버리고 독일 차로 변신이라도 한 것처럼 호들갑을 떠는 사람들도 있는데, 그건 진짜 '캐딜락다움'이 무엇인지를 제대로 이해하고 있지 못하기 때문에 생긴 오류다. 캐딜락은 언제나 최고의 차를 만들려고 노력해 왔을 뿐이다. 그걸 지켜보는 사람들의 감각이 1950년대의 그것에 머물러 있었던 것이다.

올 뉴 CTS를 보면 그 사실이 명확해진다. 올 뉴 CTS의 승차감은 여전히 미국적이다. 노면에 상관없이 부드럽고 안락하다. 직선 도로를 달릴 때는 이 이상의 승차감이라는 것을 바랄 수 없을 정도다. 자, 이제 캐딜락을 몰고 가는 당신의 눈앞에 좁은 코너가 하나 나타났다. 예전의 캐딜락 같으면 속도를 줄이고 몸이 시트 바깥으로 튕겨 나가지 않도록 자세를 추슬러야 했을지도 모른다. 그러나 올 뉴 CTS는 코너에서 독일 차의 승차감으로 변신한다. 스티어링 휠을 아무리 세게 감아 돌려도 차체가 기우뚱거리거나 하는 일은 없다. 더욱 반가운 것은 이 상태에서 액셀러레이터를 밟으면 꽁무니가 바깥쪽으로 딱 기분 좋을 정도로 흐른다는 것이다. 만약 뒷바퀴가 노면을 움켜쥔 채 차체를 앞으로 밀어내려고 했다면 아무래도 BMW와 비교했겠지만, 미국 차라면 역시 이 정도의 여유가 남아 있어야 한다. 바깥에서 볼 때도 이쪽이 훨씬 미국 차답고 멋지다. 할리우드 감독들이 환호성을 지르는 듯하다. 그들이 캐딜락을 좋아하는 이유는 코너에서도 모범생처럼 달리

위 올 뉴 CTS의 세로로 늘어선 LED 램프와 거대한 크롬 프론트 그릴은 여전히 미국 차, 그중에서도 캐딜락임을 강조한다.

아래 생전의 아버지와 내가 검은색 캐딜락 앞에서 찍은 사진. 그리고 그에 대한 오마주로 아들을 데리고 신형 캐딜락 앞에서 찍은 사진. 할아버지에 대한 추억이 없는 아이에게 이렇게나마 유대감을 선물할 수 있으니 자동차란 역시 고마운 물건이다.

제2부 명차란 이런 것   137

는 독일 차보다는 호쾌한 남성미를 강조하는 미국 차다운 코너링 때문이다.

올 뉴 CTS의 미국 광고에는 「그레이 아나토미」의 지적이고 섹시한 여의사 케이트 월시(Kate Walsh)가 등장한다. 골수 포크 팬들은 밥 딜런이 캐딜락 에스컬레이드(Cadillac Escalade) 광고에 나왔던 것에 대해 성토하지만, 케이트 월시는 CTS에 너무나도 잘 어울린다. 그렇다고 캐딜락이 여자들에게 어울리는 차라는 이야기는 아니다. CTS가 처음 데뷔하던 때를 기억하라. 등장하자마자 고전의 자리에 올라선 할리우드 영화 「매트릭스」가 CTS의 이미지를 각인시킨 데뷔 무대였다. 일본 만화영화에서 영감을 얻어 만들어진 「매트릭스」가 전 세계 사람들에게 커다란 충격을 준 것처럼, 독일 차와 일본 차의 매력적인 부분을 흡수한 캐딜락은 미국 차의 진정한 매력을 좀 더 많은 사람에게 알릴 준비가 되었던 것이다. 그렇다. 우리가 보수적이라고 생각했던 캐딜락은 변화 앞에서 겁이 없다는 이야기다.

세로로 늘어선 LED 테일 램프와 거대한 크롬 프런트 그릴은 여전히 미국 차, 그중에서도 캐딜락임을 강조한다. 높은 벨트라인은 더 이상 미국 차의 디자인에 대한 논란을 허락하지 않겠다는 자세다. 길이는 구형보다 3밀리미터 짧아졌지만 너비와 높이는 더 늘었다. 더 멋지다는 이야기다. 실내는 대시보드에 마호가니 우드 그레인과 무광 메탈 트림을 넣어 고급스러움과 퍼포먼스를 동시에 강조했다. 2.8리터는 사라지고 V6 3.6리터가 기본이 된 것도 좀 더 '미국스러움'을 강조하기 위한 것이다. 토크풀하지만 최고 출력은 302마력이나 된다. 장담컨대, 독일 차가 가진 이미지 때문에 불편함과 딱딱한 승차감을 감수하고 그것을 타 왔던 사람들은 새로운 CTS에게서 충격을 받았을 것이다.

오랫동안 캐딜락에 대한 동경을 잊고 있었던 나도 아들과 함께 캐딜락 앞에서 내 아버지와 같은 포즈로 사진을 한 장 찍었다. 불가능할 것 같았던 3대의 만남을 캐딜락이 가능하게 해 준 것만 같았다.

나 같은 추억을 가진 사람은 많지 않다. 아니, 우리나라에는 캐딜락에 대한 어떤 이미지 비스무리한 것도 갖지 못한 사람이 대부분이다. CTS가 좋은 차임에도 불구하고 자주 만날 수 없는 이유도 아마 그 때문이리라.

제3부
슈퍼카 훔쳐 타기

아무나 손에 넣을 수 없는 차, 슈퍼카!
슈퍼카란 소유하는 것이 아니라 꿈꾸는 것이다.
누구나 손에 넣을 수 있다면 '슈퍼카'라고 불리지도 않았을 테니.
람보르기니, 페라리, 포르쉐 등 이름만 들어도 황홀한
슈퍼카를 타고 백일몽처럼 즐긴 은밀한 이야기.

1억 7000만 원짜리 차를 타면 인생이 바뀔까

납작한 슈퍼카가 웅장한 배기음을 울리며 지나가면 어떤 사람들은 말한다.

"쳇, 부모 잘 만나 좋겠다."

나는 그 패배자적인 시각이 도무지 마음에 들지 않는다. 남자라면 슈퍼카를 보고 엄지손가락을 추켜세우며 휘파람을 불어야 한다. 어차피 슈퍼카라는 건 동경하라고 존재하는 탈것이지, 누구나 쉽게 타라고 만들어진 물건이 아니다. 애초에 쉽게 탈 수 있었다면 슈퍼카도 아니었겠지.

세상사라는 게 어디 평등한 적이 있었나. 유사 이래 인간은 서로 경쟁하고 비교당하고 비교하며 살아왔다. 남이 멋진 자동차를 탄다고 그걸 배 아프게 생각할 인간이라면, 극히 일부의 사람들만이 말을 탈 수 있었던 수백 년 전에 태어났다면 어떻게 살아남았을까. 지배 계층이 아닌 일반인이 자기 의지대로 이동할 수 있게 된 건 인류 역사에서 겨우 100년에 지나지 않는다. 이 정도면 정말 많이 평등해진 것이다.

나는 슈퍼카를 살 만큼 부모님께 물려받은 돈도 없고, 내가 너무너무 부러워하는 「어바웃 어 보이」의 주인공처럼 매달 꼬박꼬박 나오는 아버지의 저작권 수입도 없다. 그렇지만 주변에 자동차를 좋아하는 사람들이 많이 있으며, 그중 어떤 사람들은 상상도 할 수 없을 정도로 많은 차를 갖고 있기도 하다. 나는 어렸을 때부터 좋아해 온 자동차에 관한 글을 쓰는 직업을 택한 덕분에 그 동안 수많은 슈퍼카 혹은 슈퍼카에 준하는 차를 타 볼 수 있는 기회도 얻었다.

그러던 어느 날 지성이면 감천이라고, BMW 650Ci를 꽤 오랜 시간 동안 타 볼 수 있는 기회를 갖게 됐다. 구세주처럼 나타난 지인이 돈 한 푼 안 들이고 이 차를 탈 수 있는 기회를 준 것이다. 기간은 무려 4개월. 초등학교 5학년 이래 드림 카였던 자동차의 키를 받아드는 순간 마치 로또에 당첨되거나 어디 사는지도 몰랐던 먼 친척이 유산이라도 상속해 준 듯한 기분이었다. 5000cc짜리 V형 8기통 엔진을 실은 애마를 갖게 될 줄이야.

슈퍼카를 타는 게 꿈이라고는 해도 실현 가능한 꿈은 아니었기 때문에 구체적으로 상상해 본 적은 없었다. 배기량이 5000cc면 세금을 연간 얼마나 내야 하는지, 투 도어 컨버터블이니 보험회사는 분명 스포츠카로 분류할 텐데 그럼 보험료가 대체 얼마나 나올지 예측하기도 힘들었다. 하긴 650Ci의 차 값이 1억 7000만 원에 육박하니, 세금이나 보험료를 겁낼 사람이라면 아예 탈 수도 없을 것이다.

650Ci는 BMW가 자랑하는 장거리 투어용 스포츠카 6시리즈 중에서도 컨버터블 버전이다. 6시리즈의 고성능 사양인 M6를 제외하면 BMW 중에서 가장 비싼 차다. 문은 2개뿐이고 뒷자리는 좁아서 사실상 2인승이지만 초호화 옵션을 잔뜩 실은 7시리즈보다도 중형차 한 대 값만큼이나 더 비싸다. 물론 겉모습에서도 그만큼의 위용이 느껴진다. 이 차가 어떤 차인지 잘 모르는 사람이 봐도 충분히 위압감을 느낄 것이다. 나는 이 차를 위해 집을 팔지도 않았고, 회사 명의로 구입하느라 직원들 눈치를 보지도 않았다. 물론 수백만 원의 보험료도 지불할 필요가 없었다. 그냥 기름만 넣고 타고 다니면 되는 거다. 이 정도면 부모에게 물려받은 것 이상으로 혜택을 받은 것과 마찬가지였다.

우선 주유소에 가서 기름을 '만땅'으로 채웠다. 청담동 주유소로 가면 무슨 차를 타고 간들 주유원이 놀라거나 하는 일은 없다. 청담동 주유소 직원들은 보라색 롤스로이스를 봐도 놀라지 않을 거다. 그래, 이렇게 자연스럽게 맞아 주는 편이 좋다. 너무 호들갑을 떨면 왠지 실감이 나지 않을 것 같아서다. 그런데 자연스러운 건 좋지만, 그 주유원은 물어보지도 않고 당연한 듯이 고급 휘발유를 넣고 있었다. BMW가 고급 휘발유 지정인 건 사실이지만 그래도 물어는 봐야 하는 것 아닌가? 살짝 기분이 상하긴 했지만 그냥 가만히 있었다. 하긴 이런 차를 타는 사람들은 당연히 고급 휘발유를 넣을 테고, 내가 공짜로 얻어 타는 게 아니고 진짜 내 차인 것처럼 자연스러워 보였다는 것으로 이해하니 기분이 한결 나아졌다.

BMW라고 해 봐야 강남에서는 쏘나타만큼 흔해진 시대지만, 6시리즈는 역시 좀 다른 존재다. 워낙 커다랗다 보니 끼어드는 차는 전혀 없다. 엔진 힘이 워낙 좋아 막히는 곳에서 운전하기는 좀 힘들지만, 뻥 뚫린 한남대교 같은 곳에서는 눈 깜짝할 사이에 시속 200킬로미터를 넘길 수도 있다. 비현실적인 속도를 오른발의 힘만으로 경험할 수 있다는 건 생각보다 큰 자신감을 주었다. 최고 속도로 달릴 일이 잦은 건 아니지만, 마음만 먹으면 언제든지 도달할 수 있는 비현실의 세계.

주차 등록을 안 했는데도 아파트 경비 아저씨가 정문 출입구 차단기를 열어 준다. 역시 BMW의 브랜드 밸류는 대한민국 최고다. 몇 달 전 마세라티를 1박 2일로 탈 때는 들어가고 나올 때마다 아저씨에게 동호수를 불러 줘야 했다. 아파트 주차장에는 꽤 많은 수입 차가 있지만 이 차보다 비싼 차는 없다. 하긴 30평대 아파트에 살면서 6시리즈를 타는 사람이 나 말고 대한민국에 있을 리가 없다. 가끔 출입문 앞에 서서 함께 담배를 피우는 같은 동 아저씨가 나를 보고 물었다.

"아저씬 무슨 일 하세요?"

"아, 저는 글 쓰는 일 하는데요."

며칠 후에 내가 유명한 소설가라는 소문이 돌기 시작한 모양이다. 경비 아저씨가 차가 멋지다며 모자를 벗고 인사를 하더니 "소설책 한 권 주세요." 하는 바람에 알게 됐다. 음, 역시 소문은 빨리 돈다. 아마

6시리즈의 고성능 사양인 M6를 제외하면 650Ci는 BMW 중에서 가장 비싼 차다. 물론 2개뿐이긴 하지만 좀처럼 실상 2인승이지만 초호화 옵션을 전부 넣은 7시리즈보다도 호화차 한 대 값만큼이나 더 비싸다. 6시리즈는 BMW의 라인업 중에서도 격자리에 앉힌다. 전체적으로 외형보다는 차체가 매끈하게 가속되는 순간에서 후문보다는 지붕열려 느껴지는 것이 특징이다.

제 3 부 슈퍼카 훔쳐 타기   147

같은 동 아저씨는 내가 월급쟁이 잡지사 기자라고는 상상도 못 했을 것이다. 어쨌든 난 거짓말은 안 했다.

사실 1억 7000만 원짜리 컨버터블을 타고 출퇴근을 해도 뭔가 드라마틱한 사건이 일어나지는 않는다. 물론 직접 경험해 보기 전까지는 막연히 뭔가 다르지 않을까 하고 기대한 것도 사실이지만 그런 일은 일어나지 않았다. 이 차를 타면서 바뀐 점이라고는 여자들이 서로 내 차를 타고 싶어 한다는 것과, 드라이브 가자는 말을 자연스럽게 꺼낼 수 있다는 것과, 가속 페달을 밟을 때 여자들이 무서워하는 대신 놀라워한다는 점뿐이었다. 그 정도면 충분하지 않느냐고? 음, 사실 난 지나가는 모델 언니들이 윙크라도 날릴 줄 알았다. 그러나 이 차를 타도 여전히 여자를 꼬이기 위해서는 내가 적극적이어야 한다. 람보르기니의 광고 동영상을 보면 '전화번호 자동 수집 기능'이 있어서 람보르기니가 지나가면 길거리에 있는 모든 여자들의 머리 위로 전화번호가 뜨는 장면이 있는데, 사실 그런 일은 일어나지 않는다. 물론 650Ci와 람보르기니는 적어도 두 배의 가격 차이가 나지만, 어차피 여자들이 구분하기는 어려울 테니 람보르기니 오너라고 해도 "야, 타!"라는 말 정도는 해야 여자를 꼬일 수 있을 것이다. 그냥 지나가는 여자들이 서로 타려 하게 만들려면 자동차 정도로는 불가능하다는 이야기다.

사실 가장 많이 바뀐 것은 주유소에 가는 횟수가 잦아졌다는 점이다. 이 차는 휘발유 1리터로 약 6킬로미터를 달리는데, 기분 좀 내려고 속도를 올리면 금세 리터당 3킬로미터 정도로 연비가 떨어진다. 가득 채워도 사흘에 한 번은 주유소에 가야 한다. 출퇴근과 업무상 이동만으로 일주일에 20만 원 정도가 들고, 주말 나들이라도 가려면 한 달에 100만 원 정도가 필요하다. 이걸 맘 놓고 타려면 뭔가 회사 돈으로 탈 수 있는 구실을 만들어야 할 것이다. 월급으로 이런 걸 유지한다는 건 연봉이 2억이라도 무리다. 나는 넉 달간 약 400만 원의 기름 값을 이 차를 위해 지불했다.

'꿈'을 이룬 후 다시 2000cc 승용차의 일상으로 돌아왔을 땐 이상하게도 평온했다. 차와 집 평수는 절대 못 줄인다던데 너무 비현실적인 녀석이었던 탓인지, 아니면 원래 내 옷이 아니었던 건지, 전혀 그립지가 않았다. 커다란 덩치도 버거웠고, 주유소에도 너무 자주 가야 해서 귀찮았다. 어차피 나는 최고 속도를 몇 킬로까지 내 봤다는 걸 자랑으로 여기지도 않으니, 생각해 보면 굳이 슈퍼카 타기를 꿈으로 삼지 않아도 될 것 같은 생각도 들었다.

이래서 경험이 중요한 걸까? 하지만 앞으로도 나는 슈퍼카가 지나가면 엄지손가락을 추켜세워 줄 생각이다. 그런 재미라도 없으면 슈퍼카 오너들이 너무 불쌍하지 않은가.

높은 절벽 위의 난 같은 존재,
페라리 F430 스쿠데리아

내게 페라리란 저 높은 절벽 위에 피어 있는 난(蘭)과 같은 존재다. 나는 그걸 그냥 바라보는 타입이지, 역경과 고난을 딛고 절벽을 올라 내 것으로 만드는 타입은 아니다. 초등학교 때 전교생의 우상이던 여자애에게 대시해서 교제 승낙을 받아 낸 것까지는 좋았는데, 그녀를 내 옆에 가까이 두자 그때까지 품었던 모든 환상이 깨어진 경험 때문이다. 천사는 멀리서 바라볼 때나 천사. 모르긴 몰라도 연예인과 결혼했다가 이혼하는 남자들도 그런 마음이 아닐까.

자동차라면 밥보다도 좋아하는 나지만, 페라리에게는 별 감흥이 없었다. 페라리란 어차피 '열심히 돈 벌어서 사는 차'가 아니다. 유럽의 유서 깊은 귀족 집안 사람들이 주 고객이고, 사인 한 번에 엄청난 액수의 돈이 오가는 직업을 가진 사람이 아니면 가까이 가기 힘든 차다. 이웃 나라 일본에는 열심히 돈을 모아 페라리 한 대를 산 후 그 안에서 컵라면을 먹으며 생활하고, 보너스를 모아 기름 값을 대는 '페라리 거지'도 있다지만, 내가 생각하기에 그건 자신의 인생도 꿈도 갉아먹는 짓이다.

물론 1980년대에 초등학생 시절을 보낸 나는 페라리 테스타로사 브로마이드를 방에 붙여 놓고 자란 이른바 '슈퍼카 세대'다. 그때는 페라리 테스타로사와 람보르기니 쿤타치, 란치아 스트라토스(Lancia Stratos) 미니카가 없으면 자동차 마니아로 불리지도 못했다. 내 방은 미니카와 대형 슈퍼카 브로마이드로 가득했다. 그중에서도 내가 가장 좋아했던 건 페라리 250GTO였는데, 그 차가 페라리 중에서도 가장 희소해서 오직 39대만 만들어졌다는 사실을 알게 된 무렵부터 페라리에 대한 꿈을 접기 시작했던 것 같다. 아니, 전교 39등도 어렵고, 전교에서 39번째로 부잣집이 되기도 힘든 마당에 전 세계에서 39대만 있는 차를 어떻게 손에 넣는다는 말인가. 어린 현실주의자였던 나는 그 이후 자동차 마니아의 꿈을 접지는 않았지만 그나마 '현실적인 차'로 관심을 돌렸다. 끝내주는 보디라인 때문에 거품이 잔뜩 낀 슈퍼카보다는 잘 달릴 뿐 아니라 언제 어디서나 운전할 수 있는 스포츠카가 좋았고, 슈퍼카 레벨에서는 포르쉐 정도까지만 쳐다보기로 했다. 성인이 된 지금은 주변에 페라리를 타는 사람이 있긴 하지만 굳이 타 보려고 하지도 않았다. 살살 몰아서는 진가를 알 수 없는 차인데, 남이 애지중지하는 차를 내 맘대로 몰아붙일 수도 없으니까.

많은 사람들이 '가장 아름다운 페라리'로 꼽는 250GTO. 레이스 카인 동시에 시판용 자동차였다. 장인의 손으로 구부려 만들어 낸 아름다운 곡선의 차체는 사실 미적인 요소보다는 공기역학적인 면을 고려한 결과다.

그런데 몇 해 전 페라리를 눈치 보지 않고 실컷 타 볼 기회를 얻은 적이 있었다. 페라리 본사에서 주최하는 '매직 인디아 디스커버리 드라이브(Magic India Discovery Drive)'라는 행사에 초대를 받은 것이다. 그 행사는 두 대의 612 스칼리예티(Scaglietti)로 인도를 한 바퀴 도는 건데, 나는 그중에서 일주일 정도 운전을 맡기로 했다. 오마나. 어쩌면 이건 내가 자동차 저널리스트로 일한 이래 가장 큰 행운일지도 몰랐다. 페라리를 내 맘대로 일주일 동안이나 탈 수 있는 기회라니. 그런데 그 행사는 우여곡절 끝에 참가가 취소됐다. 페라리 측의 거만하고 허술한 사전 준비가 문제였다. 젠장, 보건소에 가서 예방접종 주사를 맞고 약까지 한 움큼 먹었는데 취소라니. 역시 페라리 탈 팔자는 아닌가 보다 싶었다.

두 번째 기회가 찾아왔다. 이번엔 F1 드라이버와 함께 F430 스쿠데리아(Scuderia)를 타 볼 수 있는 행사였다. 예방접종도 필요 없는 우리나라에서. 기본형 F430의 출력을 20마력 높이고, 무게를 100킬로그램 줄인 후 F1에서 사용하는 변속 프로그램을 더하면 F430 스쿠데리아가 된다. '스쿠데리아'가 페라리의 F1팀 명칭이라는 것을 감안하면 이 차가 어떤 의미를 지녔는지 알 수 있을 것이다. 이 납작한 510마력짜리 스포츠카는 정지 상태에서 시속 100킬로미터에 도달하는 데 불과 3.6초밖에 걸리지 않는다.

우선 혼자 타고 한강 탄천 주차장에 마련된 카트용 서킷을 달렸다. 코스가 짧기는 해도 폭력적인 가속력과 브레이킹 파워를 맛볼 수 있

F430 스쿠데리아는 기본형 F430의 출력을 20마력 높이고, 무게를 100킬로그램 줄인 후 F1에서 사용하는 변속 프로그램을 더해 만들어진 차다. '스쿠데리아'가 페라리의 F1 팀 명칭이라는 것을 생각해 보면 이 차가 어떤 의미를 지녔는지 알 수 있을 것이다.

었다. 내 발놀림에 따라 머리 바로 뒤에 위치한 V8 엔진이 포효하고, 빨간 차체는 내가 스티어링 휠을 돌린 만큼 명확하게 반응하고 있었다. 그 소리와 움직임의 교묘한 조화는 지금까지 내가 경험한 어떤 차와도 비교할 수가 없었다. 다른 차들에게는 미안한 이야기지만, 이 차와 경쟁한다는 것 자체가 불가능한 이야기일지도 모르겠다는 생각이 들었다. 자그마한 카트 서킷을 세 바퀴 돌아보고 뭘 논할 수 있겠냐마는, 페라리와의 짧은 만남은 마치 속궁합이 잘 맞는 여자와의 섹스처럼 격렬하고도 감미로웠다. 남자의 섹스에 지속 시간이 중요한 건 아니듯, 좋은 차를 운전하고 만족감을 얻는 데에는 시간이 별로 중요하지 않다는 것도 알 수 있었다.

F1 드라이버 마크 제네(Marc Gene)는 내게 안전벨트를 했냐고 묻더니 스티어링 휠에 달린 레버를 '레이스'로 돌렸다. 페라리에게 '레이스'는 어리숙한 운전자의 생명을 지켜 주는 모든 주행 안전 장치가 해제되고 모든 걸 드라이버가 알아서 해야 한다는 의미다. 키아아아아아아아아앙! 자동차 소리라고는 상상도 할 수 없는 날카로운 소리와 함께 머리가 시트에 푹 파묻히는가 싶더니, 이내 속도를 줄이기 시작하자 안구가 튀어나와 앞 유리창에 닿으려고 했다.

이 세상에서 몇 손가락 안에 드는 운전자가 선사하는 원심력과 관성의 법칙에 쉴 새 없이 농락당하면서, 그리고 솜씨 좋은 남자만 만나면 천국을 보여 줄 용의가 넘치는 빨간 자동차의 곡예와도 같은 몸짓을 보면서, 페라리가 다시 좋아지기 시작했다. 아마도 일본에 서식한

이 납작한 510마력짜리 스포츠카는 정지 상태에서 시속 100킬로미터에 도달하는 데 불과 3.6초밖에 걸리지 않는다. 액셀러레이터를 밟으면 머리 바로 뒤에 위치한 V8 엔진이 잡아먹기라도 할 것처럼 포효하기 시작하고, 빨간 차체는 대포알처럼 튀어나간다.

다는 페라리 거지도 나처럼 이렇게 페라리를 경험한 이후에 그런 인생을 택했겠지.

이 차는 내가 손을 뻗기에는 여전히 먼 곳에 있다. 그렇다고 거지 오너의 길을 택하기에는 난 너무 현실적이다. 그래도 F1 중계를 틀어놓고 스쿠데리아 깃발을 흔들며 페라리를 응원하는 티포시(Tifosi)가 되는 것부터 시작해도 나쁘지 않겠다는 생각이 들었다. 다음 주말에는 어딘가 파묻혀 있을 테스타로사 포스터를 찾아보기로 마음먹었다.

● 페라리의 홈그라운드인 이탈리아 그랑프리에서 페라리 팀을 열광적으로 응원하는 팬들을 지칭하는 말이다. 일반적으로 페라리를 열렬히 추종하는 광팬을 일컫는다.

640마력짜리 괴물, 람보르기니 무르치엘라고

심장부터 벌렁벌렁 뛰기 시작한다. 도로 위에 바짝 엎드려 있는 하얀 차를 보는 순간, 뇌보다 심장이 먼저 반응한 것이다. 이 차가 이탈리아제 슈퍼카 람보르기니구나, 혹은 서울 시내 아파트 한 채 가격과 맞먹는 차구나 하는 사실을 생각하기도 전에 말이다. 자고로 자동차란 지붕이 가슴 높이 정도는 와야 한다고 알고 있었는데, 이 넓적한 차는 내 무릎보다 약간 높은 곳에 엎드린 채로 서 있었다. 익숙한 크기 감각이 무너질 때의 충격은 생각보다 컸다. 미처 어렸을 때부터 알고 지내던 옆집 누나가 사실은 엄청나게 커다란 가슴을 가진 것을 알게 된 것처럼. 차체 한가운데에 실린 거대한 12기통 엔진은 투명한 유리 커버에 살짝 가려져 있었다. 이건 뭐 관음증 환자가 아니더라도 두 쪽 달린 남자라면 계속 들여다볼 수밖에 없지 않은가. 시동을 걸면 그 안에 자리 잡은 12개의 굵고 뜨거운 실린더 속에서는 격렬한 피스톤 운동이 시작될 것이다. 괜히 얼굴이 발그레해진다.

그런 반응은 솜털처럼 새하얀 5억 원짜리 이탈리아제 슈퍼카와 무척 잘 어울렸다. 차 옆에 서 있는 것만으로도 저 콧대 높기로 유명한 청담동 언니들이 노골적인 눈길을 주기 시작했으니까. 아무나 탈 수 있는 것도 아니고 언제나 탈 수 있는 것도 아닌 람보르기니에 나는 키를 꽂았다. 하늘을 향해 열리는 도어를 일부러 커다란 동작으로 눈에 띄게 조작한 후, 저 낮고 깊은 곳에 있는 버킷 시트(파란색 소가죽으로 퀼트 장식이 되어 있었다.)에 다이빙하듯 뛰어들었다. 전자 제어 장치가 엔진 체크를 마치기를 기다린 후 버튼을 눌러 시동을 걸자 머리 바로 뒤에서 '펑' 하고 폭탄 터지는 소리가 났다. 훈련소에서 들었던 그 김빠지는 소리가 아니라 THX 돌비 서라운드 시스템으로 듣는 영화 속 폭탄 소리처럼 크고 멋들어진 소리 말이다. 아아아, 슈퍼카 오너들은 이런 엔진 소리를 매일 들으며 사는 거였구나. 키아앙 걸걸걸 쉬익쉬익 위이이 이이잉 등등의 여러 가지 기계음이 하악하악 그르르르릉 텅텅텅 등등의 배기음과 섞이면서 뭔가 스펙터클한 장면이 앞으로 벌어질 것임을 암시하기 시작했다. 이 오케스트라의 지휘자는 내 오른발이다. 항공기용 알루미늄을 깎아 만든 액셀러레이터를 내 오른발로 밟으면, 이 차는 공간을 일그러뜨릴 듯한 가속력을 보여 줄 것이 분명했다.

이 차에 가장 잘 어울리는 곳은 역시 로데오 거리다. 땅바닥과 거의 비슷한 높이의 운전석에 앉아 휘황찬란한 네온사인 사이를 느릿느

릿 달리는 기분이 끝내준다. 운전석에 앉아 눈을 옆으로 돌리면, 바로 옆에 걸어가는 미니스커트의 허벅지가 보인다. 그녀의 눈길이 차를 훑고 있는 동안 내 눈은 그녀의 허벅지를 찬찬히 더듬을 수 있다. 내 눈길을 알아차리더라도 그녀가 볼 수 있는 것은 차의 지붕뿐이니 들킬 염려가 없다.

요즘은 수입 차가 엄청나게 많아져서 시골에서도 웬만한 차는 신기해 하지 않는다. 강원도의 어느 맛집에서 발레 파킹 직원에게 주차 방법이 특이한 330Ci의 SMG 미션(BMW의 클러치가 없는 수동 미션) 조작법을 설명하려 했더니 "알아요. M3랑 똑같은 거잖아요."라고 하는 바람에 당황했던 경험이 있을 정도다. 그러나 '수입 차의 거리' 청담동에서도 람보르기니 무르치엘라고는 여전히 다른 차원의 존재다. 연령대를 불문한 남자들은 물론이고 20~30대 아가씨, 택시 기사, 버스 기사들까지 고개를 들이밀고 쳐다본다. "차에는 아무 관심도 없어요."라고 이마에 쓴 듯한 아주머니까지도 한참이나 차를 들여다보고 있었다. 그 아주머니의 표정은 '이게 뭐고' 하는 것이었다가 약 2초가 지나자 '자동차'라는 것을 알아차리고는 차체를 여기저기 기웃거리더니 '어디가 앞이여?'로 바뀌있다. 그리고 마지막으로 차 안을 들여다보면서 '저거 사람이 운전하는 건가?' 하는 표정으로 내 얼굴을 빤히 들여다보았다. 지나가는 사람 중 열에 아홉은 차가 시야에서 사라질 때까지 눈을 떼지 못했다. 나는 그들의 시선을 피하는 척하면서도 은근히 즐기다가 사이드 미러를 통해 뒤에서는 어떤 반응을 보이는지까지 재미있게 관찰했다. 약 10분간은.

그 이상의 시간이 지나자 미칠 지경이었다. 남들의 시선을 즐기는 것 또한 멋진 스포츠카를 즐기는 법 중 하나라지만, 동물원의 아기 사자처럼 거리의 모든 사람의 시선을 받고 있자니 여간 피곤한 것이 아니었다. 조수석에 앉은 이 차의 오너는 이런 시선이 익숙한 듯 야구 모자를 깊게 눌러쓰고는 연예인처럼 세상을 외면하고 있었다.

그래, 달리자. 슈퍼카란 역시 달려야 제맛이다. 우리는 시승 코스를 짜기 시작했다. 노면이 깨끗한 곳, 도로 폭이 넓은 곳, 그리고 주차할 공간이 충분한 곳을 찾기 시작했다. 역시 오너는 달랐다. 어느 거리의 몇 번째 신호등에서 좌회전해서 어디를 통과하고 어디를 피해야 하는지 달달 꿰고 있었다. 도로 상황이 좋지 않으면 다니기 힘들고, 발레 파킹을 맡길 수 있는 차도 아니다 보니 집에서 나설 때는 이동 계획을 철저히 짜야 한다고 했다. 넓은 도로에 들어서자마자 풀 스로틀®을 시도했다. 머리 뒤쪽에서 하이 톤의 '키아아아아아아앙' 하는 소리가 나면서 유리창 앞에 펼쳐지는 풍경이 번지기 시작했다.

● 스로틀(throttle)이란 운전자가 가속 페달을 밟은 정도에 따라 밸브를 조절하여 공기 흡입을 제어하는 기관이다. 풀 스로틀(full-throttle)은 가속 페달을 끝까지 밟아 연료 조절판을 완전히 열어 젖혀 엔진이 최대 출력에 이르도록 하는 것을 말한다.

후아아아, 숨이 차다 싶었더니 가속 페달을 밟으면서부터 숨 쉬는 것을 까먹고 있었다. 이건 자동차라기보다는 로켓에 가깝다. 차체가 낮으니 가속감이 더욱 커지는데, 몇 년 전 오토바이를 타고 가다가 넘어져서 한참을 도로 위에 미끄러져 가던 때와 비슷한 기분이었다. 오

람보르기니가 달리는 모습을 실제로 보면, 이 세상에 존재하지 않는 무언가를 목격한 듯한 기분이 든다. 진성기의 진지현과 2미터 거리에서 3초 정도 눈을 마주친 적이 있었는데, 람보르기니는 볼 때마다 그런 기분을 느끼게 한다.

너가 좀 천천히 밟으라고, 너무 세게 가속하면 엉덩이와 시트의 마찰이 심해져서 가죽이 상한다고 주의를 줬다. 무시하고 계속 밟는데, 뭔가 뒤에서 번쩍하고 빛났다. 아우디 RS4였다. 슈퍼카는 아니지만 달리기 성능은 그에 맞먹는, 무시하지 못할 상대였다. 이런 차를 타고 다른 차에게 추월을 허용할 수는 없는 일. 핸들 뒤의 시프트 레버를 딸깍 눌러 기어를 한 단 내렸다. 엔진은 한 옥타브 높은 회전음을 토하면서, '끼아아아아아아아아'와 '휘이이이이이이이잉'이 섞인, 이 세상의 소리가 아닌 듯 기묘한 소리를 내기 시작했다. 안구가 안으로 파고들어 뇌를 짓누르는 묘한 압박감을 느끼기 시작할 무렵, 조수석의 오너가 비명을 지르기 시작했다. '빽'이나 '뻭' 비슷한 소리였는데 가만 생각해 보니 브레이크를 잡으라는 이야기였다. 설마 과속 단속 카메라를 걱정하는 건가 싶었더니 눈앞에 복공판이 시작되고 있었다. 강남구는 세금 수입이 많아서인지 거의 노면과 높이 차이가 없는 질 좋은 복공판을 깔아 놓아서 대수롭지 않게 생각했다. 그런데 최저 지상고가 10센티미터에 불과한 이 차는 가속할 때 더욱 낮아지기 때문에 차체 하부를 긁을 위험이 컸다. '뻐억!' 하는 소리와 함께 둔탁한 충격이 왔다. RS4는 그 틈을 타 추월해 지나갔고, 나는 오너의 명령에 따라 갓길에 차를 세웠다.

자타가 공인하는 성공한 사업가이자 5억짜리 이탈리아제 자동차를 타는 무르치엘라고 LP640의 오너는 사회적인 지위와 명성에도 불구하고 아스팔트 바닥에 엎드려 앞 범퍼 밑으로 머리를 집어넣고는 복공판에 긁힌 부분을 체크하고 있었다. 숙연한 기분으로 옆에 서 있는데, 그가 점검을 마치고 일어섰다. 달빛에 반사된 것이 눈물이었는지는 지금도 확실하지 않다. 그는 끊었다던 담배 한 대를 빼어 물더니 이탈리아제 차의 이상한 부품 가격에 대해 설명하기 시작했다.

아까 내가 처녀 팬티 들여다보듯 구경했던 엔진 커버는 1500만 원,(유리 커버는 옵션이었다.) 다이빙하듯 뛰어들면서 삐걱거리는 소리를 냈던, 그리고 운전하면서 끊임없이 비벼댔던 파란색 소가죽 버킷 시트가 1000만 원, 방금 복공판에 비벼서 긁어 낸 앞 범퍼는 4500만 원이라고 했다. 사실은 자기도 아직 8000rpm을 넘겨 본 적이 없었다며, 내가 아까 기록한 시속 300킬로미터에 아주 가까운 그 속도가 이 차가 이탈리아의 볼로냐 공장에서 태어난 이후 기록한 최고 속도였다고 말해 주었다. 그는 차분하게 이야기했지만 표정은 전혀 그렇지 않았다. 마치 영주에게 자신의 아내와의 첫날밤을 허락한 「브레이브 하트」의 멜 깁슨을 연상케 했다. 슈퍼카는 자차 보험도 들어 주지 않는다는 이야기를 할 때는 정말 인질의 몸값 지불을 거부당해 자포자기한 테러리스트와도 같은 표정이었다. 지나가는 차도 없는 새벽에 그가 나를 홀로 남겨 둔 채 떠나갔다는 사실이나, 이후 아무리 연락을 해도 전화를 받지 않았다는 것을 보면 조금 화가 난 것 같다.

개인적으로 절친한 형이기 때문에 차에 상처 조금 냈다고 그런 것 같지는 않고, 내 생각에는 그 화려하고 멋진 자동차가 실제로는 여자를 꾀거나 다른 자동차를 완전히 무시하는 데 사용하기엔 그다지 유용하지 않다는 사실을 알아차렸기 때문인 것 같다. 그의 화를 풀려면 발레 파킹의 도움 없이 폭 2미터짜리 차를 세울 수 있는 주차장이 있으며, 거기까지 가는 동안 복공판이나 과속 방지턱이 하나도 없는 데이트 코스 여러 곳, 그리고 시트에 앉을 때 털썩 앉지 않고 사뿐히 내려앉을 수 있는 몸무게 가볍고 차분한 성격의 아가씨를 소개해 주는 방법밖에 없는 것 같다. 그리고 그런 곳을 찾으면, 애걸복걸을 해서라도 다시 한 번 그 640마력짜리 괴물을 운전해 보고 싶다.

포르쉐는 대형 세단에 무슨 짓을 했나

이건 쉽게 말하자면 마이클 잭슨이 록 밴드를 결성하는 것과도 같다. 수많은 반대 의견이 빗발치겠지만, 사실 음악은 크게 다르지 않을 것이다. 마이클 잭슨의 히트곡은 애초에 록이었으니까. 무지몽매한 대중은 마이클 잭슨이 춤을 춘다고 해서 '댄스 음악'이라고 생각할 뿐이다. 우리나라에서도 서태지가 록 음악에 맞춰 춤을 춘 전례가 있으니, 실력과 수단만 좋다면 장르 따위야 어찌 됐건 상관없는 일인지도 모른다.

내가 '록과 댄스의 상관 관계'라는 뜬금없는 주제에 관해 생각하기 시작한 건 독일 아우토반의 속도 무제한 구역 1차선을 포르쉐 파나메라로 달리면서였다. 이 차는 문이 네 개 달려 있고, 길이도 5미터에 육박하기는 하지만 어디까지나 포르쉐다. 1차선을 점거한 채로 계속 달려도, 뒤쪽에서 쫓아오는 차를 만날 수가 없다. 마치 정지한 것처럼

느껴지는 2차선의 차들을 추월하는 동안에도 바람소리는 전혀 거슬리지 않고, 진동도 없다. 정지한 것처럼 느껴질 정도는 아니지만, 자극이 넘치는 것도 아니다. 그럼에도 불구하고 계기판이 가리키는 속도는 시속 300킬로미터에 가깝다. 내 생각보다 두 배나 빨랐다. 계기판 한가운데의 회전계에는 디지털 속도계가 자리 잡고 있다. 바로 옆에 어느 차에서나 볼 수 있는 아날로그식 속도계도 있지만, 웬일인지 그걸 살필 겨를이 없었다. 그러고 보니 머리로는 150킬로미터 정도겠지 생

파나메라는 포르쉐의 새로운
시대를 열었을 뿐만아니라
오너에게 새로운 가능성을
얹어 준 차다. 포르쉐는
'대형 세단과 스포츠카의
뉴장르'라는 묘기능을
파나메리로 구체화했다.

각했는데, 몸은 그 정도 속도가 아님을 알고 있었던 것 같다.

  아직 차종을 구분할 수 없을 정도로 멀찌감치 있던 앞서 가는 차가 이쪽의 엄청난 스피드를 알아채고는 우측 깜빡이를 켜더니 2차선으로 비켜 준다. 지나가면서 확인하니 911 터보다. 아마도 느긋하게 달리려고 비켜 준 듯싶은데, 자신을 추월한 상대가 아직 판매도 시작되지 않은 포르쉐 파나메라 터보라는 걸 확인하고는 다시 1차선으로 들어오더니 바짝 따라오기 시작했다. 딱히 경쟁심이 불붙거나 한 건 아니지만, 이처럼 좋은 테스트 기회도 없겠다 싶었다. '포르쉐' 그 자체라고 해도 과언이 아닐 911과 대등하게 달릴 수 있을지 여부는 이 차가 성공할지 아닐지의 여부와도 직결되는 문제이기 때문이다.

911은 역시 빨랐다. 금세 꽁무니에 와서 붙었다. 시속 300킬로미터에 가까운 속도로 달리는 차에게 추월당한 후 다시 따라붙을 수 있다니. 파나메라에 타고 있던 우리 일행은 "역시 911 터보"라며 휘파람을 불고 뒤 유리창에다 대고 엄지손가락을 추켜세웠다. 911 터보의 운전자는 우리가 그의 얼굴을 확인할 수 있을 만큼 바짝 따라붙을 정도의 실력은 지녔지만, 우리가 세워 준 엄지손가락을 보고 웃을 수 있는 여유는 없어 보였다. 하긴 시속 300킬로미터에 가까운 속도에서는 아무리 911 터보라고 해도 시야를 넓게 봐야지 한 점을 응시할 수가 없다. 그는 아마도 파나메라를 쫓고 싶다는 일념에 액셀러레이터를 바닥에 비비고 있었을 터였다.

그러나 우리 쪽은 약간의 여유가 있었다. 조수석에서는 사진을 찍어 대고 있었고, 뒷좌석에서는 다리를 꼬고 앉아 있다가 911 터보와의 배틀이 시작되자 아이처럼 뒤돌아 앉아 터보의 거동을 살폈다. 운전을 하고 있던 나는 오디오를 조작해 미리 연결해 둔 아이팟 속의 데이비드 샌본(David Sanborn)을 선택했다. 「체인지 오브 하트(Change of Heart)」앨범 시절의 샌본은 자동차를 타고 빠른 속도로 달릴 때 들으면 체감 속도를 50킬로미터는 상승시켜 준다. 이 세상에는 수많은 자동차가 있지만 세 명의 남자를 태우고, 그들의 일주일치 짐을 싣고, 시

포르쉐 파나메라의 넓고 높은 실내에는 질 좋은 가죽으로 마무리한 네 개의 버킷 시트가 장착되었다. 하이엔드 오디오 시스템으로 음악을 즐길 수도 있으며 승차감이나 배기음도 취향에 따라 조절할 수 있다. 트렁크에는 여행가방 네 개가 실린다. 그럼에도 달리기 성능은 더 이상 바랄 게 없다.

속 300킬로미터로 달리면서 음악을 들으며 농담을 할 수 있게 하는 차는 흔하지 않다. 경험상 911 터보도 이 정도 속도에 도달하면 음악 소리보다는 엔진 소리가 더 크게 들린다. 그게 나쁘다는 건 아니지만, 파나메라 터보는 둘 중 어디에 집중할 것인지에 관한 선택권이 자동차가 아니라 오너에게 있다. 이게 바로 911 터보와 파나메라의 차이다.

포르쉐가 SUV를 만든다고 했을 때도 '포르쉐 마니아'들의 반발은 대단했다. 그들은 덩치 크고 높다란 SUV를 만드는 건 스포츠카 메이커로서의 자긍심을 스스로 버리는 처사라고 분개했다.(보수적인 포르쉐 마니아들은 SUV의 'S'가 '스포츠'를 의미한다는 사실을 몰랐던 걸까.) 그러나 실제로 카이엔(Cayenne)이 출시되자 시장 상황은 완전히 달랐다. 북아메리카에서만 팔릴 거라고 예상된 이 차는 포르쉐의 본고장 독일뿐 아니라 유럽 전역에서 사랑을 받았고, 중국 시장에서도 엄청난 호황을 누리며 포르쉐를 돈방석에 앉혔다. 가격 때문이 아니라 2인승 스포츠카라는 장벽 때문에 포르쉐에 가까이 가지 못했던 사람들을 포르쉐 매장으로 끌어들인 것이다. 결국 포르쉐를 사랑하는 사람들의 의견이라고 해서 언제나 옳은 건 아니라는 사실이 증명됐다. 사실 '사랑'이라는 의미부터 다시 생각해 봐야 한다. 포르쉐의 새로운 도전에 반대하는 사람과 새로운 결과물을 위해 기꺼이 지갑을 열 준비가 되어 있는 사람 중 누가 더 포르쉐를 사랑하는 건지는 자명한 사실이다.

그리고 여기 파나메라가 있다. 이 차에는 네 개의 커다랗고 균형감 좋은 도어가 달려 있고, 넓고 높은 실내에는 질 좋은 가죽으로 마무리

한 네 개의 버킷 시트가 장착되었다. 부르메스터(Burmester)나 보스(Bose)의 오디오 시스템으로 음악을 즐길 수도 있고, 승차감이나 배기음도 취향에 따라 조절할 수 있다. 트렁크에는 여행 가방 네 개가 실린다. 그럼에도 달리기 성능은 더 이상 바랄 게 없다. 5미터에 달하는 차체는 와인딩에서도 날렵하다. 7시리즈나 S클래스와 경쟁하는 차지만, 몸놀림은 3시리즈처럼 경쾌하고 날렵하다. 거대한 차체가 부담되는 상황은 전혀 없다고 해도 좋다. 포르쉐는 도대체 이 거대한 차에 어떤 마법을 부린 걸까?

슈투트가르트의 연금술사들은 911과 S클래스의 장점만을 떼어 이 차를 빚어냈다. 완전히 극단적인 두 종류의 차에 이만큼 동시에 다가갈 수 있는 차는 지금까지 없었다. 마이클 잭슨은 죽었지만, 이 차는 그 해 새롭게 태어났다.

아우디 R8, 슈퍼카 대열에 합류하다

1970년대부터 1980년대까지는 슈퍼카의 시대였다. 사내 녀석들은 누구나 람보르기니 쿤타치나 페라리 테스타로사, 포르쉐 959 등의 자동차 사진을 방에 붙여 놓고는 몇 마력이니, 최고 속도가 얼마나 나오느니를 외우느라 여념이 없었다. 길거리에서 흔히 볼 수 있는 자동차의 눈에 익은 비례를 보란 듯이 일그러뜨려 놓은 슈퍼카들은 사진만으로도 엄청난 포스를 뿜어내고 있었다. 그들은 하나같이 낮고 긴 차체를 갖고 있었기 때문에 차체의 폭이 한 차선을 다 차지하고도 넘을 것 같았다. 새빨간 자동차들이 인쇄된 책을 하루 종일 뚫어져라 쳐다보고 있노라면 왠지 엔진 소리가 들려오는 것만 같았다. 당시 나는 경제관념이 전혀 없었기 때문에 가격이 얼마인지도 몰랐고, 알았다고 해도 그게 얼마나 큰돈인지는 알 수 없었을 것이다. 국산 차의 가격으로 미루어보건대 나 같은 보통 사람은 죽을 때까지 타 볼 수 없을지도 모른다는 생각을 어렴풋이 했을 뿐이다. 그 책에는 슈퍼카로 분류되려면 정지 상태에서 시속 100킬로미터에 도달하는 시간이 5초 이내여야 한다고 적혀 있었는데, 그게 도대체 얼마나 빠른 것인지도 물론 알 수 없었다. 그저 택시보다 훨씬 빠른가 보다…… 하고 상상할 수밖에.

내가 처음으로 슈퍼카를 직접 본 것은 90년대 초 대학 신입생 때 신촌에서였다. 친구들과 함께 시답잖은 농을 주고받으며 걸어가고 있는데, 어디선가 심상치 않은 공기의 흐름이 느껴졌다. 처음 들어보는 굉음, 공기의 진동이 느껴지고 얼마 지나지 않아 낮고 검은 그림자가 획 하고 우리를 스쳐지나갔다. 그건 포르쉐 911이었다. 어찌나 빨랐는지 제대로 모양을 볼 수도 없었지만 그 실루엣은 내가 자동차 잡지에서 아마 수만 번은 쳐다봤을 그 차였다. 아아아, 그 소리는 지금도 잊을 수가 없다. 자동차가 그런 소리를 내는 물건이라는 사실을 그날 처음 알았다. 당시 나의 드림 카였던 스쿠프는 더 이상 눈에 들어오지도 않았다. 포르쉐가 우리나라에도 있다는 사실을 알았으니 이제 열심히 돈을 모아 사는 일만 남았다고 생각했다. 먼 나라 이야기가 아니라고 생각하자 내 꿈은 왠지 가까운 시일 내에 이뤄질 것만 같았다.

그런데 지금은 어떤가. 청담동 거리에 나가면 페라리와 포르쉐 정도는 100퍼센트 볼 수 있다. 벤틀리도 이제 자주 눈에 띈다. 람보르기니도 한참 인기를 끌어서 더 이상 탄성을 자아내기는 힘들다. 가끔 아무 생각 없이 벤틀리와 함께 신호 대기를 하고 있는 나를 발견할 때면

슈퍼카 시대의 산물. 사내 녀석들은 누구나 람보르기니 쿤타치(위)나 페라리 테스타로사(아래), 포르쉐 959 등의 자동차 사진을 방에 붙여 놓고는 최고 속도와 최대 출력을 외우느라 여념이 없었다. 길거리에서 볼 수 있는 자동차의 눈에 익은 비례를 보란 듯이 일그러뜨려 놓은 슈퍼카들은 사진만으로도 엄청난 포스를 뿜어내고 있었다.

슈퍼카에 열광하던 어린 시절이었다면 어땠을까 생각하며 혼자 웃음 짓곤 한다. 물론 지금 내가 슈퍼카에 아무 관심이 없는 것은 아니다. 나의 슈퍼카 구입 작전은 현재 진행형이다. 몇 년 전 친한 형들과 함께 마흔이 되기 전에 슈퍼카를 한 대씩 뽑자고 약속을 했다. 처음에는 꼭 정규 딜러에게 가서 한껏 거드름을 피운 후 신차로 뽑자고 약속했었는데, 형들 중 한 명이 마흔에 거의 다가가면서 중고차면 뭐 어떠냐며 방향을 틀었다. 그 형은 결국 마흔이 되기 직전에 검은색 중고 포르쉐 911 터보를 뽑았다. 우리는 박수를 치며 환호했다. 그러나 나이가 나이니만큼 예전처럼 차 주위에 몰려 앉아 밤을 새울 수는 없었고, 지난 추억들을 곱씹으며 서로의 가정으로 돌아갔다.

  누가 말했던가. 꿈은 이루기 전까지가 가장 아름답다고. 우리 마슈모(마흔 전에 슈퍼카 사기 모임)는 예기치 못한 상황에 봉착했다. 첫 선수가 슈퍼카 구입에 성공하긴 했지만 그 이후의 카 라이프가 그다지 아름답지 못했던 것이다. 차는 수동이 제격이라면서 큰소리치더니 클러치 조작을 잘못해서 클러치를 홀랑 태워 먹은 것이 시작이었다. 머리를 긁적이며 새 클러치로 바꾸자 트랜스미션이 고장 났다. 포르쉐는 역시 공랭이 진짜라며 마지막 해 생산분 공랭식 엔진을 사더니만 엔진은 기침을 계속할 뿐 300킬로미터가 넘는 속도의 세계로 우리를 데려다 주지 않았다. 비현실적인 동력 성능을 자랑하는 슈퍼카를 막상 구입했더니 차 값만큼의 돈이 추가로 들어간다는 사실이 왠지 현실적이어서 슬픈 기분이 들었다. 젠장, 부자들이 슈퍼카를 주말에만 타는 이유가 있었구나. 알고 보니 병행 수입으로 들여온 신형 람보르기니나 페라리도 수리가 어렵다는 둥, 문제가 생기면 아무도 못 고친다는 둥 소문이 많았다. 최신형 슈퍼카를 두 대나 갖고 있는 한 지인은 정규 딜러가 없으니 튜닝 숍에 가야 했고, 튜닝 숍에서 경정비만 할 수는 없으니 또 이것저것 달게 되어 생활이 완전히 자동차 중심으로 돌아가게 됐다고 푸념 아닌 푸념을 하기도 했다. 결국 그는 슈퍼카 대신 대형 세단으로 돌아오고 말았다. 속 좁은 사람들의 시기하는 눈 말고도 슈퍼카를 타기 위해 넘어야 할 벽이 많았던 것이다.

우리나라는 역시 슈퍼카를 타기에 어울리는 곳이 아니라는 생각이 들 때쯤 끝내주는 녀석이 하나 나타났다. 바로 아우디 R8이었다. 이 멋진 차는 낮고 긴 슈퍼카의 전통을 그대로 따르고 있을 뿐 아니라 정통 미드십 방식이어서 뒤 유리창에서는 V형 8기통 엔진이 그대로 드러나 보였다. 눈에 익은 페라리나 포르쉐와는 또 다른 실루엣. 역시 최근의 아우디는 디자인에서 헤게모니를 얻은 듯했다. 커다란 싱글 프레임 그릴이 떡하니 입을 벌리고, 헤드라이트 주변에는 희뿌연 빛을 발하는 LED를 박아 넣은 모습이 펄 메이크업을 한 탄탄한 몸매의 여자를 연상시켰다. 게다가 전국에 14곳의 쇼룸과 15곳의 서비스 센터를 갖춘 아우디가 만들었다. 아우디의 공식적인 교육을 받은 정비사가 손봐 줄 테니 고장이 나도 걱정이 없고, 무엇보다도 RS4로 이미 검증된 엔진이라는 사실이 믿을 만했다. 날카로운 회전음과 함께 최고의 성능을 쥐어짜내는 V12도 물론 매력적이지만 매일매일 애마로 다

R8은 아름답고 빠르다.
게다가 과격하지 않고 언제나
우아하게 움직이기 때문에
다소 서툴고 과격하게 운전해도
다 받아 준다.

루기에는 역시 V8이 안정적일 것이다. 이 아름답고 믿음직스러운 차는 2007년 단 10대가 국내에 배정됐고, 거창한 신차 발표회 대신 예비 오너들을 초대해 서울 옥션에서 비밀리에 선보인 후,(그 자리에서 이미 대부분의 계약이 이루어졌다고 한다.) 서울 모터쇼에서 대중에게 위용을 나타냈다. 슈퍼카들은 마치 고급 견종처럼 판매 경로도 중요한 가치 척도가 되곤 하는데 R8은 지금까지 국내에 등장한 모든 슈퍼카 중에서 가장 혈통이 보장된 녀석임에 틀림없었다.

그렇다면 R8이 멋진 이유를 자세히 한 번 들여다보자. R8의 디자인은 공간이 일그러진 것처럼 보일 만큼 황홀하다. 묵직한 도어를 닫고 액셀러레이터를 밟으면 R8이 가져다주는 특별한 기쁨이 주차장을 나서는 순간부터 시작된다. '도로 위를 달리는 자동차'라는 너무나 일반적인 상황으로 사람들을 단번에 황홀경에 빠지게 하는 이 차는, 최고의 산업 디자이너로 꼽히는 발터 드 실바가 디자인에 손을 댔고 아우디의 기술로 온 힘을 기울여 우수한 동력 성능을 완성해 냈다.

흔히 레이싱 카처럼 보이는 차를 가리켜 '레이시(racy)하다'고 표현하는데, 레이시한 차를 갖고 싶어 하는 사람들은 인테리어를 카본으로 바꾸고 트렁크에 거다란 리어 스포일러를 달거나 방열용 구멍이 숭숭 뚫린 브레이크 디스크를 장착하는 등의 노력도 마다하지 않는다. 물론 그렇게 만드는 데는 차 가격과 맞먹을 만큼의 돈이 필요하다. 때문에 레이시하다는 말은 너무 튀거나 요란하다는 의미로 쓰이기도 한다. 물론 돈과 노력을 들인 만큼 눈에 띄고 싶을 것이다. 이를 두고 감

최근의 아우디는 디자인에서
헤게모니를 얻은 듯하다.
커다란 싱글 프레임 그릴이
떡하니 입을 벌리고, 헤드라이트
주변에 희뿌연 빛을 발하는
LED를 박아 넣은 모습이
펄 메이크업을 한 탄탄한 몸매의
여자를 연상시킨다.

각이 촌스럽다고 욕할 생각은 없다. 그러나 아무런 노력을 기울이지 않아도 레이시한 차가 있다. R8의 매끈한 보디 위쪽으로는 420마력을 발휘하는 V형 8기통 엔진이 훤히 들여다보이고, 떡하니 벌어진 타이어 안에는 거대한 세라믹 방열 브레이크 디스크가 자리 잡고 있다. 실내는 신선한 생선처럼 비늘을 파르르 떠는 카본 패널로 둘러싸여 있다. 게다가 이 차는 최근 르망 24시간 내구 레이스에서 우승을 놓친 적이 없는 아우디가 만든 슈퍼카일 뿐만 아니라 이름마저 르망 레이서의 것을 물려받았다. 이 차보다 레이시한 차가 어디 있겠나.

얼마 전 일본 도쿄의 오모테산도 거리에서 R8과 마주친 적이 있었다. 사이드미러 속에서 납작하고 늘씬한 뭔가가 차들 사이로 비집고 들어오는 모습이 보이는가 싶더니, 은색 R8은 금세 내가 탄 차를 앞질러 앞으로 나가고 있었다. 내가 탄 친구의 차는 월드 랠리 챔피언십(World Rally Championship, WRC)에서 언제나 1위를 차지하는 일제 스포츠카였고, 친구 녀석은 기어를 두 단이나 한꺼번에 내리더니 액셀러레이터를 바닥까지 밟고 쫓아가기 시작했다. 터보가 두 개 달린 일제 스포츠카는 일반 도로에서 아무리 슈퍼카라도 무시할 수 있는 존재가 아니다. 우리는 금방 R8의 꽁무니에 따라붙을 수 있었다. 친구 녀석은 만족하는 모양이었지만, 나는 R8의 뒤태가 뿜어내는 아우라를 느끼면서 이 배틀이 아무런 의미가 없다는 것을 실감했다. R8의 LED 테일 라이트는 마치 도쿄의 가을 밤 하늘 속에서 빛나는 한 쌍의 루비 같았다. 솜씨 좋은 보석세공사가 정성 들여 세공한 루비처럼 반짝반짝 빛나는 R8의 테일 라이트는 뒤따라오는 운전자의 객기마저 다스려 주는 듯했다.

　우리는 흔히 '드림 카'라는 말을 쓴다. 한 조각의 야심조차 없는, 스스로 거세당한 인생들이야 그 단어를 '너무 비싸서 살 수 없는 차'라는 의미로 쓸지도 모르겠지만, 자고로 남자라면 언젠가 꼭 타고 말겠다고 다짐하는 배포 정도는 있어야 할 것이다. 적금이어도 좋고 로또여도 좋다. 자신의 인생을 스스로 빛나게 만들겠다는 각오가 중요한 것이다. 그리고 실제로 드림 카를 손에 넣게 되면, 남자는 다시 태어나게 된다. 세상이 지금까지 보이던 것과는 다르게 보이고, 남들의 시선도 완전히 달라진다. 독일과 이탈리아의 정서가 합쳐진 이 세련되고 우아하며 정교한 기계 장치는 분명 누군가의 삶을 180도 전환시켜 주는 계기가 될 것이다.

남자를 미치게 만드는 포르쉐, 카이엔 GTS

프랑크푸르트 행 루프트한자에 올랐다. 일 관계로 일 년에 서너 번씩 타게 되는 루프트한자의 비즈니스석은 장거리 비행이 두렵지 않게 만들어 주는 고마운 존재다. 싱가포르 항공이나 에미레이트 항공처럼 호화로운 분위기도 아니고, 아시아나나 대한항공처럼 승무원들이 예쁜 것도 아닌데 내가 루프트한자를 사랑하는 이유는 순전히 시트 때문이다. 독일의 의자 전문 회사 레카로(Recaro)가 만든 루프트한자의 비즈니스석 시트는 침대처럼 편안하게 누울 수도 있고, 마사지를 받을 수도 있다. 미래 지향적인 디자인이지만, 디자인을 위한 디자인은 아니다. "편안하게 앉을 수 있도록 만들다 보니 이렇게 됐어요."라는 독일식의 기능미. 독일인들의 평균 키에 맞춘 시트는 키가 큰 나에게 착 와서 감긴다. 부위별로 정교하고 광범위하게 움직이는 시트를 조작하고 있노라면, 마치 노련한 의사가 환자의 몸을 다루는 것 같은 세심함이 느껴진다.

그러고 보면 독일인들이 만든 차에서도 의사가 만든 것 같은 치밀함을 느낄 수 있다. 몸을 감고 도는 시트, 노면의 모든 정보를 전달하면서도 불쾌감을 주지 않는 승차감, 차체의 어느 부위에서도 유격이 느껴지지 않는 탄탄함 등은 메이커를 불문하고 모든 독일 차에서 느낄 수 있는 공통점인데, 독일 차를 타다 보면 이 모든 것들이 인간의 몸과 생활양식을 잘 연구하고 만들어졌다는 사실을 알 수 있다. 그런 점에서 이탈리아 차를 예술가들이 만들고, 일본 차를 기술자들이 만든다면, 독일 차는 마치 의사가 만든 것 같다.

그중에서도 포르쉐는 정신과 의사들이 작당해서 만든 차라고 할 수 있다. 포르쉐는 어떻게 하면 남자라는 동물의 뇌 속에서 아드레날린이 치솟게 할 수 있는지 잘 알고 있다. 그들의 처방 하나하나에 전 세계의 백만장자들이 흥분의 도가니로 빠지곤 한다. 그 효과는 매우 강력해서, 한 번 맛본 이는 절대 끊을 수 없을 뿐 아니라 맛보지 못한 사람들에게조차 환각이나 흥분 증세를 가져다준다. 지나가는 포르쉐를 보며 침을 흘리거나 혼이 나가는 환자들을 거리에서 종종 볼 수 있는 것도 그 때문이다. 결코 크다고 할 수 없는 이 스포츠카 전문 브랜드는 이 강력한 환각 효과를 무기로 독일에서 가장 큰 수익을 남기는 자동차 회사로 자리 잡았다. 아참, 루프트한자의 시트를 만드는 레카로는 원래 포르쉐의 섀시를 만들던 회사다.

사실 포르쉐의 환각 성분은 너무나 명확해서 다른 브랜드들이 흉내 내는 건 문제도 아닐 것처럼 보인다. 폭발적인 스피드와 날렵한 디자인. 주요 성분은 단 두 가지뿐인데 그걸 따라잡는 게 그리도 어려운 걸까. 결론부터 말하자면 엔진과 섀시 면에서 포르쉐만의 오랜 노하우를 따라잡기는 쉽지 않은 과제다. 내로라하는 독일 메이커들이 포르쉐의 우위를 인정하면서 그들의 영역으로 들어가기를 꺼리는 이유다. 수많은 일본 메이커들이 포르쉐 타도를 외치지만, 아직 그 영역으로의 진입은 멀고 험하다. 포르쉐보다 싼 가격에 내놓으면 '싸구려 차'가 되고, 같은 가격에 내놓으면 팔리질 않는다. 게다가 포르쉐 지지자들은 다루기 어렵고 무게 배분상 불리한 911의 RR 구조조차 '전통'이라면서 옹호하고 있는 극우익들이라서 다른 메이커가 무슨 짓을 해도 눈 하나 깜짝하지 않을 것이다. 이미 50년의 세월을 최고의 스포츠카로 자리 잡아 온 메이커이기 때문에 오너가 되면 성능이 어쩌고 저쩌고를 떠나서 정신적인 만족감이 상당하다. 게다가 이탈리아제 슈퍼카처럼 고장이 잘 나는 것도 아니고 너무 예민하지도 않다. 보통 승용차처럼 매일매일의 출퇴근에도 사용할 수 있는 슈퍼카라는 점은 포르쉐만의 매력이다.

슈퍼 스포츠카인 911과 고성능 로드스터인 박스터, 이렇게 단 두 종의 라인업만을 갖고 있던 포르쉐는 SUV 카이엔을 선보이면서 또 한 번의 도약을 준비했다. 포르쉐 오너들 중에는 카레이싱 마니아보다 일반적인 운전 실력을 가진 사람들이 많다는 점에서, 그리고 포르쉐

포르쉐 카이엔을 사고는 싶은데 너무 흔해져서 고민이라면, GTS를 사면 된다. 이 차는 빠르고, 다이내믹하며, 운전이 재미있다. 값이 더 비싸고 절대 성능도 더 뛰어난 카이엔 터보S를 타는 사람들도 이 차는 결코 무시하지 못한다. 이 차는 터보S와는 다른 방향성을 갖고 있으며, 어쩌면 운전자의 실력에 따라 더 빠를 수도 있기 때문이다.

의 가장 큰 시장인 미국에서 가장 잘 팔리는 차종 중 하나가 SUV라는 점에서 카이엔의 등장은 불을 보듯 뻔했다. 그리고 포르쉐 911을 닮은 날렵한 노즈와 볼록한 엉덩이 라인을 갖춘 카이엔은 등장하자마자 전 세계에서 선풍적인 인기를 끌었다. 카이엔의 V6 버전은 가장 저렴한 포르쉐로서 저변 확대에 힘썼고, 터보 모델은 SUV도 포르쉐가 만들면 다르다는 사실을 증명했다. 그러나 그걸로 끝이라면 포르쉐가 아니다. 이미 말하지 않았나. 포르쉐는 사람을 미치게 만들 줄 안다고. 포르쉐는 카이엔 터보에 만족하고 있던 고객들의 뒤통수를 세게 한 대 내리쳤다. 405마력짜리 자연 흡기 V8 엔진을 장착한 카이엔 GTS가 새로 등장한 것이다. 포르쉐의 'P'도 모르는 주제에 폼만 잡는 사람이라면 "카이엔 터보는 520마력이나 되는데……." 하며 빈정댈지도 모른다. 그러나 포르쉐에 걸맞은 운전 실력까지 갖춘 사람이라면 'GTS'라는 엠블럼이 뭔가 석연치 않다고 느낄 것이다. 그렇다. 이 차는 엔진의 힘이 아니라 차체의 날렵함과 밸런스로 속도를 내는, '운전의 재미'를 위한 차인 것이다. 자연 흡기 엔진을 장착한 911 GT3가 911 터보를 코너에서 제압하듯, 이 차는 직선에서 앞서 나간 카이엔 터보를 코너에서 앞지를 수 있다. 포르쉐의 홍보 담당자 마이클 바우만(Michael Baumann)은 카이엔 터보가 있는데 왜 GTS가 또 나왔냐는 질문에 "우리가 누구이고, 어디에서 왔는지 알려 주고 싶어서."라고 대답했다. 음, 뭔 말인지 알 것 같다.

포르투갈의 휴양지 파루(Faro)에서 만난 카이엔 GTS는 커다란

SUV인 주제에 차체를 시뻘건 색으로 칠한 채 땅바닥을 핥기라도 할 듯 낮게 웅크리고 앉아 있었다. GTS는 스포츠성을 중시한 서스펜션을 장착해 다른 카이엔보다 24밀리미터 낮다. 낮은 차체는 커다란 21인치 휠과 어우러져 완전히 다른 차처럼 보인다. SUV라기보다는 해치백 스포츠 모델을 보는 듯한 기분이다. 사이드 월이 얇은 광폭 타이어는 오프로드 주행을 살짝 양보한 대신 아스팔트 노면을 더 강력하게 움켜쥘 수 있다. 시동 키를 스티어링 휠 왼쪽에 꽂고 (왼손으로 시동을 거는 동안 오른손으로 변속할 수 있다. 즉 더 빨리 출발하는 포르쉐의 명령이다.) 시동을 걸면 V8 엔진 특유의 그르렁거림이 시작된다. 낮은 배기음이 주차장 벽에 부딪치면서 맑은 새벽 하늘에 공명음을 퍼뜨리고 있었다. 기분 좋은 클러치의 연결감을 느끼면서 출발하면, 운전자는 거대한 SUV를 몰고 있다는 사실을 잊게 된다. 액셀러레이터의 반응에 민감하게 반응하면서 차체가 달리기 시작하고, 스티어링 휠을 과격하게 잡아 돌려도 차체가 전혀 뒤뚱대지 않는다. 에어 서스펜션과 매칭된 포르쉐 특유의 전자 장비 PDCC● 덕분에 구불구불한 포르투갈의 산길에서도 전혀 멀미를 느끼지 않을 수 있다. SUV란 높다란 차체와 거대한 덩치 때문에 전후좌우로 요동치게 마련이건만,

● 포르쉐 다이내믹 섀시 컨트롤(Porsche Dynamic Chassis Control)의 약자. 차체를 언제나 수평으로 안정되도록 만들어 준다.

포르쉐의 마법은 중력과 원심력으로부터 카이엔을 해방시켰다. 또 요철에 의한 충격을 완전히 거르면서도 노면의 마찰 상황은 운전자의 엉덩이로 빠짐없이 전해 준다. 포르쉐의 섀시 개발 담당자가 GTS의 에

어 서스펜션이 터보의 그것보다 훨씬 스포티할 거라고 말하며 던진 윙크의 의미를 이해할 수 있었다.

노면 정보에 신경 쓰거나 차체의 거동을 추스르는 데서 해방됐다는 것은 이 차가 정말 빨리 달릴 수 있다는 사실을 의미한다. 그래, 이건 포르쉐였지. 쫀득쫀득한 매뉴얼 시프트레버를 2단으로 밀어 넣고 단숨에 액셀러레이터를 바닥까지 밟아 넣었다. 키아아아앙! 엔진이 날카롭게 돌면서 차체 뒤쪽으로 중저음의 배기 사운드가 펼쳐졌다. 룸미러로 슬쩍 보니 내가 일으킨 먼지바람 때문에 뒤따라 달리던 중국 시승 팀들이 우왕좌왕하고 있었다. 그들은 잠시 따라오려고 노력하는가 싶더니 코너를 두 개 정도 돌고 나자 완전히 시야에서 사라졌다. 4바퀴 구동의 막강한 접지력과 405마력의 파워는 좁고 굽이진 도로를 마치 롤러코스터처럼 달릴 수 있게 해 주었다. 코너 앞에서 감속하고 방향을 바꾼 후 재가속하는 모든 장면에서 잠깐의 타임 로스도 없었다. 물 흐르듯 빠르게, 그것도 내가 원하는 대로 진행하는 자동차란 정말 사랑스러운 존재다. 실로 오랜만에 담배를 피워 무는 것도, 음질 좋기로 유명한 보스 사운드 시스템을 트는 것도 잊은 채 운전에 몰두할 수 있었다.

시승 코스는 약 200킬로미터에 달하는 와인딩과 70킬로미터가량의 고속도로였다. 우리는 200킬로미터의 와인딩을 두 시간 남짓한 시간에 달렸고, 고속도로에서 계기반 상 최고 시속 265킬로미터(포르쉐 발표치는 시속 253킬로미터다.)를 확인한 후에야 제정신으로 돌아왔다. 말 한

405마력짜리 자연 흡기 V8 엔진을 장착한 카이엔 GTS는 엔진의 힘이 아니라 차체의 날렵함과 밸런스로 속도를 내는, '운전의 재미'를 위한 차다. 스포츠성을 중시한 서스펜션을 장착해 다른 카이엔보다 차체가 낮아서 SUV라기보다는 마치 스포츠카처럼 민첩하게 움직인다.

마디 없이 옆 자리에 앉아 있던 동승자는 내리자마자 차 한 대가 간신히 지나갈 좁은 코너를 120킬로미터로 돌았다며 나를 정신병자 취급하고 있었다. 그렇다고 운전대를 잡은 그가 정상적인 상태였던 것은 아니다. 평소에는 털털하면서도 자상한 성격인 그가 운전대를 잡자마자 콧김을 내뿜으면서 눈초리를 올리던 것을 나는 똑똑히 기억하고 있다. 사회적으로 인정받는 성공한 남자를 이처럼 흥분하게 만들 수 있는 게 또 어디 있을까. 비욘세와의 하룻밤? 대선 후보와의 점심식사? 음, 적어도 나는 포르쉐의 운전대를 그중 어떤 것과도 바꿀 마음이 없다. 이 거대한 포르쉐는 시내를 거들먹거리며 천천히 크루징하는 것은 물론이고 고속도로에서 법정 속도의 세 배 가까운 속도로 내달리거나 와인딩을 춤추듯 공략하는 것도 무척 어울린다. 만약 카이엔의 구입을 염두에 두고 있다면 GTS를 잊지 마라. 그리고 카이엔 터보의 오너라면 와인딩에서 이 녀석과 배틀하는 것만은 피해라. 카이엔 GTS는 SUV인 주제에 스포츠카처럼 달리는 반직왕이니까.

제4부
세상을 만나게 해 준 내 인생의 자동차

린란드 설원에서부터 아프리카 초원까지, 메르세데스 벤츠의
박물관에서부터 벤틀리가 태어나는 공장까지, 24시간의 르망까즘을
만끽하게 해 준 프랑스 르망에서부터 그 어느 레이스보다
가슴 두근거린 대한민국 영암의 F1 현장까지,
비포에서 시동시 눈 N세대다님은 세상을 만나게 해 주었다.

벤틀리의 위대한 유산

벤틀리(Bentley). 그 이름은 도대체 언제부터 우리와 친숙해진 걸까. 불과 몇 년 전만 해도 자동차 마니아가 아니면 이름조차 모르던 브랜드, 설명하려고 하면 '롤스로이스의 스포츠카 디비전'이라는 수식어가 필요했던 브랜드가 어떻게 우리나라에서 가장 인기 있는 럭셔리 카 브랜드로 자리 잡을 수 있었을까.

히드로 공항으로 향하는 보잉 747 안에서 나는 그 해답을 찾아보려고 노력하고 있다. 그러고 보니 내가 지금 타고 있는 이 기대한 알루미늄 덩어리가 하늘을 시속 955킬로미터로 날 수 있도록 만드는 롤스로이스 엔진도 벤틀리의 친척이다. 최고의 비행기 엔진, 세계에서 가장 비싸고 호화로운 럭셔리 자동차, 대영제국의 빛나는 과거를 상징하는 '롤스로이스'의 피는 사실 벤틀리에게 더 강하게 흐르고 있다. 영국 체셔 주 크루(Crewe)에 위치한 벤틀리 공장은 1940년대부터 2002년까지 롤스로이스와 벤틀리가 함께 사용하고 있던 곳이다. '롤스로이스'와 '벤틀리'라는 이름으로 20세기에 수놓은 모든 영광은 맨체스터 인근의 고즈넉한 크루 공장에 여전히 남아 있었다. 사라진 것은 '롤스로이스'라는 명칭뿐이다. 지난 30년 동안 가죽 시트를 만들기 위해 수천 마리 소의 가죽을 꿰매어 온 메리 아주머니도, 실내를 장식하기 위해 수백 그루의 나무를 다듬고 장식해 온 리처드 아저씨도 오래전 롤스로이스·벤틀리라는 영광의 이름을 달고 전 세계를 호령하던 시절부터 지금의 일을 해 왔다.

자동차 공장이라기보다는 수공예 공방을 연상시키는 벤틀리 공장은 오랜 전통과 최신 설비가 함께 어우러진 특이한 분위기였다. 수십 명은 족히 되었음직한 가죽공예, 목공예 장인과 도구들이 공장 안에 가득했지만 조명은 뉴욕의 세련된 레스토랑처럼 밝았고, 배경음악으로는 블랙 아이드 피스(Black Eyed Peas)의 'Boom Boom Pow'가 흐르고 있었다. 우선 자동차 공장에서 쉽게 찾아볼 수 있는 로봇은 만날 수 없었다. 대부분의 공정은 사람의 손으로 이루어지는데, 컨베이어 방식을 사용하기는 하지만 움직이는 속도가 워낙 느려 거의 움직임을 느끼지 못할 정도였다. 만약 대량생산으로 돈을 버는 토요타나 현대자동차의 공장 책임자가 이 광경을 봤다면 혈압이 올라 사망했을지도 모른다.

이 공장에서는 하루에 서른 대가 채 안 되는 벤틀리를 생산한다.

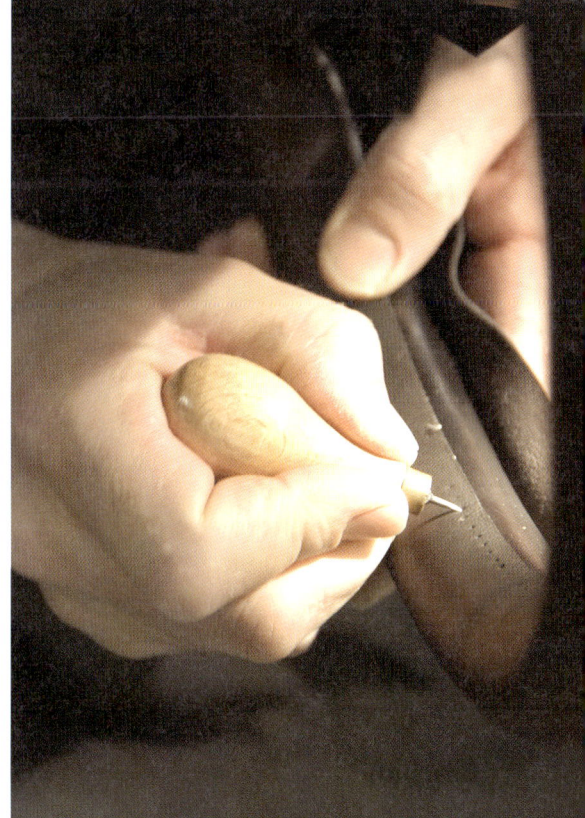

수공예 귀비등 연상시키는
벤틀리 공장은 오랜 전통과
최신 설비가 함께 어우러진
독특한 분위기였다. 수십 많은
축하 되었음 직한 가죽 위에
옹공에 장인가 도구들이 공장
안에 가득 했지만 조명도 특석의
레스토랑서럼 뒤였고, 치장
의 음악에 흐르고 있었다.

이 공장에서는 하루에 서른 대가
채 안 되는 벤틀리를 생산한다.
인건비와 원자재 효율보다는
장인의 손길과 정성으로
만들어진다. 그래서 벤틀리는
완벽한 차를 원하는 사람에게
더 어울리는 차다.

보통 사람들의 눈에는 벤틀리의 목공예 장인이 무늬가 마음에 안 든다며 멀쩡한 원목을 통째로 버리는 모습도, 행여나 상처를 입을까 봐 울타리도 치지 않은 넓은 벌판에서 방목한 소의 가죽만 사용하는 것도 미친 짓처럼 보일지도 모른다. 원가 절감을 위해 나사 개수를 줄이고, 용접을 조금이라도 덜 할 수 있는 방법을 찾는 사람들에게는 절대 이해할 수 없는 세계다. 벤틀리는 인건비와 원자재 효율보다는 장인의 손길과 정성으로 만들어진 완벽한 차를 원하는 사람에게 더 어울리는 차다.

이 차가 감성과 헤리티지에 가치를 부여할 줄 아는 사람에게 어울린다는 사실을 증명하기 위해 벤틀리는 적당한 시승 코스를 마련해 두고 있었다. 나는 비행기를 타고 스코틀랜드로 날아갔다. 벤틀리는 특급 호텔이 아니라 맥켈란 위스키를 만드는 양조장에 잠자리를 마련해 두었다고 했다. 그러고 보니 오랜 시간과 애틋한 정성을 들여 만들어진 후, 최고의 환희를 맛보게 한다는 점에서 스카치 위스키와 벤틀리는 무척 닮았다.

스코틀랜드 애버딘 공항에는 검은색 컨티넨털 GT 스피드가 마중 나와 있었다. 보닛 아래 560마리의 말을 숨긴 이 초호화 스포츠카는 가만히 서 있을 때는 그 위력을 전혀 느낄 수 없다. 그리고 그런 점이 얄미울 정도로 매력적이다. 마치 타이트한 슈트를 입은 격투기 선수 같은 느낌. 검은 슈트를 차려입은 나이 지긋한 영국 신사가 검은 머리 동양인을 위해 운전석 문을 열어 주고는 총총걸음으로 사라지자 공항 주변에 서 있던 모든 사람들이 나를 마치 데이비드 베컴이라도 되는 것처럼 쳐다보고 있었다.

본고장에서 접하는 오른쪽 핸들은 왠지 위엄이 느껴졌다. 내 오른발이 가하는 압력에 따라 W형 12기통 엔진이 내뿜는 콧소리 섞인 교성을 들으면서 스코틀랜드의 고원지대를 달리는 기분은 나쁘지 않았다. 정확히 말하자면 첫사랑 여자아이와 첫 키스를 하던 그 봄날 그때처럼, 지금 내가 느끼고 있는 이 감정이 금세 사라져 버릴 것 같아 안타깝기 그지없었다. 품에 안고 있는데도 더 안고 싶은, 이미 갈비뼈가 으스러질 정도로 껴안고 있는데도 그녀의 몸속으로 더 깊숙이 안기고 싶은 그런 기분.

나는 스코틀랜드의 청명한 하늘과 들판과 나무의 향기를 더 많이 마셔 버리고 싶어서 액셀러레이터를 더욱 밟았다. 속도계가 시속 250킬로미터를 넘어 300에 가까워지는데도 조수석에 앉은 벤틀리 직원은 말리기는커녕 강한 스코틀랜드 악센트로 "이 엔진 정말 끝내주지 않나요?"를 연발하고 있었다. 그는 이다음에 나올 GT 슈퍼스포츠는 더 환상적일 거라고 했는데, 사실 이 이상 더 어떻게 환상적일 수 있는지 잘 와 닿지 않았다. 그러나 그걸 입 밖으로 내면 플라스틱으로 흉내 낸 우드 그레인과 진짜 나무를 깎아서 만들어 낸 우드 그레인을 구별 못 하는 사람과 다를 바 없을 것 같아 그냥 참았다. 최고의 가죽, 최고의 나무를 고르듯이 최고의 엔진을 고르다 보면 거기에 GT 슈퍼스포츠가 있는 거겠지.

제 4 부 세상을 만나게 해 준 내 인생의 자동차

벤틀리는 우리나라에서 가장 단기간에 가장 유명해진 자동차라고 해도 과언이 아닐 것이다. 클래식하고 위엄 있는 외모에 스포티한 성능이 조합되어 수많은 사람들의 가슴을 뛰게 만들고 있다. 여성 팬이 상당히 많다는 점도 벤틀리의 특이한 점인데, 아마도 실내를 장식한 최고급 가죽과 원목에 반응하는 것이 아닐까?

너무 운전에 몰두했었는지 그가 "펄리스! 펄리스!" 하고 외치고 있었음에도 하마터면 경찰차를 시속 300킬로미터로 추월할 뻔했다. 우리가 규정 속도의 세 배에 가까운 속도로 달리다가 헐레벌떡 속도를 줄였다는 사실을 뻔히 알고 있었을 텐데도 경찰차는 창문을 열더니 추월해 가라고 손짓을 했다. 인심 좋은 시골 경찰이어서인지 이 차가 벤틀리였기 때문인지는 확실하지 않지만, 경찰이 과속을 묵인한 이상 우리의 앞길을 가로막는 건 야생 비둘기뿐이었다. 커다란 뿔과 구불구불한 긴 머리카락을 자랑하는 고산지대 소는 멀뚱멀뚱 쳐다보기만 할 뿐 우리에게는 관심이 없어 보였다.

벤틀리를 타고 이동한 곳은 스코틀랜드의 유서 깊은 귀족 이네스(Inness) 가문의 고택이었다. 1600년대에 지어진 이 집의 주인은 자신이 살고 있는 이곳이 '성(城)'이 아니라 '집'이라는 데 매우 자부심을 갖고 있었다. 높은 담과 해자가 없이도 400여 년의 풍파로부터 가문을 지켜 냈다는 자부심 때문이리라. 벽에는 제1차 세계대전에 쌍엽기를 몰고 참전했다는 할아버지의 사진, 제2차 세계대전에 참전했던 아버지의 사진, 그리고 월남전에 참전했던 자신의 사진이 차례로 걸려 있었다. 그는 가족사진 속의 갓난아기를 가리키며 포클랜드 전쟁에서 잃은 둘째 아들이라고 소개했다. 우리가 안내받은 식당에는 집주인의 고모들을 그린 거대한 초상화가 걸려 있었는데, 그중 막내는 007 제임스 본드를 창조한 이언 플레밍(Ian Fleming)의 어머니였다. 우리는 제임스 본드가 만약 벤틀리의 현행 모델 중에서 애마를 고른다면 어떤 차가 가장 어울릴 것인가라는 주제로 대화를 나누며 저녁식사를 했다.(오리지널 소설에서 제임스 본드는 애스턴 마틴이 아니라 벤틀리를 탔다.) 정원에서 들려오는 백파이프 소리를 배경으로 스코틀랜드의 게으른 해가 뉘엿뉘엿 지고 있었다. 오렌지 빛의 맥켈란 싱글 몰트 위스키를 홀짝이고 있자니 열정, 역사, 여유, 노블레스 오블리주, 그리고 낭만의 복잡한 맛이 동시에 느껴졌다. 싱글 몰트의 이런 불타는 듯한 강렬함이 예전엔 싫었는데 그날은 왠지 달콤했다. 벤틀리에 어울리는 사람이 되는 것은, 어쩌면 크루 공장에서 만들어진 벤틀리를 한 대 구입하는 것보다 훨씬 어려운 일일지도 모르겠다는 생각이 들었다. 바로 그렇기 때문에 가치가 있고, 그렇기 때문에 수많은 사람들이 그 가치를 위해 달리고 있는 것이리라.

메르세데스 벤츠의 성지 순례기

따리리링. 바이크를 타고 도산대로를 달리고 있는데 전화벨이 울렸다. 메르세데스 벤츠 담당자의 전화번호가 떴다. 전화기를 꺼내어 헬멧과 얼굴 사이의 공간에 끼워 넣었다. 이렇게 전화를 받으면 상당히 퀵서비스처럼 보이지만, 내가 자동차 담당 기자라는 직업을 갖게 된 건 메르세데스 벤츠가 '자동차'라는 물건을 발명해 낸 덕분이기 때문에 전화를 받기로 했다. 용건은 메르세데스 벤츠의 고향인 독일 슈투트가르트에 가서 메르세네스 박물관과 클래식 센터를 둘러보고, 최신 차량들도 시승해 보자는 것이었다.

아아아, 말하자면 자동차 성지 순례를 하자는 얘기다. 문제는 시기였다. 그들의 스케줄에 따르면 한국을 떠나 슈투트가르트행 비행기에 올라야 하는 건 17일. 매달 17일은 내가 일하는 잡지사의 마감이 끝나는 날이다. 잡지사 기자가 마감 때 자리를 비운다는 건 상상도 할 수 없는 일이지만, 메르세데스 벤츠의 고향에서 그들의 탄생에서부터 지금까지의 발걸음을 둘러볼 기회를 갖는다는 건 자동차 담당 기자로서 욕심나는 일이 아닐 수 없었다. 자비로운 우리 편집장도 내가 군침을 흘리는 걸 알아채고는 마감 마지막 날 자리를 비우는 것을 허락해 주었다. 그는 화장실에서 일을 보고 뒤처리 제대로 안 하는 것처럼 출장을 떠나는 내게 "한 번만 더 마감 제대로 안 끝내고 출장 가면 책상 뺀다."는 덕담도 잊지 않았다. 자동차를 좋아하는 사람에게 메르세데스 벤츠란 특별한 존재다. 잡지사 기자가 마감 도중에 뛰쳐나갈 정도이니 얼마나 중요한지 알 수 있다. 그도 그럴 것이 '자동차'라는 탈것을 만든 게 바로 그들이니, 메르세데스 벤츠를 논하지 않고 자동차에 대해 이야기한다는 건 거의 불가능에 가깝다.

고틀리프 다임러(Gottlieb Daimler)는 1885년 '소형 가솔린 기관을 이용해 말(馬) 없이 달리는 수레'를 가능케 했다. 다임러는 자신이 고안한 내연기관을 자전거에 설치하는 특허를 받아 세계 최초로 모터사이클을 제작했고, 1887년에는 최초의 사륜차도 만들었다. 그는 회사의 투자자였던 에밀 옐리네크(Emil Jellinek)의 막내딸 이름을 자신이 만든 차에 붙였고, 그 이후로 '메르세데스'라는 이름은 최고급 자동차라는 의미로 통하게 됐다. 우리에게 익숙한 '벤츠'라는 이름은 다임러의 회사가 카를 프리드리히 벤츠(Karl Friedrich Benz)가 설립한 벤츠와 합병하면서 뒤에 붙게 되었다.

자동차가 인류에게 끼친 영향은 거의 종교와도 같다. 자신의 다리가 아니면 동물의 힘을 빌려 움직여야 했던 인간이 바퀴 네 개 달린 기계 덕분에 어디로든 이동할 수 있는 '자유'를 얻은 것이다. 종교가 영혼의 자유를 가져다주었다면 자동차는 육체의 자유를 가져다주었다. 미리 깔아 놓은 레일을 따라 달려야 하는 기차나 인간의 거주 공간이 아닌 영역에서만 움직일 수 있는 배, 비행기와는 차원이 다른 탈 것이다.

다임러의 발명 이후로 여러 나라에서 수많은 자동차가 쏟아져 나왔지만 메르세데스 벤츠는 가장 앞선 기술력을 갖고 있다는 사실을 수많은 자동차 경주를 통해 증명했다. 레이스에서는 날렵한 레이싱 카로 라이벌을 압도했고, 시장에서는 고급스럽고 거대한 세단으로 소비자들의 감탄사를 이끌어 냈다. 진보적인 설계 사상과 정성스러운 공작 솜씨 덕분에 그들은 전 세계에서 절대적인 신뢰를 얻었고 이후로 100년이 넘는 시간 동안 그 신뢰를 유지하고 있다.

슈투트가르트에 문을 연 박물관에 가 보면 그 비결을 금세 알 수 있다. 이 거대한 역사 교과서에 들어가면 거대한 백마와 처음 마주치게 된다. 메르세데스 벤츠가 없었다면 아직도 인간을 등에 태우고 혹사당해야 했을 동물이다. 백마를 지나면 메르세데스 벤츠가 만든 첫 번째 자동차를 만날 수 있다. 그리고 나선 모양으로 진행하면서 메르세데스 벤츠가 만들어 온 수많은 자동차를 시대별로 만날 수 있다. 내 방 벽에 오랫동안 붙어 있었던 300SL과 맥라렌 SLR을 실물로 보자

메르세데스 벤츠의 고향인
독일 슈투트가르트에 위치한
박물관과 컬렉션 센터.
메르세데스 벤츠 박물관은
입구에서 엘리베이터를 타고
맨 꼭대기로 올라간 후 아래로
내려오면서 관람하는 구조다.
나선 구조로 내려오면
메르세데스 가문들이 본
주었던 자동차 및 시대별로
만날 수 있다.

제4부 세상을 만나게 해 준 내 인생의 자동차   211

박물관의 맨 윗층에서 엘리베이터의 문이 열리면 가장 먼저 만날 수 있는 것이 바로 이 말이다. "우리가 아니었으면 아직도 이걸 타고 다녔을지도 몰라."라고 어필하는 것이다. 메르세데스 벤츠가 없었다면 아직도 인간을 등에 태우고 혹사당해야 했을 동물이다.

김태희와 키스라도 한 것 같은 기분이었다. 다이애나 왕세자비가 타던 SL, 링고 스타가 타던 E55 AMG, 요한 바오로 2세가 타던 G바겐도 실제로 볼 수 있었다. 놀라운 것은 옛 자동차의 완성도나 화려함이 아니라 그 보존 상태가 매우 우수할 뿐 아니라 당시의 서류까지도 완벽한 상태로 보관되어 있다는 점이었다. 메르세데스 벤츠 박물관의 책임자는 자신들의 모든 설계도가 여전히 보관되어 있다며 자랑스러워했다. 우리나라 자동차 회사가 최초의 자동차는 물론 불과 10년 전에 만든 자동차도 보존하고 있지 않은 것을 생각하면, 그들의 치밀함을 엿볼 수 있었다. 지난달에 쓴 영수증조차 제대로 못 챙겨서 언제나 서무과 직원들에게 미안해 하는 내게는 이들이 너무나도 위대해 보였다.

'메르세데스 벤츠' 하면 사실 어느 한 모델이 떠오르지 않는다. 대부분의 자동차 회사는 가장 잘 팔리는 모델이 있고, 그 차가 대표적인 이미지가 되기 마련이지만, 메르세데스 벤츠는 초소형 경차에서부터 트럭에 이르기까지 수많은 모델을 갖추고 있어서일 것이다. 메르세데스 벤츠는 최초의 내연기관을 만든 이래 로터리 엔진이나 데스모드로믹(desmodromic) 등의 실험성 강한 얼터너티브 엔진(4행정 DOHC 기관의 대안)을 만드는 데도 많은 힘을 기울였다. 직렬 4기통부터 V6, V8, V12 트윈 터보까지 빈틈없이 탄탄한 라인업을 갖출 수 있었던 것도 그 덕분이다. 그뿐 아니라 메르세데스 벤츠는 하이브리드, 청정 디젤, 연료 전지와 디조토(Diesotto)에 이르기까지 미래를 위한 대안도 가장 많이 갖고 있으며 그 완성도 또한 높다. 하이브리드나 연료 전지 차를 이미 시판하고 있는 자동차 회사도 있지만, 아직까지는 이미지 전략에 가깝다. 벤츠가 그 기술을 이미 확보하고 있으면서도 시판을 미루고 있는 것은 반짝 마케팅 전략으로 사용하기보다는 제대로 내연기관의 뒤를 이을 수 있을 때 내놓겠다는 의지 때문이다. 이 선구지는 워닉 내세우기보다는 우직하게 '모터리제이션(motorization)'을 진행시키는 데 능하다. 그리고 그 어른스러움이 세 꼭지 별을 최고의 브랜드로 인정받게 만드는 힘이기도 하다.

메르세데스 벤츠는 슈튜트가르트를 감싸고 있는 슈바르츠발트

'디젤(DIES)' 엔진과 가솔린 엔진을 뜻하는 '오토(OTTO)'를 결합한 단어로, 메르세데스 벤츠가 디젤 엔진의 연료 효율성과 가솔린 엔진의 친환경성을 접목하여 개발한 미래형 엔진이다.

다임러의 내연기관 발명 이후로 여러 나라에서 수많은 자동차가 쏟아져 나왔지만 메르세데스 벤츠는 가장 앞선 기술력을 갖고 있다는 사실을 수많은 자동차 경주를 통해 증명했다. 레이스에서는 날렵한 레이싱 카로 라이벌을 압도했고, 시장에서는 고급스럽고 거대한 세단으로 소비자들의 감탄사를 이끌어 냈다.

(Schwarzwald, 전나무가 빽빽하게 들어차 있어 '검은 숲'이라는 이름이 붙은 삼림 지대)를 무대로 우리에게 시승을 제안했다. 벤츠가 자랑하는 전륜구동(AWD) 시스템인 4매틱을 장착한 차 여러 대와 AMG의 고성능 차량 여러 대, 그리고 연료 전지 차가 우리를 위해 준비됐다. 메르세데스 벤츠를 한 번도 타 본 적이 없는 사람을 위해 한마디로 정리하자면, 이 회사가 만든 차는 뭐든지 세계 최고다. 더 빠른 차도 있고 더 비싼 차도 있지만, 메르세데스 벤츠는 그래도 최고의 자동차다. 롤렉스 한 번 차 본 적 없이 브레게를 논하는 시계 수집가가 바보 같아 보이듯, 메르세데스 벤츠 없이 페라리를 가져 봐야 아무 의미가 없다. 이 차의 디자인은 수십 년이 지난 후에도 아름답게 느껴질 것이고(메르세데스 박물관의 모든 차가 아름답듯이) 이 차의 엔진은 지금까지의 모든 벤츠 엔진이 그랬듯이 충직하고 안정적으로 여행을 도와줄 것이다. 안전 장비와 인테리어, 편의 장비에 이르기까지 자동차의 모든 구성 요소를 믿어도 좋다. '신뢰'라는 것은 한순간에 얻어지는 것이 아니기 때문이다.

    나파 가죽으로 마감된 운전석에 앉아 있을 때 이 차는 별다른 감흥을 주지 않는다. 흉포한 배기음도, 날카로운 핸들링도 없다. 이런 자극들은 부드럽게 넘실대며 도로 위를 흘러기는 세 꼭지 별의 위용을 감상하는 데 방해가 되기 때문이다. 보닛 위의 세 꼭지 별은 바깥에서 볼 때보다 운전석에서 볼 때 더 멋지다. 당신도 그 감동을 느낄 수 있기를 바란다. 그리고 그 경험은 당신이 인생을 성공적으로 살았다는 증거이기도 하다. 메르세데스 벤츠는 그런 차다.

세팡 서킷에서 체험한 주말 레이서의 세계

내 친구 중에는 운전대만 잡으면 돌변하는 녀석이 있다. 평소에는 말도 별로 없고 조용한 데다 무척 예의 바른 녀석인데, 운전을 할 때는 마치 러시아워의 택시 기사처럼 변한다. 차선 두 개 걸치기는 기본이고, 누군가 자기를 추월하는 것을 절대로 용납하지 않는다. 이 녀석은 깜박이를 켜는 차가 있으면 피해 주는 게 아니라 가속해서 가로막아야 하는 줄 알고, 법규상 우선 조건이 어떻든 간에 자기가 먼저 가야 한다고 믿는다. 전형적인 대한민국 남자라는 이야기다.

그가 운전하는 걸 본 사람들은 "그렇게 운전할 거면 도로에서 그러지 말고 서킷으로 가라."고 말하곤 하는데, 내 입장에서는 제발 말리고 싶다. 우리나라 사람들은 서킷을 '밑도 끝도 없이 쏠 수 있는 곳'으로 생각하는 경향이 있는데, 그건 사실이 아니다. 서킷은 공공도로

보다 훨씬 엄격한 규칙이 적용되고, 서로의 안전을 위한 배려가 있어야 하는 곳이다. 그렇기 때문에 그 빠른 속도로 달릴 수 있는 것이다. 내 친구 녀석이 레이스에 나간다면 한 바퀴도 다 돌지 못하고 자신뿐아니라 다른 차에게까지 피해를 주며 경기를 종료시키고 말 것이다. 서킷은 그런 곳이 아니다.

서킷의 역사는 고대 그리스와 로마 시대로 거슬러 올라간다. 당시의 서킷에서는 경마나 마차 경주가 치러졌는데, 가장 인기 있는 스포츠이자 수많은 인파를 모을 수 있는 정치적 수단이기도 했다. 중세 시대를 거쳐 지금까지 이어져 오는 동안에도 서킷의 용도와 사회적 가치는 크게 변한 것이 없다. 서킷은 여전히 세계에서 가장 인기 있는 스포츠 공간이자 문화 공간이자 정치 수단이다. 현대 산업사회가 발전하면서 변한 점이 있다면 거대한 비즈니스 공간으로서의 역할이 추가됐다는 것이다.

말레이시아 세팡(Sepang) 서킷은 비교적 최근에 지어진 현대적인 서킷 중 하나이지만, 전통적인 서킷의 존재 의의를 그대로 담고 있는 곳이기도 하다. 말레이시아는 프로톤(Proton)이라는 자동차 회사를 만들면서 자동차 제조와 모터스포츠 산업을 국책사업으로 키우기 시작했다. 프로톤 자동차의 CEO는 말레이시아 총리가 맡았고, 온 나라가 함께 서킷 건설에 전력투구하는가 싶더니만 1999년 이래로 십여 년이 넘게 F1 그랑프리를 유치하고 있다. 전 세계에서 관광객이 몰려들고 있을 뿐 아니라 F1과 관련 있는 수많은 회사들이 이곳에서 행사를

말레이시아의 세팡 서킷에서
열리는 포르쉐 카레라 컵
아시아. 수많은 포르쉐가
참가해 순위를 다투지만
레이서들은 대부분
아마추어이다. 교통수단으로서
세우는 것이 아니라 도구로서
서킷에서 세운다.

제 4 부 세상을 만나게 해 준 내 인생의 자동차

개최한다. 말레이시아가 F1과 관련해 벌어들이는 돈의 규모는 자그마치 1조 원대에 달하며, 그 규모는 매년 커지고 있다. 프로톤 자동차는 아직 세계적으로 널리 알려진 차는 아니지만 최근 선보이는 모델들은 꽤 멋지다. 무엇보다 F1 개최 국가답게 스포티한 외관을 갖춘 게 특징이다. 쿠알라룸푸르 시내에서 세팡 서킷을 향하는 동안 만났던 프로톤 자동차는 모델도 생각보다 다양하고 젊은 취향이어서 우리나라에 수입해도 꽤 팔릴 것 같다는 생각이 들었다.

세팡 서킷에 도착하자 주차장에서부터 자동차를 좋아하는 사람들이 모인 곳이라는 분위기가 느껴졌다. 주차장에 서 있는 차들은 대부분 크고 작은 튜닝이 되어 있었는데, 모양을 중시하는 우리나라 튜닝 분위기와 달리 이곳은 서킷 주행을 위한 본질적인 것들에 튜닝을 했다. 세계에서 다섯 번째로 자동차를 많이 만드는 우리나라이지만, 모터스포츠 부문에서는 확실히 말레이시아에 뒤처져 있음을 주차장에 늘어선 차만 보고도 느낄 수 있었다.(국내 자동차 회사의 마케팅 담당자들은 우리나라에서 F1이 열리는 걸 알기는 알까?) 우리나라에서 얼굴 좀 예쁘다 하는 여자 운동선수들은 모두 자동차 메이커의 스폰서 로고를 달고 경기를 뛰는데, 자동차와 직접적인 관련이 있는 모터스포츠에는 왜 그리도 인색한지 알 수가 없다. 보나마나 자동차보다 여자를 좋아하는 '보통 사람'이니까 그럴 테지만.

말레이시아에 아시아 각국의 자동차 저널리스트들이 모인 이유는 이곳에서 포르쉐 카레라 컵 아시아(PCCA) 레이싱 경기가 열리기 때문이다. 카레라 컵은 포르쉐 카레라의 레이스 전용 차량인 911 GT3 RS로 펼쳐지는 원 메이크 레이스 경기다. 특이한 점은 프로 레이서와 아마추어 레이서가 함께 달린다는 점이다. 포르쉐가 일반 오너들의 레이스 체험을 위해 마련한 이 경기는 유럽에서는 나라별로 열리고, 미국과 일본 등에서도 별도의 시리즈전이 열린다. 상대적으로 규모가 작은 아시아에서는 말레이시아, 중국 등을 오가며 다국적으로 경기가 진행된다. 이 경기가 전 세계에서 선풍적인 인기를 끌고 있는 이유는 911 GT3 RS 오너라면 '누구나' 레이서가 될 수 있다는 점 때문이다.

자동차 레이스는 아무나 나갈 수가 없다. 실력이 있으면 되지 않느냐고? 실력이 있어도 스폰서가 없으면 못 나간다. 물론 돈만 있어도 안 된다. 레이스는 아무리 돈이 많은 사람이라도 개인의 돈으로 참여할 수 있을 만큼 호락호락하지 않다. 전 세계에서 단 스물두 명만 차지할 수 있는 F1 드라이버의 자리에 앉으려면 세계 최고의 실력은 물론 스폰서와의 원활한 관계, 스타성 등 수많은 요소가 필요하다. F1까지 가지 않더라도 카레라 컵 규모의 레이스라면 사실 아무나 달릴 수 있는 경기는 아니다. 자동차의 성능이 워낙 뛰어날 뿐 아니라 유지·보수·관리 비용도 상당하기 때문에, 일반 도로에서 포르쉐 카레라를 타고 다니는 것의 몇 십 배, 아니 몇 백 배에 달하는 비용이 든다.

그런데 카레라 컵에 참가하고자 할 때 드는 비용은 고작(?) 3억 원 정도다. 3억 원을 들여 GT3 RS 경주차를 사면, 1년간 레이스를 할 때 드는 모든 비용은 포르쉐에서 대준다. 머캐닉도, 스태프도, 레이싱걸도, 모두 포르쉐가 제공한다. 연료도 포르쉐가 준비하고, 타이어도 포르쉐가 준비한다. 다음 경기가 열릴 나라로 경주용 차를 운반하는 것도 모두 포르쉐가 알아서 한다. 오너는 비행기를 타고 경기가 열리는 서킷에 가서 관객들의 열광적인 환호 속에 달리기만 하면 된다. 평소에는 열심히 자신의 생업에 종사하다가 주말이면 인기 레이서로 변신할 수 있는 것이다. 사업이 바빠서 도저히 시간을 낼 수 없거나 열기가 시들해지면 소유한 경주차를 팔면 된다. 현재 중고 시세는 약 2억 원. 그렇게 따지면 1년간 드는 비용은 겨우 1억 원(?)이다. 우리나라에서 취미로 즐기는 레이스에도 만만찮은 돈이 들어가는 것을 감안하면, 국제 서킷에서 프로 머캐닉의 정비를 받은 포르쉐 경주용 차를 타고 만원 관중 속을 달리는 비용치고는 싸다고 하지 않을 수 없다. 게다가 포르쉐 카레라 컵 아시아는 F1 경기 도중 중간 이벤트로 열리니, F1 드라이버들과 같은 코스에서 같은 관객을 두고 경기를 치르는 것이다. 관객들의 반응도 우리나라와는 완전히 다르다. F1 티켓이 최소 20만 원 이상이니, 본전을 뽑기 위해서라도 관중은 매우 열광적으로 반응한다. 한류 연예인을 보러 온 일본 관광객과 레이싱걸을 찍기 위해 몰려든 아마추어 사진가뿐인 우리나라 서킷과는 즐거움의 차원이 완전히 다르다.

아, 아마추어도 달릴 수 있다고 해서 GT3 RS가 아무나 몰 수 있는 평범한 스포츠카라고 생각하면 곤란하다. 이 경기에 참가하려면 로켓 수준의 가속력과 타이슨의 핵 펀치와도 같은 횡 G(횡가속도)에 견딜 수

GT3 RS는 일반 포르쉐와도
비교가 안 될 정도로 빠른
본격 레이싱 카다. 나도
운전 좀 한다고 하는데
GT3 RS의 조수석에 타고
세광 서킷을 두 바퀴 가량
돈 후에는 다리가 후들거릴
정도로 놀랐다.

제4부 세상을 만나게 해 준 내 인생의 자동차

프로톤은 말레이시아의 국영 자동차 회사다. 경쟁력이 있는 회사는 아니지만, 꽤 괜찮은 스포츠 모델도 만들어 내고 있다. F1이 열리는 나라인 데다 메르세데스 벤츠를 후원하는 페트로나스 정유 회사의 고향이기도 해서 모터스포츠 팬이 많다.

있는 체력, 다른 차에게 방해가 되지 않을 정도의 운전 실력이 필요하다. GT3 RS는 일반 포르쉐와도 비교가 안 될 정도로 빠른 본격 레이싱 카다. 나도 운전 좀 한다고 하는데, GT3 RS의 조수석에 타고 세팡 서킷을 두 바퀴가량 돈 후에는 다리가 풀려 걸음을 걸을 수가 없었다. 나를 태워 준 40대 드라이버는 처음엔 돈 많은 사업가일 거라고 생각했는데, 알고 보니 프로 레이서라고 해도 좋을 실력자였다.

서킷에서 열리는 경기는 고대 그리스 이래 누구나 즐길 수 있는 것이긴 했지만 어디까지나 주인공은 마주(馬主), 그리고 스폰서였다. 그런데 포르쉐 카레라 컵에서는 레이서가 차주(車主)이자 스폰서다. 게다가 함께 달리는 레이서들은 모두 아시아의 내로라하는 사업가들이다. 어느 서킷이나 본부석 꼭대기에는 VIP룸이 있는데, 그곳에서는 주로 스폰서들끼리 사업 이야기를 나눈다. 포르쉐 카레라 컵 아시아는 그 무대가 서킷과 패덕(paddock)으로 나뉜다. 레이서들끼리 사업 이야기를 하기도 하고, 새 여자친구를 소개하기도 하며, 여름휴가를 같이 보내자는 약속을 하기도 한다. 매우 품위 있고 열정적이며, 대중에게 열린 사교 공간인 셈이다. 만약 아시아권을 사업 무대로 삼고 있는 사람이라면, 포르쉐 카레라 컵 아시아는 좋은 기회가 될 것이다.

눈보라 휘날리며 외친 그 이름, 볼보

파리 샤를드골 공항을 거쳐 스톡홀름으로 향하는 비행기에 몸을 실었다. 스칸디나비아의 덩치 큰 금발 스튜어디스들은 비즈니스석에 앉은 승객의 어깨를 거대한 엉덩이로 툭툭 치면서 지나다닌다. 팔걸이에 기대어 책을 읽다가 그녀의 엉덩이에 치여 몇 번이나 움찔거리고 말았다. 하늘색 유니폼 차림의 상냥한 국적기 스튜어디스에 익숙해져 있다가 느끼는 이 불친절한 자유로움은 언제나 유럽에 왔다는 것을 실감하게 만든다.

차가운 공기와 잔잔한 호수 속에 바로크풍 건물이 늘어선 스웨덴의 수도 스톡홀름은 아무리 유럽 사대주의자라고 해도 그다지 열광할 만한 분위기는 아니다. 낯선 크로나 화폐 단위는 쇼핑 본능을 위축시키고, 어딜 가도 붐비지 않는 탓에 기분이 영 고조되지 않는 것이다.

스웨덴은 이번이 두 번째인데 이렇게 지나치게 차분한 분위기와 아무리 노력해 봐도 입에 맞지 않는 음식(바이킹의 후예들은 일어나자마자 절인 청어리로 해장한다.) 때문에 그다지 반가운 곳은 아니다. 가끔 거리를 지나다 보면 눈이 번쩍 뜨일 만한 금발 미녀가 지나가기도 하는데, 머리 크기가 나의 4분의 1밖에 안 되는 데다 눈동자가 파랗다 못해 투명하게 느껴지는 탓에 윙크를 날릴 엄두도 내지 못한다. 자고로 다가설 수 있어야 여자로서의 매력이 있는 법인데, 이건 뭐 텔레비전 속 김태희를 보는 것과 다를 바가 없다. 스톡홀름에 오면 누구나 구경하러 간다는 국회의사당과 왕궁을 둘러보면서도 별다른 감흥을 느끼지 못했다. 이 나라의 앞선 민주주의와 복지 정책에 대한 이야기를 듣고 있자니 괜스레 심통이 날 정도였다.

그러나 또 한 번 비행기를 타고 스웨덴 북부의 도시 키루나(Kiruna)에 도착하자 눈이 번쩍 뜨였다. 비행기 조종에서 가장 어려운 기술은 이착륙이라고 알고 있는데, 스칸디나비안 에어라인의 조종사는 눈으로 덮인 활주로에 멋지게 착륙을 시도하고 있었다. 뒷바퀴에 이어 앞바퀴가 노면에 닿자 나도 모르게 환호성을 지르고 말았다. 꽤 무서웠던 모양이다. 출입구가 열리고 트랩에 발을 딛자 한 번도 경험한 적이 없는 하얀 풍경이 나를 반겼다. 사방이 눈이다. 파란 하늘은 스톡홀름에서 만난 금발 미녀의 눈보다 더욱 파래서 눈이 아플 지경이었다.

비행장을 나서자마자 우리를 기다리고 있던 볼보 직원들이 서둘러 방한복을 나눠 주었다. 아닌 게 아니라 청바지의 재봉선으로 칼바람이 스며들고 있었다. 키루나의 낮 기온은 영하 10도. 오금도 못 펼 기온인데 바람이 없고 습도도 낮아 생각보다는 춥지 않다고 생각했더니만 손에 들고 있던 디지털 카메라가 손에 쩍쩍 들러붙었다. 내복과 방한복, 두꺼운 양말, 그리고 방한화를 나누어 주더니 얼어 죽기 싫으면 빨리 입으란다. 두바이와 남아프리카에서 온 일행들은 파랗게 질린 얼굴로 그 말이 떨어지기가 무섭게 탈의실로 뛰어 들어갔다.

'볼보 아이스 드라이빙'이라는 이름이 붙은 이 행사는 볼보가 매년 여는 행사로, 자동차 담당 기자들 사이에서는 꽤 평판이 좋았다. 기자 초년병 시절, 선배에게 가장 기억에 남는 출장에 대해 물었더니 이 행사를 꼽았다. 눈과 얼음으로 뒤덮인 곳에서 마음껏 운전하는 게 그렇게 즐거웠다나? 바짝 마른 아스팔트 위에서 타이어를 짓이기며 달리는 걸 좋아하는 나는 그의 취향을 이해할 수 없었지만 많은 사람들이 이곳 키루나를 추억하고 있었다. 그 이유를 알고 싶어 나도 꼭 한번 경험해 보고 싶다고 생각하던 차에 기회가 온 것이다. 이 행사의 취지는 추운 나라에서 개발된 차인 만큼 겨울철에 잘 달린다는 것을 어필하고, 볼보가 자랑하는 '생명을 구하는 차'라는 이미지를 부각시키기 위한 것이었다. 수입 차 개방 초기 볼보가 우리나라에서 가장 잘 팔리는 수입 차였던 것도 그 당시의 수입 차 소비자들이 '안전'을 최고의 가치로 삼았기 때문이다. 보나마나 볼보 인스트럭터들은 볼보의 최첨단 안전 장치와 빙판길 운전 요령에 대한 강의를 할 텐데 이 두꺼운 벙어리장갑을 끼고 어떻게 받아 적어야 할지 고민되기 시작했다.

북유럽은 겨울철이 되면 하얀 눈 외에는 아무것도 보이지 않는 풍경도 흔히 만날 수 있다.
그런 곳에서 태어난 볼보는 눈이 많이 내리는 데다 시내 도로의 고저차가 제법 큰 우리나라에서도
유용하게 쓰일 수 있다. 겨울 레포츠를 좋아하는 사람에게는 최고의 선택이다.

그러나 우리가 안내받은 곳은 시승용 자동차가 있는 곳이 아니라 헬리콥터 승강장이었다. 우리는 빨간 헬리콥터에 올라 키루나를 둘러봤다. 온통 눈으로 뒤덮인 인구 2만의 도시는 파스텔 톤의 주택과 천혜의 스키장, 그 이름도 유명한 아이스 호텔, 그리고 볼보 자동차의 탄탄한 차체를 가능케 하는 철광석 광산으로 빼곡했다. 헬기 투어가 끝나자 이번에는 스노모빌로 안내를 받았다. 우리는 2인 1조로 스노모빌에 올라 끝이 보이지 않는 눈밭을 달리기 시작했다. 저 멀리 지평선, 아니 설평선 너머 자그마한 태양이 보일 뿐, 눈이 닿는 곳 모두가 눈이었다. 산조차 보이지 않았다. 무릎 높이까지 쌓인 처녀설을 스노모빌로 가르는 재미는 각별했다. 첫 경험에 가슴이 부풀어 올라 차가운 공기를 한껏 들이마시자 폐가 서늘해지는 것이 묵은 때가 모두 벗겨지는 기분이었다.

나와 같은 조였던 두바이 녀석이 생전 처음 달려 보는 눈밭에 흥분해 나무를 들이받은 것 외에는 우리를 가로막는 것은 아무것도 없었다. 저 멀리 순록 한 마리가 이끼를 뜯다가 우리 일행을 발견하고는 깜짝 놀라 껑충껑충 뛰어갔다. 스노모빌로도 따라갈 수 없을 정도로 빠르다니 조금 놀랐다. 나무를 받은 이후 겁에 질려 내 뒷자리로 옮긴 두바이 녀석이 "저 순록 코가 빨갛지 않은 걸 보니 루돌프는 아닌 것 같다."며 웃기지도 않은 농담을 건넸다.

스노모빌을 타고 두어 시간을 끝도 없이 달려 도착한 곳은 오두막집이었다. 자동차 회사의 초청으로 내 돈 내고는 절대 못 갈 것 같은 초특급 호텔에서 자 본 적은 있어도 오두막에서 자 본 것은 처음이었다. 좁은 오두막 안에는 작은 페치카와 나무 침대, 두터운 침낭이 준비되어 있었다. 공동 화장실은 재래식이었으며, 공동 목욕탕에는 냉수 한 드럼과 난로 위에서 끓고 있는 한 대야의 물이 준비되어 있었다. 세계 각지에서 모인 우리 일행은 수련대회에 온 고등학생마냥 사우나 안에서 서로 물을 끼얹으며 놀았다. 터키 녀석이 "여긴 너무 춥다."고 하자 사우나 안에서 뭔 소리냐며 욕탕 바깥의 눈밭으로 그를 집어던졌다. 갑자기 분위기가 뜨거워지면서 우리는 나체로 눈싸움을 시작했다. 스웨덴 할머니가 쳐다보고 있었지만 우리는 영하 15도에서의 눈싸움을 멈출 수 없었다. "하우 아 유." 한마디밖에 안 나눈 사이였는데 너무 급속도로 친해진 것 같아 눈싸움이 끝나자 조금 머쓱했다.

    다음날 아침, 다행히 동사자는 없었다. 다시 스노모빌을 타고 두어 시간을 더 달리자 그땐 스노모빌을 내 6년 된 모터사이클처럼 다룰 수 있었다. 풀 스로틀로 가속하면 앞부분이 하늘로 들리면서 시속 80킬로미터까지 올라갔다. 자, 이제 북극 체험은 충분히 했으니 볼보가 새로 선보인 XC70을 만나 볼 차례……라고 생각했는데, 다음은 개썰매였다. 시베리안 허스키 두어 마리와 우리나라에서도 흔히 볼 수 있는 잡종 개 십여 마리가 섞여 끄는 개썰매였다. 속도는 생각보다 훨씬 빨라서 스노모빌의 속도감과 큰 차이가 없었다. 개들은 주인이 멈추라고 하기 전까지 쉬지 않고 달렸다. 사람 네 명을 태우고 옆의 눈을 씹어 가며 달리는 모습에 일종의 장엄함마저 느껴졌다.

스웨덴인들은 그제야 우리를 차로 안내했다. 새롭게 선보인 신형 XC70의 운전석에 앉자 그들의 참을성이 대단하게 느껴졌다. 볼보의 최고급 차인 S80을 이용해 만든 XC70은 볼보의 전통적인 모습을 계승하면서도 깔끔하게 다듬어졌기에 매우 멋졌다. 이 멋진 차를 빨리 보여 주고 싶어 어떻게 참았을까 싶었다. 외관은 볼보 특유의 각진 디자인 위에 미래적인 디테일을 추가했고, 실내는 스칸디나비안 가구처럼 나무와 가죽의 질감을 강조해 북유럽풍 거실처럼 꾸몄다. 독일 차와 일본 차가 너무나도 '자동차 실내'다운 느낌이라면, 볼보의 실내는 감각적인 부티크 호텔처럼 아기자기하다. 나무껍질을 연상시키는 대시보드 질감과 거친 질감의 원목으로 장식한 센터 페시아는 너무 예뻐서 자꾸 만지작거리게 된다. 이제 볼보의 특징으로 자리 잡은 얇은 센터 스택에는 같은 지역 출신인 덴마크제 다인오디오(Dynaudio)가 장착되어 있다. 볼보를 구입한 사람들이 구매 사유로 꼽을 만큼 좋은 오디오이니 음질은 물을 것도 없다. 키루나 라디오 방송국에서 틀어 주는 스웨덴의 트로트가 구성지게 울려 퍼졌다. 제멋대로 따라서 흥얼거리며 XC70으로 눈밭을 헤치고 산으로 올라갔다. 스노타이어만 장착했을 뿐인데도 XC70은 눈길과 빙판 길에서도 선혀 흔들림 없이 달려 나갔다. 얼마 전 스키장으로 가는 길에 눈길에 뒤엉킨 차들 때문에 골치를 썩은 적이 있는데 XC70이라면 옆길로 빠져 눈을 헤치고 달려갈 수도 있을 것 같았다. 왜건 형태여서 일반적인 SUV보다 수납 공간도 넓으니 겨울 레포츠를 즐기는 사람에게 제격이다.

XC70의 외관은 볼보 특유의 각진 디자인 위에 미래적인 디테일을 추가했고, 실내는 스칸디나비안 가구처럼 나무와 가죽의 질감을 강조해 북유럽풍 거실처럼 꾸몄다. 독일 차와 일본 차가 너무나도 '자동차 실내'다운 느낌이라면, 볼보의 실내는 감각적인 부티크 호텔처럼 아기자기하다.

나는 일정을 마치고 나서야 스웨덴 사람들의 안전 의식에 고개를 숙였다. 그들은 우리에게 순록 고기를 먹이고, 실내 온도 영하 5도의 오두막에서 잠을 재우고, 눈밭에서 목욕하게 하고, 스노모빌과 개썰매까지 섭렵하게 한 후에야 빙판 길 위에서 운전할 수 있는 자격을 주었다. '사고가 났을 때 다치지 않는 차'를 지향하는 것이 볼보의 수동형 안전(passive safety) 철학을 의미한다면 이처럼 세계 각지에서 온 사람들이 겨울 나라의 환경에 완전히 익숙해진 후 자동차 운전을 할 수 있도록 배려하는 건 능동형 안전(active safety) 철학이었다. 선배 기자들의 볼보 사랑을 이해할 수 있었다. 나는 그때부터 볼보 팬이 되었다.

아우디와 함께 핀란드의 설원을 달리다

도대체 언제부터 눈이 귀찮고 더러운 존재가 된 걸까? 교실 창밖으로 첫눈이 내리기 시작하는 걸 보면 설레는 마음에 선생님 말씀이 귀에 들어오지 않던 게 엊그제 같은데, 요즘은 눈이 오면 집에 어떻게 가나를 걱정하곤 한다.

비는 농사에 도움이 되고, 가끔 우산 쓰고 맞으면 의외로 분위기도 낼 수 있다. 여자친구랑 데이트할 때는 젖었으니 쉬었다 가자며 은근슬쩍 주파를 넌실 수도 있는데, 이놈의 눈은 만고에 쓸모가 없다. 길이 미끄러워져서 이동이 힘들어질 뿐 아니라, 시간이 지날수록 더러워지기까지 한다. 게다가 여자들이 비가 올 때처럼 어딘가에 들어가서 피하고 싶어 하는 게 아니라 너무 반가워하면서 「러브 스토리」 속 여주인공처럼 놀고 싶어 한다는 것도 문제다. 눈 몇 방 맞는 걸로 끝나면 다행인데, 쌓인 눈 위에 눕기라도 하면 정말이지 울고 싶어진다. 게다가 자기가 운전 안 한다고 스키장이며 리조트며 놀러 가자고 할 때는 정말 차를 팔고 싶어질 정도다.

맞다. 눈이 싫어진 건 운전을 시작하면서부터였던 것 같다. 큰 눈이 온다는 건 모터사이클 시즌이 끝났다는 걸 알리는 신호다. 한 번 큰 눈이 오고 나면, 5월에 비가 시원하게 내릴 때까지 모터사이클을 타고 신나게 달리고 싶은 기분은 묻어 두는 게 좋다. 쌓인 눈도 문제지만, 그 눈을 덮기 위해 뿌린 모래, 연탄재, 염화칼슘 등이 두 바퀴 달린 탈것에게는 치명적이기 때문이다. 두 바퀴뿐 아니라 네 바퀴 자동차도 운전이 재미없어지기는 마찬가지다.

물론 해결책은 있다. 미끄러지려고 하는 타이어를 달래 가면서 엉금엉금 기어 다니는 것이 아니라 일부러 미끄러뜨리면서 달리는 것이다. 자동차의 뒷바퀴가 바깥쪽으로 흐르면서 미끄러지기 시작하면, 브레이크를 밟는 게 아니라 액셀러레이터를 힘차게 밟아서 일부러 더 미끄러뜨린다. 빙글빙글 돌 것 같지만 미끄러지는 즉시 스티어링 휠을 반대로 돌려 주기만 하면, 자동차는 뒷바퀴로 눈보라를 만들면서 달려 나간다. 이때 뒷바퀴가 미끄러지는 것을 느끼는 즉시 스티어링을 풀어 줘야 한다. 그러면 자동차는 헤드라이트가 향하는 곳과는 반대 방향으로 힘차게 달려 나간다. 이게 바로 '드리프트(drift)'다. 얼핏 어려운 것 같으면서도 간단하고, 간단한 것 같으면서도 쉽지 않다. 이런 드리프트를 포장된 공공도로에서 한다는 건 자살 행위이거나 바보 같은 짓이다. 마찰력이 뛰어난 포장도로에서 정말 빠른 드리프트를 하려면 속도가 그만큼 올라가야 하기 때문에 위험해지기 쉽다. 그렇다고 쉽게 미끄러뜨릴 수 있는 세팅으로 바꾸면, 그냥 드리프트하지 않고 달리는 것보다 느려지기 때문에 꼴불견으로 보인다. 그래서 드리프트는 자동차 마니아들이 누구나 꿈꾸면서도 실제로 도전해 보기 어려운 것이었다. 반면에 눈이 쌓인 길이라면, 노면의 마찰력이 약하기 때문에 좀 더 낮은 속도에서도 미끄러뜨릴 수 있고, 적당한 윈터 타이어와 고출력의 차량만 준비된다면 재미있는 드리프트를 해 볼 수 있다.

북유럽의 핀란드에서도 북극에 가장 가까운 도시인 키틸래(Kittilä)에서는 눈밭 위의 드리프트를 즐기기 위해 전 세계 자동차 마니아들이 몰려드는 행사인 '아우디 아이스 드라이빙 익스피리언스'가 매년 펼쳐진다. 이곳에서 2박 3일 동안 하는 일은 '코너 앞에서 액셀러레이터 밟기', 그리고 이와 동시에 '스티어링 휠을 반대로 꺾어 드리프트로 코너를 돈 후 스티어링 휠 풀어 주기'라는 간단한 동작뿐이다. 이곳은 전 세계에서 몰려온 아우디 마니아들이 그 단순한 동작을 며칠씩 반복하면서 즐거워 하는 것으로 유명한 곳이다. 아침 여섯시에 일어나서 해가 지는 저녁 무렵까지, 밥 먹는 시간을 제외하면 계속 그 동작을 반복한다. 그런데 그게 너무너무 재미있어서 견딜 수가 없는 거다. 쳇바퀴를 도는 다람쥐도 어쩌면 이런 기분이 아닐까 싶을 정도다.

핀란드는 '천호(千湖)의 나라'라는 별명으로 불릴 만큼 크고 작은 호수가 많다. 그 호수들은 겨울철이 되면 1미터 30센티미터 이상의 두

위 뻥 뚫린 설원 위를 달리는 경험은 말로 설명할 수 없는 묘한 느낌을 준다. 그 위에서 시속 150킬로미터 이상 가속하고, 미끄러지고, 눈 속에 처박히면서, 어린 시절 눈싸움하던 날의 기억이 또렷이 떠올랐다.

아래 핀란드에서는 겨울철에 법적으로 스터드 타이어를 끼워야 한다. 금속 스파이크가 달린 스터드 타이어를 끼우면 빙판길에서도 별 문제 없이 달릴 수 있다.

께를 가진 빙판이 되어 자동차는 물론이고 거대한 트랙터가 올라가도 끄덕 없는 '얼음 놀이터'로 변한다. 지평선이 보일 정도로 넓은 면적의 호수들이 즐비하기 때문에 얼음낚시나 썰매타기를 할 수준이 아니다. 스노모빌을 타고 몇 시간 동안 질주할 수도 있고, 얼음 서킷을 만들어서 자동차를 타고 놀 수도 있다.

눈과 얼음으로 된 도로라면 질색하는 사람도 많지만, 금속 스파이크가 달린 스터드 타이어를 끼우면 빙판길에서도 별 문제없이 달릴 수 있다.(핀란드에서는 겨울에 법적으로 스터드 타이어를 끼워야 한다. 단, 우리나라에서는 불법이다.) 거기에 아우디가 자랑하는 '콰트로' 상시 사륜구동 시스템, 그리고 명민한 트랙션 컨트롤 시스템까지 더해지면, 여름철 도로 못잖게 안전하게 달릴 수 있다. 그러나 '아우디 아이스 드라이빙 익스피리언스'에서는 일부러 트랙션 컨트롤을 끄고, 바퀴를 미끄러뜨리며 달린다. 빙판길은 미끄러지는 자동차를 제어하는 기술을 배우기 좋은 환경이기 때문이다. 포장도로라면 드리프트를 하기 위해 속도를 아주 높이거나, 출력이 600마력 이상 되는 자동차가 필요하겠지만, 이곳에서는 시속 30킬로미터 속도에서도 충분히 드리프트 연습이 가능하다. 처음에는 패닉 상태에 빠질지도 모른다. 하지만 익숙해지면 빙판 길 위에서도 일정한 법칙대로 움직인다는 걸 깨달을 수 있다. 스키나 스노보드와 마찬가지로, 빙판길 드리프트도 일종의 스포츠인 셈이다.

가끔 텔레비전이나 인터넷 동영상을 통해 설원 위를 말도 안 되는 속도로 달리는 랠리 카들을 볼 수 있는데, 이곳에서 체험해 보고 나면 그 차들의 거동이 이해가 된다. 이해가 되는 정도가 아니라, 이곳에서 트레이닝을 받고 마지막 날쯤 되면 그 차들과 비슷한 속도로 설원을 달리면서 드리프트를 자유자재로 구사할 수 있게 된다.

대학 시절, 노는 선배들은 여자들에게 인기가 많았다. 경험이 적은 쑥맥 남자애들이 여자 맘을 헤아릴 줄 몰라 엉기적거리고 있을 때, 놀 줄 아는 형들은 이런저런 솔깃한 제안을 여자애들에게 꺼내 놓고 그녀들이 즐길 수 있는 장을 마련해 주곤 했다. 그리고 그런 형들은 대개 운동도 잘 하고, 아는 것도 많았다. 주변에 지인들도 많아서 공부만 해 온 쑥맥들이 도저히 겨룰 수 있는 상대가 아니었다.

눈 위에서 재미있게 노는 법을 가르쳐 주는 아우디 드라이빙 인스트럭터들의 모습을 보면서 대학 시절의 잘 노는 선배가 떠올랐다. 언제나 즐겁고 유쾌하게 놀 줄 아는 사람, 진지할 때와 여유로울 때를 구분할 줄 아는 사람, 그리고 어떤 상황에서든 완벽하게 해낼 줄 아는 사람. 빨간 아우디 S4를 타고 설원을 달리면서, 넥타이 매고 양복 입고 열심히 뛰어온 우리나라 자동차들이 이 차를 이기려면 시간이 좀 걸릴 것 같다는 생각이 들었다.

아프리카에서 낭만을 경험하다

일본의 국민 그룹이라 할 수 있는 사잔 올 스타즈(Southern All Stars)의 리드 보컬 구와타 게이스케(桑田 佳祐)는 이렇게 노래했다. "인간은 왜 추억을 버리기 위해 여행을 떠날까?"

나는 그 노래를 얄궂게도 8년이나 사귄 여자 친구를 잊기 위해 홀로 떠난 여행에서 처음 들었다. 신칸센 옆자리에 앉은 아주머니가 건네는 손수건에 눈물을 닦은 대가로 생판 남인 그녀에게 왜 눈물을 흘렸는지, 그녀가 얼마나 사랑스러웠는지를 구구절절 설명해야 했다. 물론 남의 일에 참견하기 좋아하는 아줌마와 아무리 대화를 나눠 봤자 슬픔은 줄어들지 않았다.

생각해 보면 천성이 게으른 내게 '여행'이란 누군가 가자고 해서 가는 것, 혹은 일상을 잊기 위한 것일 뿐이었다. 학창시절의 여행은 학교에서 가야 된다고 하니 어쩔 수 없이 따라가는 수학여행이 전부였고, 대학을 졸업한 이후로는 뭔가 들뜬 기분으로 새로운 경험을 하러 여행을 떠나 본 적이 없었다. 내 첫 번째 해외여행은 군대를 제대하자마자 불알친구와 함께 떠난 일본 여행이었다. 운전석에 아무도 앉아 있지 않은 차가 달리는 걸 보고 놀라고,(일본은 좌측통행이기 때문에 운전석이 반대에 있다.) 번화가에 가서 한 블록 당 악기 가게가 하나씩 있는 것에 놀라고, 레스토랑이나 바에서 롤링 스톤스의 음악을 쉽게 들을 수 있다는 점에 놀랐다.

그 여행은 내 인생을 바꿨다. 나는 예전보다 더 열심히 일본어를 공부했고, 이 땅의 누군가는 여전히 로큰롤을 사랑한다는 것을 확인한 덕분에 기타를 연주할 때도 더 힘이 났다. 머리를 길게 기른 나를 보고도 이상하게 생각하지 않는 사람이 많다는 사실도 왠지 안심이 됐다. 내가 잘못된 길을 가고 있지 않다는 사실을 타인들의 도시에서 확신하게 된 것이다.

그로부터 15년여가 지난 지금, 나는 일본과 긴밀한 관계를 맺고 있는 잡지사에서 일하고 있다. 자동차 저널리스트라는 직업에 일본어가 도움이 된 것은 말할 것도 없다. 일본 여행 이후 더욱 에너지를 얻어 몰두했던 홍대 앞 인디 밴드 경험은 앞으로도 내 삶의 안식처가 되어 줄 것이다. 나는 지금도 한밤중에 원고를 쓰다가 담배 한 대 피러 나갈 때면, 그 여행길에 옷가게를 지나다 들었던 롤링 스톤스의 'Satisfaction'의 감동을 떠올리곤 한다.(우리나라에서는 아직 길거리에서 그

노래를 들어 본 적이 없다.)

앞서 말했던 8년이나 사귄 여자친구와는 변변한 여행 한 번 가 본 적이 없었다. 그녀는 서울에서 40분 떨어진 장흥에 다녀온 후에 내게 "함께 여행을 다녀오니 기분이 좋아졌어요."라고 편지를 썼었다. 그 잠깐의 낯선 경험을 '여행'이라고 부르며 감동하던 그녀에게 진짜 여행다운 여행의 경험 한 번 안겨 주지 못한 내가 그녀와의 추억을 떨쳐 버리기 위해 외국으로 여행을 떠났다니 그런 아이러니가 없었다. 구와타 게이스케의 노랫말이 더 와 닿았던 건 그래서였는지도 모른다.

그렇게 여행의 소중함에 대해 잘 이해하고 있음에도 불구하고, 나이를 먹어 가다 보면 새로운 경험을 위한 여행을 떠나기는 쉽지 않다. 뭔가 이유가 생기고 핑곗거리가 떠오르기 때문이다. 내가 요즘 여행을 자주 떠날 수 없는 가장 큰 이유 중의 하나는 '출장 여행'이 너무 잦기 때문이다. 한 달에 한 번 꼴로 해외에 나가야 하니 개인적인 여행을 위한 시간을 별도로 내기가 쉽지 않다.

해외 출장이 잦다고 하면 대부분 부럽다거나 좋겠다고 하지만, 사실 그렇게 좋지만은 않다. 외국에 나갈 수 있다는 이유만으로 스튜어디스가 선망의 대상이 되던 시절도 아니고, 해외에 나간다는 것 자체는 큰 매력이 아니다. 게다가 자동차 저널리스트의 출장이란 의외로 단조롭다. 비즈니스 클래스를 타고 유럽이나 아메리카 대륙의 어딘가로 가서 부티크 호텔 스위트룸에 묵으면서 최신형 자동차를 타고 경치 좋은 곳을 달리는 것뿐이다.

흙길을 두 시간 동안 전속력으로 달리거나, 사막 위에 덩그러니 놓인 바위를 발견하거나, 수풀을 뚫고 달리다가 타조 떼와 맞닥뜨리거나. 아프리카에서의 한순간 한순간을 모두 기록하자면 이런 책 한두 권으로는 불가능하다. 직접 경험해 보지 않으면 그 희열과 흥분은 절대 상상할 수 없을 것이다.

개인적인 여행이 그렇다면 최고의 호사겠지만, 어디까지나 '일'을 위한 것이다 보니 남들이 생각하는 것처럼 그렇게까지 감동적이지는 않다. 그래서 아프리카 여행을 기획할 때도 나는 그다지 흥분하지 않았다.

여행가들은 최고의 '럭셔리한 여행'을 아프리카에서 만나 볼 수 있다고 말하지만, 도시를 좋아하는 내게 아프리카란 그저 덥고 불편한 곳에 지나지 않았다. 여행을 떠나기 열흘 전, 인천공항의 검역소까지 가서 황열병 예방 주사를 맞아야 한다는 것부터가 마음에 들지 않았다. 더구나 황열병 예방주사 때문에 약간의 몸살 기운을 느낀 기간이 마침 한창 바쁠 때여서 짜증은 극도에 달했다.

인천공항에서 출발해 홍콩과 남아프리카 공화국의 요하네스버그 공항을 거쳐 나미비아의 수도 빈트후크(Windhoek)에 도착하는 데는 꼬박 스물네 시간이 걸렸다. 피곤에 찌들어 온몸의 힘이 빠져 버릴 만큼 긴 여행이었지만, 묘하게도 아프리카의 태양 아래 서자마자 몸속에 기운이 돌기 시작하는 걸 느낄 수 있었다. 짜증이 서서히 사라지면서 기대감이 점점 커지기 시작했다.

'BMW 나미비아 멀티 데이 투어'는 BMW가 전 세계에서 진행하고 있는 여행 프로그램 중 가장 인기가 있다. 총 8일 동안 BMW X5를 타고 나미비아의 곳곳을 누비며 다양한 경험을 할 수 있는 이 프로그램은 약 4000유로의 참가비만 내면 누구나 참가할 수 있다.

이 여행은 무척 단도직입적이다. 첫날부터 X5를 타고 흙길과 자갈

길을 달리며 본격적인 여행이 시작된다. BMW의 고성능 부문인 M 디비전의 인스트럭터가 오프로드 운전법에 대해 가르쳐 주고, 일정 내내 앞뒤로 붙어서 안전한 주행을 책임진다. 한참을 흙냄새 맡으며 달린 후 보라색 석양 아래에 서서 맥주 한 병을 들고 서 있을 때쯤에는 이미 장거리 비행의 피로감 따위는 사라진 지 오래였다.

우리는 밤새 별 사진을 찍었고, 은하수의 아름다움에 감탄했다. 일출 사진을 찍기 위해 새벽 다섯 시에 일어나야 했지만, 맑은 공기 덕분인지 전혀 피곤하지 않았다. 어제 저녁 만났던 보라색 석양의 감동 때문에 우리는 일출도 맞이하지 않을 수 없었다.

아프리카의 일출은 고요하고도 장엄했다. 360도로 펼쳐진 시야에는 단 하나의 인공물도 없었다. 산 정상에 오르는 길에 만난 오릭스도, 나미비아에만 사는 산악 얼룩말도 사람과 마주한 경험이 많지 않아서인지, 아니면 우리가 타고 있던 BMW X5를 자연의 일부로 받아들이는 건지 그다지 경계하지 않았다.

두 번째 날에는 '매혹적인 개방감 맛보기(Fascinating Open Spaces)'를 주제로 뻥 뚫린 대자연 속을 신나게 달렸다. 길을 닦아 놓았다고는 해도 거의 자연 상태나 다름없는 바위산을 오르고, 무릎까지 차는 개울을 건너고, 코뿔소가 거니는 벌판을 가로질렀다. 어느 곳을 보아도 펼쳐지는 것은 땅과 나무, 동물들, 그리고 눈이 시릴 정도로 파란 하늘뿐이었다.

사흘째 되던 날에는 사자와 코끼리, 기린이 살고 있는 영역으로 들

X5를 타고 아프리카 동물들이 잘 모인다는 월척 쪽으로 급속이 늘어간다. 아프리카에서 만난 가장 친숙하고 또 동물인 초식 먹이를 물고 사는 사자 서성거림 환상적인 뿐 견견 박 국적인 유물을 사이에서 거닐다가 소로 턱강사의 소도 알 커든 묻을 수 있었다. 그 거리에서 사자를 자주 만나다 보니 한국 공주부지에서 만나는 개나 고양이 꿀로안보지 느껴지지 않았다

제 4 부 세상을 만나게 해 준 내 인생의 자동차 **249**

어갔다. 나미비아에서 가장 큰 목장 중 하나인 에런디 목장은 8000헥타르의 너비로 서울의 8분의 1쯤 되는 크기를 자랑한다. 목장이라고 해도 동물들은 야생 상태로 방목되고 있는 셈이다. 사자의 영역을 지나다가 사파리 트럭 운전수가 테이블을 펼치더니 샴페인과 음료수를 꺼냈다. 불과 5분 전에 사자가 오릭스를 뜯어먹던 곳을 지나온 상황이었다. 사자와 우리 사이에는 아무런 안전 장치도, 철조망도 없었다. 운전수 찰스는 "사자가 어제 사냥을 했으니 오늘은 안전합니다."라며 천연덕스럽게 말했다. 보라색과 오렌지색, 그리고 핑크색이 어우러진 석양 아래에서 샴페인을 마실 수 있다면, 사실 사자 밥이 되어도 나쁘지 않을 것 같았다. 술을 별로 즐기지 않지만 이곳에서는 마실 수밖에 없었다.

이 여행에서 일행을 인솔하는 인스트럭터는 출발 전에 일정을 자세히 이야기해 주지 않는다. 대략적인 노면 상태, 주의해야 할 것만 알려줄 뿐, 구체적으로 어떤 걸 볼 수 있고 무엇을 기대하면 좋은지는 전혀 말해 주지 않았다. 그러나 군대 훈련병처럼 한 치 앞을 못 보는 불안감에 사로잡히는 게 아니라 다음엔 또 뭘 볼 수 있을까 하는 기대감으로 가득 찼다.

첫날 만났던 오렌지색 석양과 우리가 쉬던 곳 바로 옆 물속에 숨어 있던 악어, 둘째 날 만난 기린과 코뿔소, 셋째 날 사파리 도중에 열렸던 깜짝 샴페인 파티……. 지금까지의 모든 일정에서 우리는 기대한 것 이상의 뭔가를 만날 수 있었다.

넷째 날은 전날처럼 수풀 속을 달리다가 갑자기 나타난 암벽에 깜짝 놀라고 말았다. 수풀을 지나자마자 깎아지른 듯한 암벽이 나타났는데 선두에 서서 달리던 인스트럭터의 X5가 그곳을 아무렇지도 않게 올라가고 있는 게 아닌가. 줄줄이 달리던 차들도 처음에는 멈칫하다가 인스트럭터의 뒤를 따랐다. X5는 놀랍게도 걸어서 오르기 벅찰 정도의 경사까지 아무런 어려움 없이 올라갈 수 있었다. 암벽 위에서는 수천 년 혹은 수만 년 전의 원시인이 그려 놓은 벽화, 이곳에서 수십 년을 살다가 흙으로 돌아갔을 오릭스의 유골, 그리고 지평선 너머로 해가 지는 장관도 볼 수 있었다. 우리는 인스트럭터가 건넨 와인과 샴페인을 마시며 암벽 위에서 완전히 어두워질 때까지 시간을 보냈다. 별들이 촘촘히 박혀 띠를 이룬 은하수 아래에서 암벽 위에 누워 하늘을 바라보고 있자니 시라도 읊을 수 있을 것 같은 기분이었다. 어쩌면 내 인생에서 가장 로맨틱한 시간이었는지도 모른다.

　닷새째 일정이 시작될 때쯤에 서서히 불안감이 시작됐다. 더 이상의 감동을 주는 것이 가능할까 불안했던 것이다. 이미 지금까지 살아오면서 받은 감동 중 손가락에 꼽을 만한 경험을 몇 번이나 한 덕분에 어디가 클라이맥스인지 모르는 답답함이 더해졌다. 나는 더 이상 이 여행을 '출장'으로 생각하고 있지 않았다. 아직 일정의 반도 지나지 않았는데, 사랑하는 아내와 아들을 데리고 다시 오겠다는 결심을 하고 있었다.

　닷새째 드디어 사막을 달렸다. 거대한 사막은 아니지만 우기에는

미끄러지는 걸 두려워하는 사람이라면 오프로드를 달릴 수 없다. 미끄러지는 게 당연한 길 위에서, 미끄러뜨리면서도 자신이 원하는 방향으로 나아가는 법을 배우는 게 이 여행의 목적. 헛발질하면서도 조금씩 방향을 잡아 나가는 과정에서 인생의 해법을 발견했다고 하면 조금 오버일까?

호수로, 건기에는 바닥을 드러낸 사막으로 변하는 곳이다. 트랙션 컨트롤을 끄고 드리프트를 즐기며 달리고 있는데, 갑자기 바로 옆에서 수백 마리 타조 떼가 나타나 한참을 함께 달렸다. 우리는 부시맨 마을까지 함께 달려갔다. 인스트럭터는 "타이어 공기압을 빼고 모래밭 위에서 차량을 컨트롤하는 경험이 내일 도움이 될 겁니다." 하면서 윙크를 했다.

다음날 아침에 일어나자마자 향한 곳은 나미비아에서 두 번째로 큰 도시인 슈바코프문트(Swakopmund)의 해안. 이곳에는 요트 한 대가 우리를 기다리고 있었다. 차를 세워 두고 요트에 올라 두 시간여 동안 항해를 즐겼다. 돌고래 떼가 묘기를 부리고 물개들이 요트 위로 올라와 먹이를 달라고 재롱을 부렸다. 아프리카 모험가에서 갑자기 바다의 항해사로 변신한 듯한 기분이 들었다. 물개 수백 마리가 떼 지어 있는 섬을 지나 조금 더 가자 또 다른 해안가가 나타났는데, 이게 웬일인가. 분명 반대편 해안에 세워 놓았던 X5들이 줄지어 우리를 기다리고 있었다. 요트로 항해하는 동안 우리를 위해 옮겨 놓은 것이다. 이미 거쳐 온 곳에 또다시 들르지 않고, 조금이라도 새로운 풍광을 더 보게 하려는 배려였다. 도대체 이 치밀하고 감동적인 여행 프로그램을 누가 짠 건지 얼굴을 보고 싶었다.

일렬횡대로 늘어선 X5 옆에는 나미비아에서 양식된 굴이 우리를 기다리고 있었다. 생굴로 배 채우기가 소원 중의 하나였는데 그것도 세계 제일의 청정 산지에서라니, 호사도 이런 호사가 없었다. 배를 채운 후에는 파도가 넘실거리는 해변을 X5로 신나게 달렸다. 남자라면 누구나 꿈꾸는 장면이지만, 아무나 할 수는 없는 경험. 그리고 우리는 사구(砂丘)에 도달했다. 영화나 파리다카르 랠리 다큐멘터리에서나 보던 곳에 실제로 와 보니 이루 말할 수 없는 감동이 몰려왔다. 우리는 해가 질 때까지 모래 언덕을 오르락내리락하며 달렸다. 때로는 모래에 파묻히기도 하고, 때로는 모래를 뒤집어쓰기도 했지만 자동차로 이렇게 재미있게 놀아 본 것은 처음이었다.

일주일이 어떻게 흘러갔는지 모르겠다. 동물원에서도 보기 힘든 동물들과 함께 초원을 달리고, 사자의 구역에 들어가 샴페인을 마시고, 사구에서 드리프트를 즐기는 여행이 꿈이었는지 생시였는지 아직도 믿을 수가 없다. 나미비아 멀티 데이 투어는 BMW가 매년 4~6월, 9~10월에 마련하는 여행 프로그램으로, BMW 오너가 아니라도 참가할 수 있다. 비행기 삯을 제외하고 600만 원이라는 비용이 처음에는 비싸 보였지만, 한 번 경험한 후에는 정말 저렴하게 느껴질 정도였다. 이 여행 프로그램에 2회 이상 참가하는 사람의 빈도가 높다는 걸 보면 만족도가 얼마나 큰지 알 수 있다.

자동차를 좋아하는 남자라면 누구나 만족할 수밖에 없는 프로그램 구성, 하루하루 자극의 강도가 높아지는 절묘한 이벤트는 그 어떤 전문 여행사가 꾸민 것보다 만족스러웠다. 대자연 속에서 즐기는 드라이빙, 아프리카가 아니면 기대할 수 없는 새로운 생명체와의 만남, 세계 각지에서 온 사람들과 친구가 되는 기쁨. 이 여행은 진정한 '럭셔리'

란 무엇인지를 생각하게 해 주는 계기가 됐다.

　나는 아프리카에서 돌아오자마자 적금을 하나 더 들었다. 아들 녀석이 면허를 따면 이곳에 함께 올 작정이다. 이 여행이 내 인생의 가치관을 바꿨듯이, 아들의 앞날을 다져 주는 계기가 될 것이라 믿기 때문이다.

24시간의 오르가슴, 르망 24시 내구 레이스

가장 좋아하는 배우가 누구냐는 질문을 받으면 나는 고민할 것도 없이 스티브 매퀸(Steve Mcqueen)을 꼽는다. 내가 유치원생일 때 저세상으로 갔으니 그의 전성시대를 경험한 것도 아니고 그와 얽힌 추억이 있는 것도 아니다. 사실 그에 대해 알고 있는 거라곤 몇 장의 사진과 어렴풋한 영화 속 장면들뿐이다. 그럼에도 불구하고 그가 좋은 이유는 나와 같은 취미를 가졌기 때문이다. 자동차와 바이크를 자기 자신처럼 사랑한 사내. 매퀸은 내부분의 배우들처럼 폼을 잡기 위해서가 아니라 마음속 깊은 곳에서 우러나온 열정으로 바퀴 달린 탈것들을 사랑했다. 그리고 그의 열정과 집념은 1971년작 「르망(Le Mans)」에 고스란히 묻어 있다. 다큐멘터리에 가까운 그 영화를 보면서 지루하다고 느끼는 대신 가슴이 벅차오르는 것을 느꼈다면 당신도 매퀸과 비슷한 부류라는 증거다.

르망 24시간 내구 레이스. 자동차에 관심이 있는 사람이라면 한 번쯤은 들어 봤을 것이고, 스무 살을 넘긴 우리나라 사람이라면 내구 레이스까지는 몰라도 '대우 르망'이라는 자동차 이름 정도는 알고 있을 것이다. '킹 오브 쿨(king of cool)'로 불리던 스티브 매퀸이 사랑했던 이 레이스는 레이스계의 '킹 오브 쿨'로 불릴 만하다. 스물네 시간 동안 쉴 새 없이 달려 가장 많은 바퀴 수를 달린 경주차가 우승을 차지한다는 간단명료한 룰. 세 명의 드라이버가 교대해 가면서 운전한다고는 해도 하루 온종일을 평균 시속 216킬로미터의 스피드로 달린다는 건 쉬운 일이 아니다.

이 경기 시즌이 되면 프랑스의 작은 마을 르망은 전 세계에서 몰려든 자동차광들로 가득 찬다. 서른 살도 더 먹은 피아트 친퀘첸토(Cinquecento)부터 페라리 엔초(Ferrari Enzo)까지 다양한 자동차들이 개미떼처럼 북적거린다. 그리고 거기에는 자동차의 수만큼이나 다양한 꿈이 있다. 르망을 찾는 이들 중에는 자기가 좋아하는 브랜드를 응원하려는 사람도 있고, 자기 차를 자랑하고 싶어 하는 사람도 있다. 그저 수많은 사람들이 모이는 게 좋아서 찾는 이들도 있고, 한 가지 목표를 위해 달리는 남자들의 바보 같은 꿈을 지켜보는 게 좋은 사람도 있다. 주최 측의 통계에 따르면 26만 명 정도가 모인다고 하는데, 공통의 취미를 가진 사람이 그 정도 모인다는 건 정말 가슴 떨리는 일이 아닐 수 없다.

2008년 나는 아우디의 여덟 번째 르망 24시간 내구 레이스의 우승을 확인하기 위해 르망을 찾았다. 2000년 이후 최근의 르망 레이스는 아우디의 독무대라고 해도 과언이 아니었다. 2007년부터 푸조가 맹추격을 시작했고, 2008년에는 푸조의 위협이 더욱 거세졌지만 아직까지 르망 24시간 내구 레이스의 안주인은 아우디였다. 아우디는 페라리도 벤틀리도 메르세데스 벤츠도 해내지 못한 감격의 르망 여덟 번째 우승을 더 많은 이들과 함께하기를 바랐고, 고객들을 위한 이벤트를 준비했다. 우리나라에서도 여러 명의 아우디 오너와 배우 이정재 등이 여기에 동참했다.

디젤 엔진으로 레이스를 한다는 건 예전에는 상상도 못 하는 일이었다. 엔진 무게가 무겁고 구조가 복잡해 고회전까지 회전시키는 것이 불가능했기 때문이다. 그러나 르망 레이스에 참가한 아우디 TDI는 고회전까지 회전할 수 있을 뿐 아니라 휘발유 엔진의 몇 배에 달하는 토크를 살려 엄청난 스피드를 냈다. 출발과 동시에 다른 경쟁자들과의 차이를 알 수 있을 정도로 빨랐던 것이다. 2008년 르망 레이스는 아우디와 마찬가지로 자신들이 자랑하는 디젤 엔진 HDi로 참가한 푸조, 이 두 메이커의 싸움이나 마찬가지였다. 석 대씩의 경주차를 내보낸 두 메이커가 1위부터 6위까지를 차지하며 치열한 경쟁을 벌였다. 다른 차들은 금세 한 바퀴 이상씩 따라잡히며 멀어졌다. 신기한 것은 디젤 엔진이 무척 조용하다는 것이다. 디젤이라고 하면 진동과 소음 때문에 꺼리는 사람이 많다. 그러나 최근의 디젤 엔진은 기술의 발달로 고

속에서 오히려 휘발유 엔진보다 조용했다. 알고는 있었지만 서킷에서 휘발유 차와 디젤 차의 소음 차이는 그 이상이었다. 휘발유를 사용하는 경주차가 고막을 찢을 듯한 굉음을 내뿜으며 지나가는 반면, 디젤 경주차는 낮은 배기음만을 남기고 사라지기 때문에 지나가는 줄도 모를 정도였다. 코너 직전에 속도를 줄였다가 재가속하는 장면에서는 마치 소리를 끄고 텔레비전을 보는 듯한 착각을 불러일으켰다.

스물네 시간이나 계속되는 레이스를 계속 지켜보기에는 불가능했다. 우리 일행은 본부석에 위치한 아우디 VIP 라운지를 떠나 뭔가 먹을 것을 찾으러 가기로 했다. 라운지를 나서자 아우디 TDI 마크를 커다랗게 붙인 A8 6.0 W12가 늘어서 있었다. 르망 서킷 곳곳에 아우디가 마련한 각종 편의시설과 호텔로 아우디 고객을 실어 나르는 셔틀 서비스였다. 아아아, 애스턴 마틴이나 페라리도 임대한 승합버스에 로고 스티커를 붙인 채 셔틀 서비스를 하고 있었는데 아우디는 A8, 그것도 6000cc W형 12기통 엔진을 장착한 차로 우리를 기다리고 있었다. 초록색 티셔츠를 입고 낡은 승합 렌터카에 타고 있는 애스턴 마틴 응원단이 A8의 흰색 가죽 시트에 파묻혀 있는 우리 쪽을 부러운 듯 쳐다봤다. 그중 한 명이 침이 튀길 듯한 영국식 악센트로 '쿨'이라고 말하며 엄지손가락을 추켜세웠지만 나는 못 본 척 창문을 올렸다. '킹 오브 쿨'로 불리는 배우가 좋아하던 '킹 오브 쿨' 레이스를, '킹 오브 쿨'한 차를 타고 구경하는 기분은 나쁘지 않았다.

F1처럼 경기를 금방 끝내도 세계적인 인기를 끌 수 있는데, 굳이 24

르망의 가장 재미있는 볼거리 중 하나는 서킷 주변을 가득 메운 클래식카와 슈퍼카들의 행렬이다. 모터쇼보다 훨씬 다양하고 특이한 자동차들을 찾아볼 수 있다.

오랜 시간 펼쳐진 행사답게 클래식카들의 행렬도 눈에 띈다. 레이스 개시 전 클래식카들이 서킷을 퍼레이드할 때는 왠지 모르게 가슴이 찡해지는 것을 느낄 수 있다.

시간이나 달려야 하는 이유를 묻는다면 이 경기는 레이스가 아니라 축제이기 때문이라고 대답하고 싶다. 우리가 여자친구와 데이트를 하면서 한 시간이라도 더 함께하고 싶어 외박을 강요하듯, 좀 더 오랜 시간 동안 자동차 경주를 즐기고, 자동차를 좋아하는 사람들끼리의 시간을 즐기고 싶어서 스물네 시간이 필요한 것이다. 자동차의 스피드와 내구성을 검증하는 것은 두 번째 문제다. '모터스포츠의 열기'와의 외박이라고나 할까. 이 때문에 르망에는 서킷 근처에도 안 가는 사람도 있다. 캠핑카를 가지고 와서 가족들과 바비큐를 즐기거나 투어링 삼아 르망까지 와서 분위기만 즐기는 이들도 꽤 많은 것이다. 덕분에 어딜 가도 볼거리가 있고 즐길 거리가 있다. 페라리 오너들은 빨갛고 노란 페라리를 줄 맞춰 세워 놓고 사람들의 시선을 즐기고 있었으며, 실내를 온통 카본으로 꾸민 코닉세그도 서 있었다. 코닉세그의 오너는 스웨덴의 귀족쯤 되는지 주변에 수행원도 여러 명이었다. 슈퍼카임에도 불구하고 페라리나 포르쉐보다 한 급 아래로 취급되는 시보레 콜벳 동호회도 여기서는 어깨에 당당히 힘을 준다. 콜벳이 르망 GT1 클래스에서 언제나 1등을 차지하기 때문이다.(르망에는 총 네 개의 클래스가 있으며 GT1은 그중 세 번째 클래스다.) 그러나 차 자랑에 여념이 없는 콜벳 오너들도 우리의 A8이 지나가면 힐끔힐끔 쳐다보면서 공간을 내주었다. 르망 서킷에서 아우디 재킷을 입고 TDI 셔틀 서비스를 탄다는 것은 시카고 뒷골목에서 알 카포네의 뒤를 따라 걷는 것과 비슷하다. 이 거리의 주인이 된다는 이야기다.

쏜살같이 달리는 차들을 바라보며 와인을 한 잔 마시고, 서킷에서 멀찌감치 떨어진 잔디밭에서 이어폰을 꽂고 음악도 들었다. 서머타임 기간 중의 유럽은 오후 9시 무렵의 하늘이 가장 아름답다. 파란색 형광펜으로 칠한 것 같은 하늘 아래에서 아우디와 푸조는 여전히 엎치락뒤치락하고 있었다. 사실 승자는 거의 푸조인 것처럼 보였다. 속도의 차이가 여실했기 때문이다. 푸조는 속도가 빠른 대신 자주 피트에 들어갔고, 아우디는 푸조보다 연비가 좋아 피트 인 횟수가 적었지만, 절대 스피드는 눈으로 봐도 차이가 났다. 마치 토끼와 거북이의 레이스를 보는 것 같았다. 레이스 시작으로부터 아홉 시간이 지나 자정이 지났지만 경기는 반도 더 남은 상태였다. 나는 기념품으로 에르메스 르망 한정 넥타이를 하나 골라 든 후 호텔로 돌아가 잠자리에 들었다. 노면을 바라보며 시속 300킬로미터로 달리는 사내들을 두고 잠든다는 게 왠지 미안했지만 이 레이스의 한 장면 한 장면에 흥분하다 보면 목숨이 열 개라도 모자랄 것 같았다.

아침 늦은 시간까지 푹 자고 일어났는데도 바깥 풍경은 밤부터 비가 내렸다는 사실만 빼면 별 다를 것이 없었다. 서킷은 사람들로 빼곡했고 멀리서 경주차들의 엔진 소리가 들려왔다. 그러나 비가 순위를 갈라놓았다. 내구성과 항속 거리를 희생하는 대신 스피드로 거리를 벌리려던 푸조 팀은 빗속에서 원하는 속도를 내지 못했고, 꾸준한 스피드와 내구성으로 승부하려던 아우디는 푸조를 누르고 1위 자리에 올라 있었다. 그렇다고는 해도 차이는 한 바퀴도 나지 않았다. 20시

아우디의 경주차는 최근 압도적인 실력으로 우승을 차지하고 있다. 2012년 현재 11번째 우승을 기록하고 있는데, 총 16회 우승을 차지한 포르쉐의 기록을 깰 수 있을지가 관심사다. 2014년에는 포르쉐가 르망 복귀를 예고하고 있기 때문에 더욱 흥미진진해지고 있다.

간을 달렸는데도 차이가 한 바퀴밖에 나지 않다니. 만약 레이스에 집중하고 있었다면 정신이 혼미했을 것이다. 아우디 부스에서는 오히려 레이스가 시작했을 때보다 더 많은 사람들이 모니터에 집중하고 있었다. 경기 종료 시각인 2008년 6월 15일 오후 3시가 가까워지자 열기는 최고조에 달했다. 아우디 R10 TDI는 여전히 1위 자리를 차지하고 있었고, 3시 정각의 경기 종료 사인이 울릴 때까지 그 자리를 내놓지 않았다. 엔딩 크레딧을 보지도 않고 극장을 나가는 무뢰한처럼 르망 마을의 입구를 빠져나가며 아우디의 76회 르망 24시간 내구 레이스 우승 소식을 들었다. 이 열기를 좀 더 느끼고 싶었지만 지구 반대편에서 온 이방인은 다시 일상 속으로 돌아가야 했기 때문이다. 아마도 본고장 친구들은 이 열기를 더 오래 이어 가려고 음악을 연주하고 환호성을 지르며 밤을 지샐 것이다. 파리 샤를 드골 공항으로 향하는 버스 안에서 나는 안타까운 마음에 일부러 잠을 청했다.

가슴으로 느낀 F1

꽤 많은 해외 레이스를 봐 왔지만 F1은 처음이었다. 어려서부터 동경하던 F1이 우리나라에서 열리다니 감격스럽지 않을 수가 없었다. 경기가 열리네 마네, 서킷이 완성되네 마네, 숙박시설이 부족하네 마네 말들도 많았지만 그런 말을 하는 사람들 중에 F1의 개최 시스템이나 룰을 제대로 알고 있는 사람은 얼마 없었을 것이다. 이 세상에서 가장 귀족적이고 가장 제멋대로인 F1은 여론을 별로 의식하지 않는다. 그들이 하겠다고 결정하면 진행하는 것이고, 경기가 진행된다는 건 모든 부분에서의 퀄리티를 F1에서 인정한다는 의미다. 트랙의 최종 인증을 받는 타이밍이 늦어진 건 사실이지만, 허가가 떨어지는 시점에서 이미 나는 걱정을 내려놨다. 남은 건 즐기는 일뿐.

서울에서 새벽 5시에 출발해 쉬엄쉬엄 달리니 네 시간 조금 넘게

F1을 우리나라에서 볼 수 있다는 건 가슴 떨리는 경험이 아닐 수 없었다. 그러나 아직도 매년 경기 존속 여부가 화제가 되고 있는데, 아마도 이건 우리나라에서 F1이 열리는 한 끊이지 않는 이슈가 될 것이다.

걸려 영암에 도착할 수 있었다. 아직 공사 중인 도로도 있고 내비게이션에는 서킷까지 가는 도로가 나와 있지 않았다. 갓 지은 서킷의 처녀 레이스. 게다가 대한민국 역사상 최초의 F1 현장이었다. 이제부터 우리가 어떻게, 얼마나 제대로 즐기느냐에 따라 오늘의 가슴 떨리는 경험을 손자에게 자랑할 수 있을지 없을지가 결정된다.

주차장은 진창길이었고 표지판은 제대로 마련되어 있지 않았다. 공사가 완벽하게 끝나지 않은 것이다. 표지판 없는 거야 물어서 가면 되고, 차 더러워지는 거야 세차 맡길 때 만 원 더 주겠다고 하면 된다. 나는 화장실이 없어 기저귀를 차야 된다고 해도 F1이 열리는 것만으로 좋았다.

가슴 두근거리며 서킷 내부로 들어가자 날카로운 엔진 소리가 들려왔다. 20000rpm 가까이 돌아가는 엔진의 소리는 귀청을 찌르는 동시에 가슴을 두근거리게 했다. 세상에서 가장 빠른 피스톤 운동이 만들어 내는 교성을 듣고 흥분하지 않을 수가 없다. 콧구멍을 벌렁거리며 서둘러 차를 주차하고 경기장으로 뛰어들었다.

내가 가진 티켓은 패덕 패스(paddock pass). 가장 비싼 티켓이다. 금요일부터 일요일까지 사용할 수 있는 패덕 패스는 약 500만 원이나 한다.(세계 어디서나 비슷한 가격이다.) 패덕 클럽은 대부분 스폰서 및 관계사, 그리고 VIP를 위한 공간이다. 경마로 따지자면 마주들이 경기를 즐기는 곳이라고 보면 된다. 스폰서 회사들의 비즈니스 거래가 오가기도 하고, 스폰서 회사가 VIP를 초청해 밀담을 나누는 장소가 되기도 한다. 메인 건물의 1층에 각 팀들이 경주차를 관리하는 피트가 있고, 그 2층이 패덕이다. 관람석과 달리 패덕 클럽은 실내 공간이며 라운드 테이블에 앉아 이탈리아에서 날아 온 전속 요리사가 만드는 요리와 샴페인을 즐기며 경기를 즐긴다. 창가로 가면 피트에서 타이어 교체하는 모습을 바로 위에서 내려다볼 수도 있다. 내 근처에는 프랑스에서 온 주류 회사 사장과 패션 브랜드 회장, 그리고 F1에 가장 많은 돈을 투자하는 회사 중 하나인 말레이시아 정유 회사 페트로나스의 임원들이 앉아 있었다. 그들 사이에서 내년 시즌 F1에 대한 구상이 오가고 있었을 거라는 건 두말하면 잔소리다. 돈 많은 사람들은 완벽한 상황에서 즐기고, 미리 예매한 사람들은 좌석이 완공되지 않아 제대로 보지도 못했다며 울분을 표하기도 했지만, 사실 F1은 철저하게 자본주의적인 스포츠다. 이 세계에서는 감정보다는 돈이 중요하다. 스폰서들에게 완벽한 공간을 제공하지 못했다면, 아마도 F1은 한국뿐 아니라 어디에서도 열리지 못할 것이다.

    F1은 철저하게 자본주의적으로 치러지기 때문에 모든 것은 돈과 연관되어 있다. 돈을 더 많이 낸 스폰서는 더 좋은 위치에, 돈을 더 많이 낸 스폰서가 먼저, 돈을 더 많이 낸 스폰서 의견이 먼저……라는 식이다. 비싼 티켓을 산 관객에게 더 많은 편의가 주어지는 것도 당연하다. 여기서 '빈부 격차 반대' 같은 걸 부르짖는 건 완벽한 난센스다. 사회주의 국가 중국에서도 똑같은 시스템으로 펼쳐지고 있는 데다 세계 3대 스포츠 중 하나이니, 이런 자본주의적 요소가 '상식'이라고 봐도

좋을 것이다.

패덕 클럽 내부에 모니터가 배치되어 있고 직선 주로가 훤하게 보이긴 하지만, 좀 더 생동감 있게 즐기기 위해서는 옥상이 제격이다. 최종 코너에서 직선 주로, 1번 코너로 이어지는 황금 구간을 한눈에 볼 수 있다. F1 경주차는 생각보다 훨씬 빨라서 눈으로 쫓기 어려울 정도였고 소리는 귀를 막지 않고 듣기 어려울 정도로 컸다. 결승 당일은 하루 종일 비가 추적추적 내렸는데, 새로 포장한 노면만 배수가 안 된 게 아니라 패덕 클럽 옥상도 마찬가지였다. 그래도 1번 코너에 가까운 명당자리를 포기할 수 없어서 아끼는 스니커즈를 포기하기로 했다. 빗물에 발이 반쯤 잠기긴 했지만 최고 속도에 다다른 머신들이 브레이킹하고 첫 번째 코너를 돌아 나가는 장면을 보고 있자니 뭔가 뻥 뚫리는 듯한 기분이었다.

최고 속도, 풀 브레이킹과 동시에 시프트다운, 그리고 중력의 몇 배나 되는 힘을 옆구리로 느끼면서 코너링 하기. 내가 미성년자 딱지를 뗀 이래 가장 즐거워하는 스포츠 중의 하나다. 그리고 그 운동을 세계에서 가장 능숙하게 해내는 F1 드라이버들의 모습을 보고 있으니 왠지 꿈만 같았다. 스즈카도 아니고, 상하이도 아닌 대한민국 전남 영암에서 볼 수 있다는 사실이.

자동차 저널리스트이기 때문에 입수할 수 있었던 500만 원짜리 티켓은 숙박권이 포함된 가격이 아니었다. 나는 지인의 소개로 무인 모텔을 잡았다. 1년에 한 번씩 모터사이클로 전국 일주를 할 때마다 느끼는 것이지만, 우리나라의 모텔 문화는 정말이지 여행객에게 최고로 좋은 인프라가 아닐 수 없다. F1을 본 후 독방에서 뜨거운 물로 샤워를 할 수 있는 시설이 이렇게 많이 갖춰진 곳은 세계적으로 따져 봐도 몇 군데 없다. 더군다나 단돈 3만 원에? 이런 낙원은 전 세계에서 유일하다.

어떤 이들은 F1을 보러 입국한 외국인 관계자, 기자들을 러브호텔에서 재울 수 있느냐며 '국격'을 강조하기도 하지만 러브호텔 안에서 어떤 관계를 갖느냐가 문제지, 그 건물 자체가 격이 떨어지는 것은 아니다. 그걸 문제라고 하는 사람들은 외국 서킷에 가 본 적이 없어서 하는 소리다. 르망 24시간 내구 레이스를 보러 가면 밤새 땅바닥에 누워 자는 사람도 볼 수 있다. 근방에는 호텔이 하나도 없기 때문에 텐트를 치는 수밖에 없다. 르망 인근에서 유일한 호텔은 '아우디 호텔'인데, 이건 아우디가 레이스 때만 짓는 가건물이다. 넓은 가건물 안에 파티션을 세워 두고 방을 만든다. 당연히 천장이 뚫려 있고, 1인당 쓸 수 있는 공간은 고시원보다도 좁다. 화장실이나 샤워 시설은 공용이다. 그 정도만 해도 엄청 호화로운 거다. 외국인들은 러브호텔이 어찌 이리 많을 수 있냐며 신기해 하기는 해도 그곳에서 자는 걸 창피해 하지는 않는다. 시내에서 동떨어진 서킷 주변에 몇 만 명을 수용할 수 있는 호텔을 지을 수도 없는 노릇이고, 앞으로도 우리나라 특유의 모텔촌은 우수한 인프라 역할을 해낼 것이다.

슈마허가 소속된 메르세데스 GP 페트로나스 팀을 목청 터져라 응원하던 나는 페라리 원투 피니시를 보며 분개할 수밖에 없었다. 마이

위 F1 경기에서 스타트와 피니시를 못 보는 것은 골 장면 빼고 축구를 보는 것과 마찬가지다. 스타트와 피니시를 관람하기에는 메인 그랜드 스탠드가 가장 좋다. VIP룸을 제외하면 가장 좋은 자리다.

아래 전 세계 대기업들의 비즈니스와 F1 레이스 이 뒷이야기가 오가는 패덕 클럽은 이런 분위기다. 관람석과 달리 패덕 클럽은 실내 공간이며 라운드 테이블에 앉아 이탈리아에서 날아 온 각종 요리사가 만드는 요리와 샴페인을 즐기며 경기를 즐긴다.

제 4 부 세상을 만나게 해 준 내 인생의 자동차

너 기질이 농후한 나는 페라리나 레드불처럼 인기 있는 팀이 싫다. 그나마 맥라렌 메르세데스의 종합 순위 2위를 기뻐해야 했다. 미친 듯 기뻐하는 페라리 팀원들의 모습을 보고 있는데 서울에서 나를 부러워하고 있던 친구의 문자가 날아왔다. 경기가 끝나자마자 정규 방송을 위해 중계가 끊겼다고. F1의 샴페인 세러모니를 생략하다니. 대단한 대한민국 F1 주관 방송사다. F1에 관심이 없는 건 그들에게 방영권을 빼앗긴 게 억울해서 갖은 훼방을 놓고 트집을 잡던 경쟁 방송국의 행위와 다를 바 없었다.

내가 앉아 있던 메르세데스 GP 페트로나스 패덕 클럽 바로 옆에 위치한 페라리 팀 패덕 클럽에서 환호성이 끊이지 않았다. 알론소의 우승컵을 들고 패덕 클럽으로 들어가는 페라리 팀 스태프가 슬쩍 보이더니 환호성이 더욱 커졌다. 페라리 팀 패덕 클럽에 있던 사람들은 전 세계 티포시들의 대표 선수나 마찬가지였다. F1 팬이 다른 스포츠와 다른 점은 배가 아프다고 해서 옆쪽으로 샴페인 병을 던지거나 하지 않는다는 것이다. 내가 응원하던 미하엘 슈마허도 얼마 전까지는 페라리 팀의 퍼스트 드라이버였으니까. 역시 F1은 어른들의 스포츠다.

가장 구석에 있는 패덕 주차장에서 차를 가지고 나오는 데만 약 한 시간 반이 걸렸다. 그래도 인생에서 가장 기억에 남을 경험 중 하나를 마친 후라 지루하지는 않았다. 금세 어두워지기 시작하는 10월 하늘을 올려다보며 문득 이런 질문을 받았던 게 생각났다.

"F1이 왜 그렇게 인기가 많은 거죠?"

한참을 공들여 설명하긴 했는데, 아마도 그는 결국 이해하지 못했을 거라고 생각한다. 아니, '세계에서 가장 빠른 자동차'들이 달리는데, 그게 왜 인기가 있냐고? 나는 전 세계에서 가장 인기 있는 스포츠 중 하나가 우리나라에서 별 관심을 모으지 못했던 이유가 더 궁금하다. 벌써부터 다음해 10월이 더 기다려진다.

제 5 부

즐겁게, 멋지게, 그리고 자동차와 함께

자동차를 '이동 수단'으로만 여기는 건 어쩌면 자신의 삶을 너무
홀대하는 것인지도 모른다. 꽤 긴 시간을 자동차와 함께하는 현대인에게
자동차는 단순한 이동 수단이 아니라, 옷이나 집처럼 그 사람의 라이프스타일을
대변해 주는 역할을 한다. 그 누구보다도 즐겁고 멋지게
나만의 자동차 생활을 완성해 주는 필수 노하우

자동차 운전, 이것만은 제대로 하자

운전면허는 우리나라에서 가장 따기 쉬운 자격증 중 하나가 되었다. 분야가 다른 자격증과의 난이도 비교가 어려움에도 불구하고 확실히 그렇게 말할 수 있는 이유는, 대한민국의 모든 도로 상에서 운전면허증을 '개나 소나' 발급받고 있음을 확인할 수 있기 때문이다. 더욱 심각한 문제는 그 '개'나 '소'가 엄청나게 높은 확률로 이 글을 읽고 있는 '당신'이 될 수도 있다는 사실이다. '설마 내가?' 하는 마음은 버리고 혹시 다음과 같은 기본적인 자동차 운전법을 모르고 있지는 않나 확인해 보자.

자동차 시동 거는 법쯤은 알고 있으리라 믿는다. 그다음에는 안전벨트를 매야 한다는 것도 당연히 알고 있을 것이다. 그럼 그다음에는? 룸 미러와 사이드 미러의 시야를 다시 한 번 확인해야 한다. 사람의 몸

상태, 그리고 자세는 매일매일 조금씩 달라진다. 당신의 앉은키가 매일 변화한다는 사실을 믿지 못할지도 모르지만 미러의 시야가 항상 조금씩 달라진다는 사실은 알고 있을 것이다. 누군가 만졌을 거라고 생각하겠지만 범인은 바로 당신의 몸이다. 미러 시야를 확인하는 일은 선택이 아니라 필수다.

그다음에는 헤드라이트를 켜는 습관을 들여라. 자동차에 오토 모드가 있다면 그냥 그 위치로 설정하면 된다. 어두운 곳에 들어가면 자동으로 헤드라이트를 켜 줄 것이다. 그러나 안개등 스위치는 반드시 꺼라. 서울 시내를 돌아다니다 보면 안개등을 켜고 다니는 차의 확률이 50퍼센트를 넘는 것 같다. 그중에는 헤드라이트를 끄고 안개등만 켜고 다니는 사람들도 있다. '안개등'은 이름 그대로 안개가 꼈을 때 켜는 등이다. 안개등은 헤드라이트보다 명도가 높지만 빛이 멀리 가지는 않는다. 좀 쉬운 말로 하자면 눈이 부시다는 말이다. 안개가 낀 곳에서는 다른 차에게 자신의 위치를 알리고 가까운 곳을 밝혀 주는 역할을 하지만, 안개가 끼지 않았을 때는 반대편 차의 운전자를 눈부시게 하고 자신의 위치를 가늠할 수 없게 만든다. 컴컴한 밤중에 헤드라이트 대신 안개등만 켜고 차선을 변경하는 행위는 자살 행위나 다름없다. 물론 경찰에게 걸리면 스티커도 발부받는다. 가끔 택시 기사들에게 헤드라이트를 왜 안 켜느냐고 물으면 배터리가 나가기 때문이라고 대답하는 경우도 있는데, 헤드라이트를 켠다고 배터리가 소모되거나 기름을 더 먹지는 않는다.

쏘렌토나 싼타페를 운전하고 있는 사람이라면 이 글을 읽다가 뜨끔한 마음이 들지도 모르겠다. 만약 그렇다면 그는 분명 뒤 범퍼에 있는 반사판 자리에 후방 안개등을 달고 매일 켜고 다니고 있을 것이다. 쏘렌토와 싼타페, 코란도 등은 유럽에 수출되는 경우를 위해 후방 안개등을 달 수 있는 자리가 범퍼에 파여 있는데, 국내 사양에서는 안개등 대신 반사판이 달려 있다. 그 위치에 유럽형 후방 안개등을 다는 것이 유행처럼 번져 최근에는 꽤 많이 볼 수 있다. 돈 들여 달았으니 켜고 싶은 마음이야 이해가 가지만 안 그래도 높다란 차가 그걸 켜고 다니면 뒤따라오는 운전자의 눈에다 서치라이트를 들이대는 것과 마찬가지다. 정작 후방 안개등 장착이 법제화되어 있는 유럽에서는 안개가 안 꼈을 때 후방 안개등을 켜는 사람이 거의 없을 뿐 아니라 만약 그랬다가는 뒤따라오는 차의 하이빔 세례를 받게 된다.(물론 단속 대상이기도 하다.)

또 우리나라에서 절대 지켜지지 않는 것 중 하나는 차선이다. 차선은 중앙선에서 가까운 것부터 1차선, 2차선……으로 불리는데, 중앙선에 가까울수록 고속 차량, 멀수록 저속 차량용 주행 차선이라는 것이 전 세계에서 공통되는 법칙이다. 2차선 이상의 도로에서는 1차선이 추월 차선이며, 하위 차선에서 상위 차선 차량을 추월하는 것은 불법 행위다. 빠를수록 중앙선 쪽으로. 너무나도 간단명료한 법칙 아닌가. 그러나 우리나라에서는 이 간단하고도 만국 공통으로 통하는 법칙이 일반 도로는 물론이고 고속도로에서도 절대로 지켜지지 않는다.

고속도로에서는 1차선을 점거하고 주행하는 차를 너무 쉽게 볼 수 있다.(1차선을 이용해 추월한 후에는 2차선으로 복귀해야 하며, 계속 1차선으로 주행하면 불법이다.) 선팅을 짙게 한 검은색 대형 세단부터 나들이 차림의 아주머니들이 꽉 들어차 있는 버스, 정원을 가득 채운 800cc 경차까지 위반하는 차들의 면면도 각양각색이다. 바짝 다가가서 왼쪽 깜박이를 켜거나 하이빔을 켜도 절대 비켜 주지 않는다. 규정 속도를 지키면서 달리는데 왜 난리냐는 논리다. 규정 속도 이전에 추월 차선으로 주행하는 것 자체가 불법이라는 것은 그들에게 아무 상관이 없다. 어차피 자기 하고 싶은 대로 하고 싶어서 그런 거니까. 속도 제한이 없는 아우토반에서는 1차선이 언제나 비어 있다. 추월을 하고 나면 반드시 주행 차선으로 복귀하며, 추월 중에도 뒤쪽 차량이 더 빠르면 무조건 비켜 준다. 아우토반이 존재할 수 있는 이유는 '빠른 차 우선'이라는 원칙 아래, 차선의 개념이 명확히 지켜지고 있기 때문이다.

얼마 전 한국형 아우토반을 만든다는 뉴스를 보고 웃음을 터뜨린 적이 있다. 편도 16차선의 엄청나게 넓은 도로를 만든다고 하는데, 그 계획을 세운 공무원들이 한심스럽다. 우리나라 고속도로가 아우토반이 될 수 없는 것은 도로가 좁아서가 아니다. 실제로 독일의 아우토반은 대부분 4차선이다. 경부고속도로보다 좁다. 그럼에도 불구하고 속도 무제한이 가능한 이유는 차선의 원칙을 엄격하게 지키면서 주행 중에 계속 미러를 주시하며 상황을 파악하고, 낮에도 헤드라이트를 켜서 자신의 위치를 알리는 등 기본적인 운전 습관이 제대로 들어 있

속도 제한이 없는
아우토반에서는 추월을
하고 나면 반드시 주 행차선으로
복귀하라. 주행 중에도 뒤쪽
차량이 더 빠르면 무조건
비켜 준다. 아우토반이
존재할 수 있는 이유는
빨리 갈 수 있기라는 원칙
아래 자신의 개념을 만회하
자하고 모두 매달린다.

제5부 즐겁게, 멋지게, 그리고 자동차와 함께

기 때문이다. 직진할 때는 물론이고 차선을 변경할 때조차 미러를 안 보는 우리나라 사람들의 운전 매너로 볼 때 속도 무제한은 아직 요원한 이야기다.

운전은 사실 대단한 기술이 아니다. 전자오락 기계를 개조한 실내 자동차 면허 시험장에서도 운전하는 법 정도는 쉽게 배울 수 있다. 그러나 운전면허 교습소에서 진짜로 가르쳐야 할 것은 자동차라는 기계의 조작법이 아니라 수많은 사람이 섞여 시속 100킬로미터로 달리는 도로에서 서로 의사를 소통하고 안전하게 달리는 방법이다. 차선을 변경할 때 사이드 미러도 못 보는 사람은 주행 시험에서 10점을 감점할 것이 아니라 아예 면허를 따게 해서는 안 된다. 그런 작은 실수들이 하루에도 수백, 수천 건의 교통사고를 만들고 있는 것이다.

경제적인 운전이란

'효율적인 운전'이라고 하면 뭔가 되게 재미없고 식상하게 느껴진다. 나도 그랬다. 빽빽하게 밀린 차들 사이에서 스트레스를 받고 있느니 차라리 기름 값을 좀 더 쓰더라도 꽉꽉 밟아서 빨리 목적지에 도착하는 게 정신 건강에 좋다고 생각했다.

나는 시내에서도 액셀러레이터를 끝까지 밟아 가속하곤 했다. 마치 모터사이클을 타듯 재빨리 가속해서 차량의 흐름을 앞서 가면, 차량의 대열 속에 끼어서 애꿎은 기름을 소모하지 않아도 되고 더 빠른 시간 안에 도착할 수 있으니 이득이라고 생각했다.

그러나 BMW 드라이버 트레이닝 센터의 교관은 액셀러레이터를 얼마나 밟아서 속도를 얼마나 올리느냐는 일반 도로에서 목적지에 도달하는 시간을 그다지 줄이지 못한다고 조언한다. 그는 속도를 내는 것보다 '줄이지 않는 것'이 훨씬 효과적이라고 설명한다. 말하자면 차에 브레이크가 달려 있지 않다고 가정하고 운전하는 것이다.

브레이크가 없다고 생각해 보라. 액셀러레이터를 과하게 밟을 수 없을 것이다. 당신은 누가 시키지 않아도 시야를 멀리 두고 주변을 살피게 될 것이며, 도로의 상황을 예측하면서 돌발 상황에 대비하게 될 것이다. 앞쪽에 차들이 정지해 있는 게 보이면 액셀러레이터를 밟는 대신 탄력으로 이동하게 될 것이고, 그만큼 연료 소모가 줄게 된다. 브레이크 페달을 적게 밟는 것만으로 눈에 띌 만큼의 연료 절감 효과가 생긴다.

액셀러레이터를 깊게 밟아 속도를 내다 보면 가속도 때문에 브레이크를 밟을 일도 잦아지고, 더 세게 오랫동안 브레이크 페달에 발을 대고 있어야 한다. 결국 엔진은 쓸모없는 일을 한 셈이다.

그런데 놀라운 사실은 브레이크 밟는 횟수가 줄어들면 평균 속도도 올라간다는 사실이다. 뮌헨 인근의 도로 40킬로미터를 달리면서 시험해 본 결과 평균 시속이 약 10킬로미터(!)나 증가하는 것을 알 수 있었다. 가파른 고저차를 보이는 그래프보다 완만한 곡선의 그래프 평균값이 높은 것과 마찬가지다.

그렇다고 속도를 전혀 내지 말라는 이야기가 아니다. 효율적인 운전과 다이내믹함을 동시에 만족시키는 게 가장 좋다는 걸 명심하도록. 너무 느리게 달리면 연비 소모가 오히려 늘어나고 교통 흐름을 방해할 뿐 아니라 무엇보다도 위험하다.

그렇다면 기름을 절약하고 효율적인 운전을 하려면 액셀러레이터를 어떻게 밟아야 할까. 바닥까지 액셀러레이터를 밟아 발바닥을 비비면서 달리는 게 아니라는 건 누구나 알고 있다. 그러나 어떻게 액셀러레이터를 밟는 게 좋은지는 대부분 잘 알지 못한다. 그렇다면 가능한 한 힘을 빼고 밟은 듯 만 듯하게 달려야 할까? 아니면 엔진 회전이 상승하는 속도에 맞추어 서서히 액셀러레이터에 힘을 주어야 할까?

BMW 드라이버 트레이닝 센터에 따르면, 가장 우수한 연비를 기록할 수 있는 액셀러레이터 조작법은 단번에 80퍼센트가량까지 밟은 후 회전이 상승하기를 기다리는 것이라고 한다. 깊게 액셀러레이터를 밟는 게 오히려 연비에 좋다니 의외였다. 그렇다고 아무 때나 그렇게 밟으라는 이야기는 아니다. 앞서 말한 것처럼 브레이크를 자주 조작하지 말아야 한다는 게 우선이라는 점을 잊지 말 것.

앞쪽에 신호 대기 중인 차들이 보인다면 일찌감치 중립에 놓고 탄력으로 주행하는 것도 좋다. 내리막길에서 중립에 놓는 것도 고려해 볼 만하다. 액셀러레이터를 밟기도, 브레이크를 밟기도 애매한 상황일 때도 중립에 기어를 놓으면 된다. 오토매틱 미션의 경우 액셀러레이터에서 발을 떼고 탄력으로 달리곤 하지만, 이럴 때도 엔진 브레이크가 걸리고 있어서 약간의 연료나마 소모되기 때문이다.

신호 대기할 때도 미련 없이 기어를 중립에 놓아라. 오토매틱 미션의 경우 너무 자주 변속을 하면 수명이 단축된다는 이야기를 하곤 하는데, BMW의 교관은 "적어도 BMW는 그런 걱정을 할 필요가 없다."

고 답했다.(당신의 차가 변속할 때마다 쿨렁대는 낡은 차라면 그냥 D에 놓는 게 나을지도 모른다.) 그러나 중립으로 달릴 때는 너무 과격하게 스티어링 휠을 조작하거나 급격하게 방향을 바꾸는 행위는 삼갈 것. 바퀴에 아무런 트랙션이 전달되지 않기 때문에 미끄러지기도 쉽다. 비용과 환경을 생각하는 '스마트'한 운전자가 되려면 '스마트'한 선택을 할 줄 알아야 한다.

수동 미션의 차를 운전한다면 앞으로는 굳이 1-2-3-4-5의 순서로 변속하지 않아도 좋다. 1-3-5의 순으로 중간을 생략해도 되고, 1-2-3-5의 순서여도 좋다. 가장 중요한 것은 최고 단으로 달리는 시간을 가능한 한 늘리라는 것이다. 최고 단으로 달릴 때 엔진이 소모하는 연료가 가장 적다. 회전수를 지나치게 빨리 올리지 말고, 가능하면 최고 단으로 느긋하게 달려라. 오토매틱 미션이라면 액셀러레이터 조작에 따라 변속 타이밍을 조절할 수 있다. 그렇게까지 신경 쓰기 싫다면 수동 기능을 이용해도 좋다. +와 -로 수동 변속을 지원하는 오토매틱 미션이라면 가능한 한 높은 단으로 달리도록 미리미리 조작하면 된다. P-R-N-D와 저속 기어로만 구성된 오토매틱 미션이라면, 브레이크 조작을 줄이는 데 집중하는 수밖에 없다. 앞으로는 차를 고를 때 좀 더 남자다운 차를 고르는 습관을 들이라는 조언을 하고 싶다.

그리고 디젤 엔진을 이용하라. 우리나라의 '국민 차'는 2리터 휘발유 차다. 예전에는 1.5리터가 가장 많이 팔렸는데 2리터가 대세가 된 지도 꽤 됐다. 그런데 2리터 휘발유 차는 기름 값이 장난이 아니다. 자동차 마니아들은 자동차가 이동 수단이자 취미 생활이니까 기름 값으

BMW의 '이피션트 다이내믹스'라는 슬로건은 경제적인 운전이 단순히 '느리게'를 의미하지 않는다고 주장한다. 그들은 기술혁신 노하우로 다이내믹함과 경제성의 양립을 증명하고 있다. 하이브리드 못잖은 연비를 자랑하는 320d '이피션트 다이내믹스'는 이제 오토매틱 미션으로도 수동 아니 CVT를 따라잡는 연비를 내며 2013년부터는 전기 슈퍼카 i8을 양산한다.

제 5 부 즐겁게, 멋지게, 그리고 자동차와 함께 289

로 어느 정도 돈을 써도 괜찮다고 생각할지 모르겠지만, 한 달에 수십만 원씩 쏟아 붓다가는 평생 '드림 카'는 못 산다.

그렇다고 2리터 휘발유 차가 그만큼 잘 달려 주는가 하면 그것도 아니다. 달리기 성능에는 만족도 못 한 채로 기름 값만 날아가는 것이다. 사실 만족스러운 가속 성능을 맛보려면 3리터급은 되어야 하는데, 2리터에 질린 가슴으로는 기름 값 걱정 때문에 거저 받아도 못 타게 된다. 게다가 세금이나 보험료도 함께 오르니, 회사 지원이나 경비 처리가 불가능한 샐러리맨에게는 현명한 선택이 아니다.

물론 대안은 있다. 바로 디젤 엔진이다. 아직도 디젤은 트럭용 연료라고 생각하는 사람이 많지만, 스포츠 주행을 좋아하기로는 세계 최고라고 할 수 있는 유럽에서 과반수의 승용차가 디젤 엔진이라는 사실을 보면 선입견을 없앨 수 있을 것이다. 2리터 디젤은 3리터 휘발유 엔진보다 토크가 강력하다. 저회전에서 힘이 나오기 때문에 운전이 쉽고 편하다. 추월 가속은 휘발유 차와 경쟁이 안 될 정도로 빠르다. 게다가 고속에서는 휘발유 차보다 소음이 적어지기 때문에 오히려 정숙하다. 그러면서도 사용하는 기름 값은 절반에 불과하다. 물론 서 있을 때는 트럭 비슷한 소리가 나기 때문에 거슬릴 수도 있지만, 자동차를 타고 서 있는 시간보다 달리는 시간이 긴 거야 당연한 일이다. 정차 시 소음 때문에 디젤이 싫다는 건 가창력이 없어 소녀시대가 싫다는 것처럼 본질을 벗어난 편견이다.

자동차 길들이기는 여자친구 대하듯

"자동차 길들이기 어떻게 하나요?" 내가 지금까지 자동차 저널리스트 생활을 하면서, 인터넷 동호회 활동을 하면서, 자동차 블로그를 운영하면서, 가장 많이 들은 질문 중 하나다. 게다가 이 질문에 아무리 상세하고 명료하게 답변을 해도 반박하는 사람이 정말 많다. 심지어는 자칭 자동차 전문가라는 사람들마저도 제대로 길들이기와는 정반대의 방법으로 자동차를 혹사시키면서 '자동차 길들이는 법'이라는 제목으로 설명하기도 한다.

물론 이 책에 자동차를 길들이는 올바른 방법을 소개한다고 해도 이 질문을 하는 사람들은 사라지지 않을 것이다. 이 책의 내용에 반박하기 위해 출판사에 전화를 하거나 저자의 연락처를 알려 달라며 항의하는 사람(혹은 그리고 싶어 하는 사람)도 꽤 많을 것이다. 그렇기 때문에 여기서는 가장 객관적이고 권위 있는 자료에 의지하려고 한다.

그것은 다름 아닌 '자동차 사용 설명서'다. 자동차를 구입하면 반드시 따라오는 그 물건 말이다. 국산 차건, 수입 차건, 경차건, 슈퍼카건, 이륜차건 간에 엔진 달린 탈것을 구입하면 설명서는 반드시 따라온다. 법률로 제공하도록 되어 있기 때문에 연간 한두 대밖에 팔리지 않는 영국제 스포츠카라고 해도 사용자 설명서는 구할 수 있다. 자동차는 전 세계 수십 개 국가에서 만들고 있지만, 모두 대동소이한 구조인 데다 99퍼센트에 4행정 엔진이 장착되어 있기 때문에 그 길들이기 방법은 동일할 수밖에 없다. 여기서는 그 내용을 알기 쉽게 풀어서 설명하려고 한다.

자, 우선 길들이기를 잘해서 오래오래 고장 없이 잘 타고 싶은 당신의 '애마'를 '애인'으로 의인화하자. 그녀의 모든 것을 보살펴 주고 이해하면서 오래오래 함께하고 싶어 했던 그 시절, 즉 첫 만남의 날로 돌아가 보자.

우선 가장 먼저 만나면 우리는 통성명을 한다. 가족 관계를 묻고, 좋아하는 음식을 묻고, 취미나 특기 같은 것도 물어본다. 커피 잔 너머로 그녀의 일거수일투족을 살피면서 어떤 여자인지 알아내려고 노력한다. 자동차도 마찬가지다. 시트 조절 범위가 얼마나 되는지, 스티어링 휠은 아래위로, 가까이 멀리 조절이 되는지, 에어컨 버튼은 어디에 있고, 연료 주입구는 어느 쪽에 있으며, 트렁크를 여는 버튼은 어디에 있는지 등등을 살피고 사이드 미러와 룸미러를 자신에게 맞게 조절한다. 이런 것도 길들이기의 일종이다. '길들이기'란 다른 말로 '익숙해지기'다. 새 자동차에 익숙해지는 것도 길들이기의 하나다.

시동을 건 후에는 그녀에게 다음 장소로 이동할 것인지, 아니면 여기서 좀 더 이야기를 나누고 싶은지를 묻듯이 최대한 조심스럽게 기어를 변속하고 출발을 한다.

연애 경험이 좀 있는 사람이라면, 첫 만남에서의 영화 관람이 얼마나 나쁜 선택인지 알고 있을 것이다. 서로에 대해 잘 알아 가야 할 시간에 두 사람은 서로의 얼굴 대신 앞으로 어떻게 전개될지 모르는 화면 쪽을 보고 있어야 한다. 가장 나쁜 것은 두 시간 동안 같은 자세로 앉아 있어야 한다는 점이다. 당신도 마찬가지겠지만 여자는 처음 만나는 자리에는 꽤 차리고 나온다. 옷은 꽉 끼고, 화장은 두텁다. 그런 상태로 두 시간 동안 앉아 있기는 쉽지 않다. 신차를 가지고 고속도로에 올라 정속주행을 하는 건 첫 만남에서 영화를 보러 가는 것과 마찬가지다. 공장에서 나오자마자 똑같은 속도로 계속 달려야 하는 자동차는, 타이트한 원피스를 입고 하이힐을 신은 채 처음 보는 남자와 코미디 영화를 봐야 하는 여자와 같다. 다른 예를 들자면 때린 자리를 계속 때리는 군대 고참이나, 한 얘기 또 하고 또 하는 선생과 같은 행동이다. 그런 타입의 선생들은 수십 번 반복된 자신의 농담이 학생들에게 무척 재미있고 유익할 것으로 착각하곤 하는데, 고속도로에서 길들이기를 하는 운전자들도 그런 행동이 자신의 새 자동차가 앞으로 십 년 동안 도로를 달리는 데 있어서 무척 도움이 될 것이라고 착각

당신의 차가 지나간 자리에
이런 자국이 남아 있다면 그건
길들이기에 실패한 것이다.
자동차를 길들이는 동안 절대
피해야 하는 것은 급가속,
급감속, 그리고 엔진이 정상
온도에 이를 때까지 무리하게
엔진을 회전시키는 일이다.

하곤 한다. 자동차 동호회 게시판에는 지금 이 시간에도 "고속도로에서 길들이기 마치고 왔어요!" 또는 "내가 한 번 쭈욱 밟아서 길들이기 해 드릴게요!"라는 글이 올라오고 있다.

    길들이기의 정의는 공장에서 생산되어 아직 제대로 자리 잡지 못한 각종 부품들이 서로 잘 들어맞을 수 있도록 도와주는 것이다. 초정밀 공작 기계로 제작된 최신 자동차의 피스톤과 실린더 벽은 아주 잘 연마되어 거의 거울과 비슷한 상태다. 그래서 길들이기가 '필요 없다'고 주장하는 사람들도 있지만, 내가 지금까지 확인한 바에 따르면 그 어떤 자동차 매뉴얼도 길들이기를 '하지 말라'고 하지는 않는다. 국산 경차건 페라리건 모두 동일하게 사용 설명서는 일정 거리까지는 엔진 회전수의 절반 이하로 주행하라고 요구한다. 그 거리는 차에 따라 다르지만, 대략 2000킬로미터에서 5000킬로미터 사이다. 좀 더 제대로 하려면 1000킬로미터 단위로 끊어서 생각하는 것이 좋다. 가령 1000킬로미터까지는 2000rpm, 2000킬로미터까지는 2500rpm, 3000킬로미터까지는 3000rpm 하는 식이다.(디젤 엔진이라면 좀 더 낮게 잡을 수도 있다.) 거기에 또 한 가지 붙는 조건이 '정속 주행을 삼갈 것'이다. 이게 바로 고속도로 주행을 하면 안 되는 이유다. 쉽게 말하면 '일정한 회전수를 유지하며 달리지 말라'는 이야기다. 고속도로에서 주행하면 80~120킬로미터의 속력으로 일정하게 달리기 마련인데, 이때 당신 애마는 최고 기어의 일정 회전수에 고정된 채 달리게 될 것이다. 그건 아직 손도 안 잡은 여자의 팬티 속에 손을 넣고 계속 주물거리는 것과 같다.

"1단으로 2000rpm까지 올린 후 2단 변속, 2000rpm이 되면 3단 변속, 또다시 2000rpm이 되면 4단 변속……, 그리고 다시 감속할 때는 서서히 역순으로"라는 게 길들이기 주행의 정석인데, 고속도로에서는 그게 절대 불가능하다.

서서히 회전수를 올리는 것도 연애와 마찬가지다. 대부분의 정상적인 연인들은 처음 만난 후 손을 잡고, 그 다음에 팔짱을 끼고, 어깨에 얼굴을 기대고, 키스를 하고, 만지고 싶은 곳을 만지고, 마침내 사랑을 나눈다. 가끔 이 단계들을 급하게 속성으로 치르거나 건너뛰고 바로 사랑을 나누는 경우도 물론 있다. 그러고도 평생을 해로하는 사람들도 있긴 있을 것이다. 하지만, 빨리 뜨겁게 달궈진 사랑은 빨리 식는다. 차를 출고하자마자 고속도로에 올려서 톱기어 최고 속도로 순항한다고 해도 아무 일도 일어나지 않을 수도 있다. 그러나 그것은 당신이 처음 만난 날 잠자리를 허락한 여자를 평생 사랑할 거라고 다짐할 확률과 비슷하다. 만약 당신이 첫 만남에 몸을 허락한 여자를 헤프다고 생각하는 타입이라면, 첫 주행에 속성으로 길들이기를 끝낸 차를 타는 내내 '이 차 문제 생긴 거 아냐? 이거 봐, 처음엔 이 잡소리도 안 났던 것 같은데?'라는 의구심을 품고 살아가야 할 것이다.

다시 한 번 쉽게 요약하자면, 길들이기는 막히는 시내 도로에서 천천히 가다 서다를 반복하면서 하는 게 가장 좋다. 매뉴얼에 써 있는 길들이기 방법을 실행하려면 그 방법밖에는 없다는 이야기다.

어쩌면 당신은 지금까지 고속도로에서 길들이기를 해 왔고, 그 방법을 동호회원들에게 퍼뜨려 왔을지도 모른다. 그렇다고 당신의 행동을 합리화하기 위해 이 글을 '자기만의 생각'이라고 폄훼하지 마라. 이 글은 자동차의 사용 설명서에 근거한 것이고, 십여 년 동안 신차를 수백 대 이상 시승하면서 얻은 경험으로 확인한 것이다.(신차 엔진을 고장 내기는 생각보다 쉽다.)

　마지막으로 한 가지. 길들이기란 '끝마칠' 수 있는 것이 아니다. 여자와 좋은 관계를 만드는 것이 사귀기로 결정하거나 결혼식을 올린다고 끝나는 것이 아닌 것과 마찬가지다. 첫 만남에서는 그때 해야 할 일이 있고, 사귀는 과정에는 그때 지키고 잊지 말아야 할 것들이 있다. 그러나 결혼하고 나서는 더더욱 조심해야 할 것들이 생기고, 심지어 자식들을 모두 출가시키고 두 사람이 노후 생활을 할 때까지도 조심하고 지켜 줘야 할 것들이 있게 마련이다. 설명서가 지정하는 기간 동안 길들이기가 끝났다고 해서 마음대로 밟아도 된다는 이야기가 아니다. 시동을 건 직후, 시동을 끄기 전에는 전희와 후희가 필요하다. 그리고 여자는 남자와 달리 섹스를 할 때마다 오르가슴에 도달하지 못하는 것처럼, 자동차도 언제나 최고 속도로 달릴 수 있는 건 아니다. 엔진의 예열 상태, 엔진 오일의 점도, 타이어의 공기압 등 다양한 조건이 만족되어 있어야 비로소 최고의 성능이 나온다. 자동차의 애칭을 부르며 매일매일 세차를 해 주는 것만이 차를 제대로 아끼는 방법은 아니다. 상태를 잘 살피고 그때그때의 상황을 잘 파악해 가면서 다루는 것이 무엇보다 중요하다.

엔진 오일 가격과 교환 주기는 비례하지 않는다

나쁜 엔진 오일을 넣으면 정말 차가 설 수도 있을까? 좋은 기름을 넣으면 정말 차가 더 빨라질까? 차 값이 얼만데 아무 오일이나 쓰냐고 걱정해 주는 정유회사들의 조언을 과연 그대로 믿어도 되는 걸까? 정유사들은 좀 더 비싼 걸 쓰라고 밤낮으로 광고를 내보내고, 카센터 직원은 얼굴을 볼 때마다 엔진 오일 갈 때가 됐다며 지갑 열기를 종용한다. 시키는 대로 다 바꾸고 새로운 걸 넣다가는 아마도 얼마 지나지 않아 소모품 비용 합산 금액이 차 값을 앞지르고 말 것이다.

엔진 오일, 냉각수, 각종 필터 등의 소모품은 일정한 거리를 달리고 나면 꼭 바꿔 줘야 하는 것들이다. 당연히 갈아야 할 것들을 갈면서도 카센터에 갈 때마다 기분이 나빠지는 이유는 자기 자동차의 설명서조차 제대로 읽지 않는 소비자의 무지와 조금이라도 더 자주 갈게 만들어서 이득을 챙기려는 카센터 사장의 탐욕이 합쳐진 결과다. 만약 소모품 점검 주기를 체크하기 귀찮거나 소모품 비용 따위에 관심도 없는 재력가라면 그냥 카센터 사장의 충고에 따라 갈면 된다. 소모품은 자주 갈면 갈수록 차에게는 좋으니까.

가장 대표적인 소모품인 엔진 오일의 경우 대부분의 자동차 메이커들은 1만 킬로미터에 한 번씩 교환하라고 지정하고 있다. 설명서에 지정하는 대로 따르면 오일 교환 시기를 놓쳐서 차가 멈추거나 하는 일은 없다. 그러나 만약 주행 거리의 대부분을 서울 시내를 달리는 데 사용한다면 1만 킬로미터가 될 때까지 오일을 갈지 않는 것은 좋은 선택이 아니다. 막히는 시내에서 가다 서다를 반복하고 달리지 못해 과열되기를 반복한 오일은 그만큼 성분의 분화가 빨라지기 때문이다. 서울 시내에서만 달린 차의 오일을 빼 보면 5000킬로미터만 달려도 오일의 더러움과 점도 저하가 심한 것을 알 수 있다. 차를 사랑하는 사람이라면 차 밑에 번쩍거리는 네온 등을 다는 대신 오일을 한 번 더 갈아 주는 편이 좋다.

"차 값이 얼만데!"라는 광고로 대표되는 100퍼센트 합성 엔진 오일을 넣으면 교환 주기가 더 길어진다는 것은 착각이다. 비싸니까 더 오래 갈 거라고 생각하는 사람은 차라리 싼 오일을 자주 갈아 주는 편이 좋다. 100퍼센트 합성유는 더 오래 가기 때문에 좋은 오일이 아니라 엔진 내부의 윤활과 세정, 냉각이라는 엔진 오일 본연의 성능이 더 뛰어나기 때문에 좋은 오일이다. 수명은 광유와 거의 같다고 보는 편이 맞다. 가끔 비싼 값 들여 넣었으니 오래 써야겠다고 궁상떠는 사람들도 있는데, 카드 빚 내서 명품 가방 하나 사서는 1년 365일 그것만 들고 다니는 된장녀랑 다를 바 없다.

어느 정유회사는 2000cc 이상의 차에는 합성유를 넣으라고 광고하고 있지만, 사실 합성유는 저배기량 차에 더 유용하다. 합성유는 고회전 상황에서의 윤활 성능이 우수하고 고온에서 성분이 분화되는 속도가 일반 광유보다 느린데, 배기량이 낮을수록 고회전을 많이 이용하게 되는 만큼 합성유의 장점을 더 느끼기 쉽다. 경차에 합성유를 넣어 보면 놀랄 만큼 부드럽고 가볍게 가속하는 것을 느낄 수 있다.

만약 수입 차를 탄다면 소모품에 대해 좀 더 알아 둘 필요가 있다. 독일 차들은 전 세계에서 인정받는 최고의 성능을 자랑하는데, 그 이유 중 하나가 바로 소모품 때문이다. 독일 자동차 메이커들은 다른 나라의 메이커들과 달리 수많은 부품을 소모품으로 취급한다. 특히 독일 차의 경우 엔진 오일은 '교환'하기 이전에 '보충'이 필요하다. 엔진이 오일을 소모하기 때문이다. 20년 전 국산 차도 아니고 엔진이 오일을 먹는다는 게 말이 되느냐고 흥분하기 전에 독일제 엔진의 특성을 잘 알아 두는 편이 좋다. 독일제 엔진은 엔진 오일을 피스톤과 실린더 벽 사이에 적극적으로 밀어 넣어 연소시킴으로써 더욱 부드러운 윤활을 가능케 한다. 피스톤과 실린더 사이에 정밀하고 균일한 오일 통로를 새겨 넣는 것은 쉬운 일이 아니다. 정밀한 가공 기술과 품질 관리가 가능해야 할 수 있는 일이다. 만약 오일 소모를 도저히 납득할 수 없다

엔진 오일에 관한 논란은
끊이지 않는다. 나는 순정
캐스트롤 엔진 오일 대신에
BMW가 F1에서 사용했고, 현재
메르세데스 GP팀이 사용하고
있는 페트로나스 엔진 오일을
사용한다. 매뉴얼보다 교체
주기도 상당 짧게 잡는다.
그 이유는 돈이 조금 더 들더라도
건강에도 쏟아서 때문이다.
그러나 정말 차의 건강에 좋은 건
매뉴얼대로 따르는 것이다.

제 5 부 즐겁게, 멋지게, 그리고 자동차와 함께

면 일본 차나 국산 차를 타면 된다. 유럽의 자동차 메이커에 비해 뒤늦게 출발한 일본 차는 메인터넌스 프리, 즉 정비나 보수가 필요 없다는 점을 대중에게 장점으로 부각시키기 위해 오일 소모를 극한까지 줄였고 국산 차도 그 사상을 그대로 물려받았다. 돈을 좀 들이더라도 최고의 상태를 유지하도록 만드는 독일 차의 사상은 엔진 오일뿐 아니라 서스펜션까지도 소모품으로 취급한다. 비용이 좀 들긴 해도 언제까지나 신차의 상태를 유지할 수 있다는 장점이 있다.

얼마 전에 100퍼센트 합성유로 갈아 줬으니 소모품 걱정은 없다고 자부하는 당신. 타이어는 언제 바꿨는가? 친구 녀석 하나가 "5년이나 탔는데도 아직 타이어 홈이 멀쩡해."라고 하기에 뒤통수를 한 대 때려 준 적이 있다. 녀석은 국내 최대의 자동차 회사 영업사원이었으니, 우리나라 사람들이 얼마나 타이어에 무관심한지 알 수 있다. 자동차 타이어는 대개 4만 킬로미터 또는 4년을 수명으로 친다. 두 조건 중 어느 하나라도 해당하면 갈아 줘야 한다는 이야기다. 수명이 지난 타이어는 내부의 고무 성분이 모두 산화하여 제대로 된 그립력을 발휘하지 못한다. 말랑말랑하던 타이어도 오래 되면 점점 딱딱해지기 때문에 수명이 지나면 더 이상 닳지도 않는다. 5년이나 탔는데 멀쩡한 타이어는 10년이 지나도 닳지 않을 것이다. 대신 자세히 들여다보면 미세한 금이 가 있고 표면이 거칠거칠하다. 비가 오거나 눈이 오면 순식간에 미끄러져 가족을 위험에 빠뜨릴 수 있다는 이야기다.

그 외에도 신경 써야 할 소모품은 무척 많다. 자동차의 엔진과 실내에 신선한 공기를 공급해 주는 에어 클리너 필터와 에어컨 필터, 엔진을 구동하는 각종 벨트류, 시야를 확보하고 다른 차에게 자신의 상태를 알릴 헤드라이트와 방향 지시등, 브레이크등 전구까지 어느 하나 중요하지 않은 것이 없다. 어쩌면 에어백이나 ABS보다도 운전자의 생명을 더욱 확실하게 지켜 주는 것은 수많은 소모품일지도 모른다. 그러나 우리는 거리에서 브레이크등이 고장 난 차와 연기를 뿜어내며 갓길에 서 있는 차를 얼마나 많이 만나는가. 제대로 된 워셔액 대신 주유소에서 공짜로 주는 정체불명의 파란색 '물'을 넣고 있는 사람은 과연 자신의 애마가 잘 관리되고 있다고 자신할 수 있을까.

튜닝의 끝은 어디일까

고등학교를 갓 졸업했을 때, 친구 녀석이 차를 샀다며 전화로 호들갑을 떨었다. 대학 입학식도 치르기 전에 차를 샀다는 소식을 듣자 나는 녀석의 '꼬붕'이 되어도 좋다고 생각했다. 내가 고등학교를 졸업한 1990년대 초는 차종에 상관없이 차만 있으면 킹카로 불리던 때였다. 오너는 물론이고 조수석에 앉은 남자까지도 왠지 있어 보였다. 나이트클럽에서 만나는 언니들은 차 소유 여부를 이름보다 먼저 물어봤다. 그런 때에 친구 녀석이 차를 샀다니 기쁘지 않을 수 없었다.

당장 녀석에게 달려갔다. 녀석이 초등학교 때부터 모은 용돈으로 구입한 차는 현대 스텔라였다. 당시에도 그다지 새로운 차는 아니었고, 마침 당시 택시들이 모조리 스텔라였기 때문에 김이 좀 새긴 했다. 게다가 녀석의 차는 유리창이 자동으로 열리는 장치도 없어서 레버를 빙빙 돌려 열어야 했다. 당시에도 그건 좀 깼다. 아니 많이 깼다. 용돈 모아 샀다기에 용돈을 엄청 많이 받나 했더니 그것도 아닌 모양이었다. 녀석은 의기양양했지만 자기 차에 타려면 꼭 익혀야 하는 게 있다면서 내게 손목의 스냅을 이용해 창문을 부드럽게 여는 기술을 가르쳤다. '야타'(그게 뭔지 모르는 어린 독자를 위해 설명하자면, 지나가는 여성에게 "야, 타!"라고 외치면 그녀들이 차에 올라타는 것이다. 그땐 그게 유행이었다.)를 할 때는 조수석에 앉은 사람이 작업을 걸어야 하는데, 그때 창문을 수동으로 열어야 한다는 걸 알면 여자들이 타지 않는다는 이유 때문이었다.

우리는 스텔라로 첫 야타에 나섰다. 술에 취한 몇몇 아저씨들이 내 친구의 흰색 스텔라를 택시로 착각해 손을 흔들거나 심지어 신호 대기 중인 차에 올라타기도 했다는 점을 제외하면 우리의 성적은 꽤 괜찮았다. 처음 만나는 사이지만 페로몬이 넘친다는 공통점 아래, 나와 내 친구, 그리고 뒷좌석에 탄 두 명의 여자들은 크게 틀어 놓은 서태지의 음악에 고개를 끄덕이며 서울 시내를 휘젓거나 교외로 드라이브를 떠났다.

그러나 녀석의 차는 여름이 되자 한계를 드러냈다. 우선 에어컨이 고장 나 있었고, 친구는 그 사실을 알리고 싶어 하지 않았기 때문에 창문을 내리지 못하게 했다. 실내는 당연히 찜통 같은 상황이었고, 야타에 성공하더라도 언니들은 금방 내리겠다고 소리쳤다. 우리의 좋은 날도 끝나 가는 것 같았다. 열사병으로 죽어 가는데도 꿈쩍 않던 친구 녀석은 언니들과의 만남이 불가능해졌다는 사실을 확인하자 아르바이트를 시작했다. 막노동판을 한동안 왔다 갔다 하더니만 녀석은 찬바람이 빵빵하게 나오는 에어컨을 달고 내 앞에 다시 나타났다. 우리는 처음 야타를 나가던 날처럼 행복했다. 녀석이 에어컨을 달았던 동네 카센터는 그 주변에서 솜씨로 꽤 알아주는 곳이라고 했다. 카센터 주인 형이 무척 싸게 에어컨을 달아 줬다면서 그곳을 자신의 아지트로 삼기 시작했다.

어느 날 따라가 봤더니 카센터 앞에는 휘황찬란한 차들이 주루룩 늘어서 있었다. 수입 차는 꿈도 못 꾸던 때라 모두 국산 차였지만, 그 차들은 널찍한 휠에 내 얼굴만 한 구멍이 난 머플러를 달고 보닛에서 루프로, 그리고 트렁크로 이어지는 줄무늬를 그려 넣고 있었다. 트렁크 위에는 누가 더 키가 큰지 경쟁이라도 하는 것처럼 높다란 스포일러(라기보다는 날개라고 부르는 게 정확할 것이다.)를 달고 있었다. 원래 차 색깔이 뭔지 모를 정도로 스티커가 여기저기 붙어 있고, 선팅이 진해 내부는 전혀 보이지 않았다. 실내는 더욱 가관이어서 전체를 빨갛게 칠한 놈, 인형을 산더미처럼 쌓아 놓은 놈, 방향제와 무드 등으로 여관방처럼 꾸며 놓은 놈까지 있었다. 나름 점잖은 집안에서 수준 높은 가정교육을 받아 온 나는 이곳이 자동차 폭주족의 소굴이라는 걸 금세 알아차렸지만 친구 녀석은 이미 입이 헤 하고 벌어져서 막노동판에서 번 돈을 날개 구입에 쓰기 직전이었다. 한 가지 이상한 점은 그 괴상망측한 자동차의 오너들이 모두 끝내주게 생긴 여자친구를 한 명씩 옆구리에 끼고 있었다는 것이다. 그녀들은 헤어스타일이나 말투가 좀 거슬리기는 해도 얼굴과 몸매는 수준급이었다. 친구 녀석이 그 차가 진짜 멋지다고 생각한 것인지, 아니면 차를 그렇게 꾸미면 자기도 그런 여자애들과 놀 수 있을 거라고 생각했는지는 알 수 없지만, 아무튼 그 일로 나는 그 녀석과 점점 멀어졌다. 사실 그 당시에는 내가 좀 더 여자의 태도나 품위에 너그러운 성격이었다면, 그녀들을 안을 수 있었을 텐데 하는 생각도 해 봤다. 그러나 나는 도저히 길거리에 침을 '찍' 뱉거나 쌍시옷을 입에 달고 사는 여자와는 5분 이상 대화를 나눌 수가 없어 포기했다.

그 친구를 다시 만난 것은 사회인이 된 후였다. 꽤 오랜 세월이 흘러 그 녀석의 존재를 거의 잊고 있을 무렵이었는데, 신호 대기를 하던 옆 차가 빵빵대서 쳐다봤더니 그 녀석이었다. 나는 일 때문에 빌린 아우디 A8 시승차에 타고 있었고, 녀석은 꽤 튜닝한 걸로 보이는 티뷰론을 타고 있었다. 녀석은 무척 반가운 듯 "짜식 성공했구나!"라고 외쳤는데 얼굴 표정에는 뭔가 얕보는 듯한 기색이 보였다. 대부분은 수입차를 타고 있으면 (비록 내 것이 아니라 시승차라고 하더라도) 부러워하거나 신기해하면 몰라도 얕보지는 않았는데 7~8년 만에 만난 녀석은 두말도 없이 신호가 바뀌자마자 달려 나가 '어라, 이건 뭐지?' 싶었다. 타이어 찢어지는 소리를 내며 튕겨져 나가는 녀석의 티뷰론 꽁무니에서는 길이가 2미터는 됨 직한 시퍼런 불꽃이 뿜어져 나오고 있었다. 거의 제트기가 이륙하는 모습이었다. 속도도 상당히 빨라서 4200cc V형 8기통 엔진이 달린 A8로도 쫓아갈 수가 없었다. 녀석은 독일제 스포츠 세단을 이기자 신이 났는지 신호를 두 번이나 위반하고는 계속 달려 나가더니 금세 시야에서 멀어져 보이지도 않았다. 오래전 친구를 만나서 기뻐해야 할지 슬퍼해야 할지 몰랐다. 그 후 녀석이 몇 다리 거쳐 내 연락처를 수소문해 전화를 걸어 왔다.

우리는 새벽 남산에서 오랜만에 자판기 커피를 뽑아들고 지난 얘기를 나눴다. 대부분은 자동차 이야기였는데, 명색이 자동차 저널리스트인 데다 6기통 차에 2기통 바이크 석 대까지 총 12기통을 소유한 내가 아니라 녀석이 말을 더 많이 했다. 녀석은 티뷰론에 커다란 터보를 두 개 달아서 600마력을 낸다고 자랑이 이만저만이 아니었다. 나더러 기자인데 왜 이 바닥에서 자기 이름을 못 들어봤냐고 하는 걸 보면 드래그 레이스에서 이름도 꽤 날린 모양이었다. 그러고 보니 녀석의 팔꿈치에 매달려 있는 인형 같은 여자애도 인터넷 중고차 사이트의 레이싱걸 사진 게시판에서 본 듯한 얼굴이었다. 그러나 녀석의 차는 '레이싱 머신'이라고 불리기는 좀 미흡한 머신이었다. '기능미'의 집합체여야 할 레이싱 머신이 아니라 제발 나 좀 쳐다봐 달라고 외치는 '화양리 쇼바를 올려라'족에 더 가까웠다. 불을 뿜는 머플러는 엔진의 밸런스가 맞지 않음을 나타내는 증거였고, 땅바닥을 긁을 만큼 낮춘 서스펜션이 노면의 충격을 흡수하지 못해 차체는 여기저기가 뒤틀어져 있었다. 타이어는 과도한 출력 때문에, 혹은 일부러 일으킨 휠 스핀 때문에 짓이겨져서 제 구실을 못하고 있었다. 실내에는 여기저기에 카본 무늬 시트를 덧대어 오히려 무게가 늘어나 있었고, LED 조명을

튜닝이란 겉모습을 화려하게 꾸미는 게 아니라 모자란 것을 메우고 남치는 것을 덜어 내어 조화롭게 만들어주는 작업이다. 유럽 메이커들은 오리지널 튜닝 프로그램을 갖고 있는 경우가 많다. 특히 BMW는 성능과 안전, 멋을 모두 챙 튜닝해 주는 다양한 프로그램을 갖춰 놓고 있다. 마시라면 나는 사진만 봐야 볼 수 있는 3시리즈 6MT 퍼포먼스 에디션, 눈 독이는 것보다는 진짜 한 맛 좋자는 자동을 위한 튜닝이다.

여기저기 달아 놓은 탓에 나이트클럽을 방불케 했다.(시선이 분산되어 위험하다.) 그러나 친구 녀석은 1억 원을 훌쩍 넘는 독일 차를 가속력으로 깔아뭉갰다는 만족감으로 들떠 있었고 나와의 만남도 오랜 친구와의 재회보다는 승자의 거들먹거림이 목적이었다. 친구의 모습이 짜증 난 것인지, 겨드랑이에 얼굴을 묻고 연신 눈웃음을 날리던 그 여자아이의 모습이 짜증 난 것인지는 모르겠지만 나는 기분이 별로 좋지 않았다. 분명한 것은 녀석에게 신호등 드래그 레이스에서 진 것이 내게 아무런 의미도 없었다는 사실이다.

자동차 마니아들 사이에는 '튜닝의 끝은 순정'이라는 말이 있다.

순정 차량에 브레이크를 강화하면 서스펜션이 못 받쳐 주고, 타이어를 바꾸면 엔진이 그립력을 이겨 내지 못한다. 그리고 엔진을 개조하면 다른 모든 부분을 손대야 한다. 모든 부분의 밸런스를 맞추다 보면 결국은 한 급 위의 순정 상태가 된다. 수많은 사람들이 엄청난 돈을 들여 알아 낸 '진리'다.

돈을 들이지 않아도 '튜닝'이라는 단어의 뜻만 잘 이해하면 그 결론은 쉽게 나온다. 튜닝이란 '조화', '동조'시킨다는 뜻이다. 악기를 조율하는 데도 쓰이는 단어다. 결국 자동차를 개조하고 부품을 바꾸는 게 아니라 오랫동안 달리고 세월이 흐름에 따라 노화된 부품을 새것으로 바꾸고, 소모품을 교환해 주는 작업을 말하는 것이다. 때 맞춰 엔진 오일을 갈고, 타이어를 신품으로 바꾸고, 서스펜션을 점검하는 것이 진정한 '튜닝'이다. 개조해서 성능을 높이는 것은 '튠업'이라는 단어가 올바른 표현인데, 이것은 모든 튜닝을 마친 후에 하는 게 맞다. 남들보다 빠르기 위해서, 혹은 눈에 더 띄기 위해서 더 높은 출력으로 세팅하고 과도한 부품을 끼워 넣는 것은 교도소에서 복역하는 죄수들이 칫솔을 갈아 페니스에 밀어 넣는 것만큼이나 위험하고 의미 없는 짓이다. 여자가 페니스의 굵기가 아니라 분위기와 매너를 더 중시하는 것처럼, 진짜 멋진 자동차는 카스테레오를 있는 대로 크게 틀고 요란한 배기음을 뿜내는 차가 아니라 깨끗하게 관리된 평범한 차다. 자신의 부족함을 빠른 차가 메워 줄 거라고 생각하는 것은 20대 초반까지만 허용되는 착각일 뿐이다.

완벽한 운전을 위한 완벽한 자세

나는 한 달에 대여섯 대 이상의 자동차를 타는 일이 잦다. 시승은 주로 신차 위주로 이뤄지기 때문에 대부분은 생전 처음 타 보는 차들이다. 또 슈퍼카처럼 보통 자동차와는 다른 구조를 가졌거나 미니밴처럼 내가 평소 타고 다니는 미니의 두 배 가까운 크기를 자랑하는 것들도 있다. 처음 타는 차를 운전하는 게 어렵지 않느냐고 물어보는 사람도 많지만, 사실은 그렇게 어렵지 않다. 자동차라는 기계의 완성도는 정말 대단한 것이어서, 1리터 2기통 엔진을 장착한 경차든, 8리터 12기통 엔진을 장착한 롤스로이스든 스티어링 휠을 돌려서 방향을 바꾸고 페달을 밟아 달리고 멈춘다는 점은 동일하다. 그래서 약간의 감각만 있으면 별 어려움 없이 금세 익숙해질 수 있다. 전 세계의 각기 다른 면허 체계 속에서 동일한 조작법, 대동소이한 발진 감각과 정지 감각을 갖고 있다는 건 어찌 보면 신기한 일일지도 모른다.

　자동차에 타서 가장 먼저 하는 일은 안전벨트를 매는 것이다. 자동차 문을 닫는 동시에 벨트를 채운다. 나는 그 동작이 불편하거나 거추장스럽다는 생각을 해 본 적도 없고, 몸이 조인다는 생각을 해 본 적도 없다. 안전벨트는 허리에 차는 벨트보다 훨씬 덜 불편하기 때문에 "안전벨트를 차면 답답하다."라는 말은 거짓말이라고 생각한다. 거짓말이 아니라면 착각이다. 계속 그 생각을 하고 있으니 거슬리는 것이지, 일단 채우고 잊어버리면 아무렇지도 않다.

　그러고 나서 룸 미러 위치를 조절하고, 사이드 미러 위치를 맞춘다. 필요하면 의자의 높낮이를 조절하거나 등받이 각도를 바꿔서 가장 편안한 운전 자세를 찾는다. 너무 교과서적인 이야기 아니냐며 하품하는 사람이 있을지도 모르지만, 그런 사람은 보나마나 운전을 잘 못하는 사람이다. 본인은 정작 기본을 지키지 않아 거리에서 민폐를 끼치면서도 다른 운전자에게 손가락질하는 타입의 운전자일 가능성이 높다. 왜냐하면, 이건 정말 기본 중의 기본이기 때문이다.

　룸 미러와 사이드 미러의 위치 조절, 그리고 의자 각도 조절은 내가 처음 보는 시승차를 탈 때만 하는 행동이 아니다. 구입한 이래 나 이외에는 운전한 사람이 없는 내 차, 그러니까 어제도 내가 운전했고 그제도 내가 운전했으며, 오늘도 내일도 내가 운전할 그 차를 탈 때도 마찬가지로 하는 행동이다. 나는 내 차에 탈 때마다 똑같은 행동을 반복한다. 룸 미러와 사이드 미러를 조절하고, 의자의 각도를 편안하게 맞춘다.

그럴 필요가 있냐고? 당연히 있다. 물론 내가 없는 사이에 우렁각시가 나타나서 룸 미러의 각도를 바꿔 놓거나 의자를 눕혀 놓고 낮잠을 자거나 한 건 아니다. 미러 고정 장치가 헐거워서 스르륵 하고 움직인 것도 물론 아니다.

매번 차에 탈 때마다 그것들을 확인해야 하는 이유는 바로 '내 몸이 변했기 때문'이다. 사람의 몸은 꽤 변화가 잦다. 키는 아침과 저녁에 1~2센티미터씩 커지고 작아진다. 앉은키도 마찬가지다. 목은 어깨를 펴느냐 움츠리느냐에 따라 길이가 달라지고, 좌우로 돌아가는 각도도 수시로 바뀐다. 아침에 침대에서 일어나서 십 분 만에 씻고 차에 앉았을 때와, 의자에 앉아서 일을 하다가 커피도 마시고, 점심 먹으러 다녀오고, 담배 피우러 가느라 계단도 몇 차례 오르락내리락 한 이후에 자동차 운전석에 앉았을 때의 자세는 완전히 다른 사람이라고 해도 좋을 정도로 달라져 있다.

퇴근길에 운전석에 앉아 사이드 미러를 보면 아침에는 보이지 않았던 차체 옆면이 보인다든지, 룸 미러 절반이 천장을 가리키고 있다든지, 등받이가 너무 세워져 있어서 허리가 불편하다든지 하는 것을 느껴 본 적이 있을 것이다. 그게 바로 당신의 몸이 변화했기 때문이다.

사실 이건 모터스포츠의 세계에서는 상식이다. F1 드라이버들은 자신의 몸에 맞는 시트와 스티어링 휠을 여러 개 갖고 있다. 그리고 운전석에 앉기 전에는 스트레칭을 충분히 해서 언제나 적절하게 이완된 근육으로 시트에 앉으려고 노력한다. 자동차 마니아라면 누구나 들어 봤을 법한 '차고 조절식 서스펜션'도 사실은 신체의 변화에 대응하기 위한 부품 중 하나다. '차고 조절식'이라는 말은 차의 높낮이를 바꿀 수 있는 것을 말하는데, 많은 사람들이 차체를 좀 더 낮춰서 '폼 나는 자세'를 만들기 위해 이 부품을 장착하지만, 사실은 앞뒤 높낮이를 조절해서 운전자가 좀 더 편안하다고 느끼는 자세를 잡기 위한 구조다. 이런 서스펜션은 대부분 노면 요철을 밟아 수축할 때와 다시 늘어날 때의 속도도 조절할 수 있는데, 그것도 운전자의 컨디션에 따라 완전히 달라지기 마련이다. 하루 종일 테스트해서 최적의 상태로 세팅했다고 해도 그 다음날 타 보면 "이거 왜 이래? 밤새 누가 만져 놓은 거야?" 하는 경우가 많다. 그래서 다시 하루 종일 테스트하며 수치를 바꿔 가다 보면 처음에는 어제와는 정반대의 세팅이 되었다가, 저녁 무렵에는 다시 어제 세팅했던 수치가 되곤 한다. 결국 자동차는 그대로였는데 몸의 감각이 변화한 것이다. 자동차의 스티어링 휠과 시트를 조절할 수 있게 만든 가장 큰 이유가 바로 이 때문이다.

　의자의 위치는 브레이크를 힘껏 끝까지 밟았을 때 무릎이 펴지지 않고 적당히 구부러지는 정도일 때 적절하다. 그 상태에서 양손으로 스티어링 휠의 3시와 9시 위치를 잡는다. 이때 양 팔꿈치의 각도는 90도 정도가 되어야 한다. 그래야 스티어링 휠을 급격히 돌려도 놓치지 않는다. 팔을 쭉 뻗었을 때 스티어링 휠의 12시 부근에 손목의 맥박이 뛰는 부위가 올라가면 당신의 자세는 매우 좋은 거다. 등받이를 한껏

의자의 위치는 브레이크를
힘껏 끝까지 밟았을 때 무릎이
펴지지 않고 적당히 구부러지는
정도일 때 적절하다.
그 상태에서 왼손으로
스티어링 휠의 3시와 9시
위치를 잡는다. 등받이를 한껏
뒤로 젖히고 한 팔을 창틀에
올린 채 손바닥으로
스티어링 휠을 돌리는 건
1990년대에나 먹히던 자세다.

뒤로 젖히고 한 팔을 창틀에 올린 채 손바닥으로 스티어링 휠을 돌리는 건 1990년대에나 먹히던 자세다. 더구나 자동차를 좋아해서 이런 책까지 사서 읽는 당신이라면, 절대로 그런 자세로 운전하면 안 된다. 그러고 운전하다가 다른 차가 갑자기 끼어들면 그땐 피하지도 못한 채 얼굴에 에어백 펀치를 맞게 될 것이다.

올바른 자세로 고쳐 앉았다면 드라이빙할 때 즐겨 다니던 길을 한 번 달려 봐라. 완전히 다른 감각이 느껴질 것이다. 차체의 거동을 이해하기 쉽고, 서스펜션을 통해 전달되는 노면의 감각이 엉덩이와 척추를 타고 올라와 뇌로 전해지는 것을 느낄 수 있을 것이다.

참고로 여자들도 껄렁껄렁한 자세보다 올바른 운전 자세를 더 좋아한다. 여자들은 원래 뭔가를 대충대충 하는 모습보다는 열중하는 남자의 모습을 좋아하기 때문이다. 게다가 다행인지 불행인지 올바른 운전 자세를 취하는 남자들이 별로 없기 때문에 당신의 자세를 보고 "자기는 왜 그렇게 가깝게 앉아서 운전해?" 하며 호기심을 보일 것이다. 이때 "원래 완벽한 자세를 취해야 안전한 운전이 가능하고 또 사람의 몸이란 매일매일 변화하기 때문에……."라고 하면서 잘난 척하면 안 된다. 그냥 "안전하게 운전해야지. 손님도 태웠는데." 하면서 씨익 웃어 주면 된다.

주차의 달인이 되는 법

"어떻게 하면 주차를 잘할 수 있나요?"라는 질문은 생각보다 자주, 그리고 꾸준히 받는 질문 중 하나다. 처음에는 장난삼아 물어보는 것인 줄 알았는데, 알고 보니 진짜였다. 이 세상에는 주차 때문에 고민하는 수많은 사람들이 있었던 것이다. 그래서 이번에는 '주차를 제대로 하는 법'에 대해서 이야기해 보기로 하자.

어떤 대단한 조언을 기대하고 있을지 모르겠지만 만약 지금 타고 있는 차가 전륜구동 패밀리 세단, 그러니까 쏘나타와 그랜저로 대변되는 그런 차들이라면 당장 차부터 바꾸면 된다. 국산 패밀리 세단, 그러니까 쏘나타와 그랜저는 세계에서 유래를 찾기 어려울 정도로 기형적인 형태의 자동차다. 흔히들 "BMW 5시리즈를 타 봤는데, 쏘나타보다 좁던데?"라고 하거나, "실내 공간은 그랜저가 최고지."라고 말하곤 한다. 모두 맞는 말이다. 차체가 크고, 실내 공간이 넓어야 좋은 차라고 생각하는 우리나라 소비자들의 입맛에 맞추다 보니 우리나라 차들은 엔진 배기량에 어울리지 않는 차체 크기를 가졌다. 이것은 모든 국산차에 해당하는 이야기로, 해외 메이커들은 아반떼 정도의 크기라면 2리터 엔진을, 쏘나타 정도의 크기라면 2.5리터 정도의 엔진을 기본적으로 싣는다. 그러나 우리나라는 겉으로 보이는 차체는 크게, 겉으로 확인할 수 없는 배기량은 작게……라고 하는 좀 촌스러운 취향이 꽤 오랫동안 자리 잡아 온 탓에 차체 크기가 지나치게 큰 것이다. 가령 한 세대 전의 르노 삼성 SM7 같은 경우, SM5와 똑같은 차이지만 범퍼 길이만 쭉 늘려서 훨씬 큰 차처럼 보이게 했다. 이런 차들이 잘 팔리는 시장은 전 세계에서도 미국과 우리나라뿐이라고 해도 과언이 아니다. 미국이야 워낙 큰 차들이 많은 나라이고 주차 공간도 여유로워서 주차가 신경 쓰일 일이 없지만, 땅도 좁고 주차공간도 부족한 우리나라에서는 문제가 되는 것이다.

이런 차들로 제대로 주차를 하기란 쉬운 일이 아니다. 전혀 쓸모없는 공간이 길게 늘어나 있거나 부풀려져 있고, 이런 크기 때문에 작은 차를 모는 것보다 주차는 훨씬 어렵기 마련이다. 게다가 국산 차는 서스펜션 세팅이 물러서 조금만 왔다 갔다 해도 출렁출렁거리고, 핸들링도 가벼운 것만 중시해서 바퀴의 각도를 정확하게 파악하기 어려운 타입이라 더더욱 주차가 쉽지 않다. 전륜구동 차량은 엔진이 가로로 배치되기 때문에 차폭의 상당 부분을 엔진이 차지한다. 따라서 스티어링 휠을 끝까지 돌려도 바퀴와 엔진의 간섭을 피하기 위해 바퀴가 많이 돌아가지 않아 저속에서 방향을 바꾸기도 어렵다. 이것도 결국은 차체가 크기 때문에 더욱 느껴지는 부분이다. 이건 운전을 아무리 잘해도 극복할 수 없는 부분이므로 그냥 차를 한 사이즈 작은 걸로 구입하는 수밖에 없다.

부득이하게 큰 차가 필요하다면, 메르세데스 벤츠의 S클래스나 BMW 7시리즈처럼 거대하지만 타고 다닐 때 크기가 부담되지 않는 차를 선택하면 된다. '좀 더 작게 느껴진다'는 건 잘 만들어진 차의 특징이기도 한데, 주로 독일 차가 그렇고, 일본 차들 중에서는 렉서스나 인피니티에서 그렇게 느껴지는 차들이 많다. 5미터가 넘는 차 중에서도 스티어링 휠을 꺾고 주차장에 들어가는 동작이 전혀 부담스럽지 않은 경우도 있으니 결국 설계 시 차체와 조향 기구를 얼마나 제대로 설계했느냐의 문제인 것 같다.

다음 조언은 주차 연습을 하라는 것이다. 그런 거 안 해 본 사람도 있냐고 화를 내는 독자도 있을지 모르겠지만, 내 장담컨대 그렇게 화를 내는 사람들 중에 주차 연습을 제대로 해 본 사람은 별로 없을 것이다. 운전면허 시험을 볼 때 해내야 하는 건 너무 형식적이고, 주차장에서 차를 세우면서 연습하는 건 주차 연습이라기보다 그냥 '주차'다. 주차를 해 본 걸 주차 연습을 해 봤다고 착각하는 것이다.

쉽게 말하자면, 제대로 된 주차 연습은 따로 있다는 이야기다. 우리가 연애 편지 잘 쓰려고 글씨 연습을 할 때는 실제로 편지를 쓰는 게 아니라 글자 하나하나를 또박또박 쓰는 연습을 한다. 드럼을 배울 때는 드럼 세트에 앉아서 치는 게 아니라 타이어를 두드린다. 골프 연습은 골프장에서 하는 게 아니고 골프 연습장에서 한다. 마찬가지로 주차를 연습할 때도 주차장에서 차를 실제로 세우면서 연습하는 것이 아니다.

'주차'를 제대로 하기 위해서는 차의 크기를 제대로 가늠할 줄 알아야 할 뿐 아니라 스티어링 휠을 꺾고 움직일 때 차가 어떤 모습으로, 어떤 라인을 그리며 움직이는지 파악해야 한다. 주차장에서 기껏해야 90도 각도로 움직이는 걸 반복해서는 차량의 움직임을 제대로 익힐 수 없다. 익숙해지려면 스티어링 휠을 완전히 꺾고 액셀러레이터를 밟아 차가 원을 그리는 움직임을 반복해 보는 것이 좋다. 그 상황에서 스티어링 휠을 슬쩍 풀어 주면 어떻게 움직이는지, 슬쩍 풀어 주다 고정하면 또 어떻게 움직이는지 파악하면 차량의 거동을 이해할 수 있다. 속도는 느려도 되지만, 아파트 주차장처럼 붐비는 곳에서는 이런 연습이 불가능하다. 주변에 차나 사람이 없는 공터를 찾아서 해 보면 된다. 기왕 연습하는 거 액셀러레이터를 바닥까지 밟고 풀 가속을 연습하거나, 시속 40킬로미터 정도로 정속 주행하다가 브레이크를 젖먹던 힘을 다해 바닥까지 밟아서 차가 어떻게 멈추는지를 익혀 보는 것도 좋다. 운전이 겁나거나, 속도를 제대로 제어할 수 없는 건 차의 능력이 어느 정도인지 모르고 있어서다. 실제로 풀 가속과 풀 브레이킹을 해 보고 나면 생각보다 금세 익숙해진다는 걸 알 수 있을 것이다. 이건 공공도로에서 할 수 없는 일이니, 적당한 장소는 각자 알아서 찾으시길. 적당한 공터가 전혀 떠오르지 않는다면, 자동차 메이커나 동호회에서 주최하는 드라이빙 스쿨에 참가해 보는 것도 좋은 방법이다. 그런 곳에서 주차를 가르쳐 주지는 않지만, 자동차의 한계 성능을 파악하고 다루는 법을 익히는 데는 아주 좋다.

마지막으로 주차 센서의 소리와 실제 장애물과의 간격을 확인해 보는 것도 중요하다. 소리로 장애물과의 거리를 알려 주는 주차 센서는 경고음의 간격으로 거리를 알려 주는데, 처음에는 긴 간격의 소리가 나다가 점점 간격이 짧아지고 나중에는 '띠이이이이' 하는 연속음이 난다. 이때 차종에 따라 차이는 있을지언정 연속음이 난다고 해도 10센티미터 이상의 간격이 있다. 너무 빨리 장애물과의 거리를 판단해 버리면 마음속의 부담만 커질 뿐이다. 반면에 간격이 충분하다고 해도 스티어링 휠을 얼마나 꺾으면 어떤 방향으로 움직이는지 미리 파악해 두지 않았다면 거리가 충분한데도 장애물에 차를 긁거나 다른 차를 상처 입힐 수 있다.

그리고 혹시 주차 중에 실수로 다른 차를 긁었다면 반드시 연락처와 사과 메시지를 남겨라. 입장 바꿔 생각해 보면 상대방의 마음을 이해할 수 있을 것이다. 요즘은 블랙박스나 CCTV가 생각보다 많기 때문에 완전 범죄가 성립되기 어렵다. 무엇보다 당신의 존엄성을 스스로 더럽히는 건 별로 좋은 버릇이 아니다.

제6부

자동차가 인생을 바꿀 수 있을까

때로는 자동차 때문에 인생이 바뀌기도 한다. 자동차 속에서
로맨스에 눈뜨기도 하고, 스피드와 사랑에 빠질 수도 있다.
이보다 든든한 친구가 또 어디 있겠는가. 내 인생과 함께했던,
그리고 앞으로 함께할 자동차. 이는 곧 내 삶의 또 다른 주인공이다.

내 첫 번째 자동차를 추억하며

내 생애 첫 차는 1994년식 BMW 320i였다. 나는 93학번인데, 물론 대학교 2학년 때 그 차를 탈 수 있었던 건 아니다.(1994년에는 수입 차가 정말 희귀했고 대학생이 BMW를 타는 일은 거의 없었다.) 나는 2001년에 그 차를 손에 넣었다. BMW는 파란색을 각별히 사랑해서 지금까지 수십 종류의 파란색을 출시해 왔는데, 내 차는 그중에서도 내가 가장 아름답다고 생각하는 '모리셔스 블루(mauritius blue)'였다.

사실 그 차를 사기 전까지 내게 자동차는 관심의 대상이 아니었다. 나는 모터사이클에 푹 빠져서 밥보다도, 여자보다도 모터사이클을 사랑하는 열혈 사나이였다. 운전하는 사람이 적극 개입해야 하는 모터사이클에 비하면 자동차는 리스크가 너무 적었기 때문에 전혀 매력적이지 않았다. 바이크는 운전자가 없다면 똑바로 일어설 수조차 없다. 모든 걸 라이더가 알아서 해 줘야 한다. 라이더는 바이크의 서스펜션이자 ECU이자 TCS이다.● 자동차를 타는 사람이라면 ECU니, TCS 같은 거 모르고 운전해도 아무 문제 없지만, 라이더는 엔진의 출력과 바퀴의 미끄러짐을 모두 스스로 컨트롤 수 있어야 한다.("나도 왕년에 타 봤는데, 바이크는 위험해!"라고 하는 이들은 대부분 그걸 컨트롤해야 하는 줄도 모르고 올랐다가 사고를 낸 사람들이다.) 모든 걸 운전자가 스스로 컨트롤하는 것이 바이크의 재미라고 여기던 내게, 네 개의 바퀴로 땅 위에 서 있는 자동차는 바퀴의 수와 반비례하는 재미를 갖고 있다고 여겼다. 집안 좋고 성격 좋고 고분고분한 여자보다는 어딘가 위태위태하고 가녀린 여자아이에게 더 매력을 느끼던 시절이었다.

그런데 2000년 처음 타 본 BMW의 모터사이클이 충격을 줬다. 이 낯선 바이크는 브레이크를 잡을 때 앞부분이 숙는 '노즈 다이브(nose dive)'가 전혀 없었고, 직진할 때는 마치 차체 좌우에 보조 바퀴라도 튀어 나오는 것처럼 땅에 박힌 듯 안정감을 느낄 수 있었다. 뭔가 위험한 듯한 '스릴'이 바이크의 재미인 줄 알았는데, BMW의 바이크는 위험과 스릴을 쏙 덜어내고 다이내믹한 운전 재미만을 남겨 놓고 있었다. '위험'이란 단어와는 거리가 멀었고, 수백 킬로미터를 달려도 전혀 피곤하지 않았다. 내가 그때까지 경험해 온 바이크와는 하나부터 열까

● ECU는 자동차의 엔진, 변속기, ABS 등의 상태를 컴퓨터로 제어하는 전자 제어 장치(Electronic Control Unit)이다. TCS는 트랙션 컨트롤 시스템(Traction Control System)의 약자로, 미끄러지기 쉬운 노면에서 차량을 출발하거나 가속할 때 과도한 구동력이 발생하여 타이어가 공회전하지 않도록 차량의 구동력을 제어하는 시스템을 말한다.

내 생애 첫 번째 차였던
1994년식 BMW 320i는
지금 봐도 멋지다. 8살이나
먹은 중고차였던 탓에 수리비용
감당할 수 없이 팔고 말았지만,
연비나 편의 장비보다 달리기를
중요시했던 그 시대의 BMW를
언젠가 다시 타고 싶다.

제 6 부 자동차가 인생을 바꿀 수 있을까 327

BMW 마크가 달린 탈것 중에서 처음으로 경험해 본 R1100GS.
이 바이크에 오른 경험 때문에 내 인생관이 바뀌었다.

지 너무 달랐다. 엔진은 2기통인 주제에 고회전까지 돌아가는 재미가 상당했고, 표준 장비인 ABS 브레이크는 생각한 곳에 생각한 대로 멈출 수 있게 해 주었다. 이 바이크는 언제 어떤 상황에서도 라이더의 의도를 파악하고 있는 것처럼 느껴졌다. 그렇다고 일제 바이크처럼 "내가 알아서 다 해 줄게." 하면서 너무 나서는 타입도 아니었으며, 이탈리아제 바이크처럼 "그것밖에 안 돼? 좀 더 잘해 볼 수 없어?" 하면서 눈을 내리깔고 쳐다보는 타입도 아니었다. BMW는 "그래요, 당신이 그렇게 하고 싶을 거라고 생각했어요. 제가 도와 드릴게요."라는 식의 친절함을 갖고 있었다. 적당히 남자의 기를 살려 줄 줄 아는, 내조 잘하는 여자 같은 느낌. 섹시한 금발 미녀는 아니지만, 함께 있으면 든든

하고 남의 시선도 적당히 끌 줄 아는, 같이 있으면 뭔가 뿌듯해지기까지 하는 그런 타입이었다. 파란색과 하얀색이 섞인 엠블럼을 '여피의 상징'이라고 여기고 있던 나는 정신적인 충격을 받았다.

BMW 모터사이클을 타 보고 나니 자동차가 궁금해졌다. "아니 이 녀석들 자동차는 대체 어떻게 만드는 거지?" 하는 기분으로 구입한 게 바로 여덟 살 먹은 중고 320i였다. 내가 바이크를 석 대나 사 모으는 걸 보고는 내 돈으로 자동차를 구입할 마음이 없다는 걸 확인하신 어머니께서 가족용 차로 쏘나타를 사 오라며 2000만 원을 주셨는데, 나는 그걸로 이 차를 질렀다.

자동차로는 적지 않은 나이인 여덟 살이었지만, 그 차의 엔진은 정말이지 환상적이었다. 2000cc 배기량에 직렬 6기통이라는, 지금은 찾아볼 수 없는 엔진 형식에서 알 수 있듯이 이 차는 연비나 경제성보다는 스포츠성에 초점을 맞춘 차였다. 저속 토크는 무척 부족해서 국산 2000cc보다 출발이 느렸지만, 일단 가속이 붙기 시작하면 국산 차와는 상대가 안 됐다. 또 엔진 회전에는 아무런 저항이나 부담도 없어서 봄바람에 날리는 민들레 홀씨처럼 회전이 부드러웠다. '실키 식스(Silky Six)'라는 별명은 괜히 붙은 게 아니었다. 춤추듯 움직이는 회전계를 보고 있으면 나도 모르게 코 평수가 넓어지면서 흥분하곤 했다. 딱딱한 듯 부드러운 서스펜션은 노면 충격을 금세 흡수하고는 다시 자세를 다잡았고, 브레이크는 발만 대면 원하는 속도로 줄여 주었

※ 비단결처럼 부드럽다는 뜻의 직렬 6기통 엔진. 구조가 단순해 고장이 없고 성능이 좋은 것으로 유명하다.

다. 스티어링 휠을 꺾을 때마다 나도 모르게 미소가 흘러 나왔다. 모터사이클과 다르지 않는 재미였다. 그 차는 내가 처음 운전해 본 수입 차였는데, 그 이전까지 몰아 봤던 국산 자동차와는 차원이 다른 탈것이었다. 바퀴 네 개를 엔진으로 굴린다고 해서 똑같은 물건이 아니라는 걸 그때 깨달았다.

나이가 있다 보니 수리비는 꽤 들었다. 서스펜션과 차체 연결 부위에 들어가는 우레탄 부싱(bushing)을 갈고 소모품을 교체하는 데 약 400만 원이 들어갔다.(국산 차나 일본 차는 폐차할 때까지 안 갈아도 된다.) 엔진에 불꽃을 튀겨 주는 점화 모듈(ignition module) 하나가 나가서 센터에 갔더니 기통당 하나씩 여섯 개를 한꺼번에 갈아야 한다고 해서 또 250만 원가량이 들어갔다. 당시의 국산 차는 점화 모듈 하나에서 전선을 여러 개 뽑아 모든 기통이 나누어 쓰던 시대였지만, BMW는 원활하고 강력한 점화를 위해 모터사이클이나 스포츠카처럼 기통당 하나씩 사용하고 있었다. 서스펜션에 들어가는 부싱도 국산 차나 일본 차는 소모품 개념이 아니어서 폐차할 때까지 갈지 않아도 탈 수 있지만, BMW는 4만 킬로미터마다 갈도록 지정하고 있었다. "이건 돈 많은 사람들이 타는 차니까 수리비도 많이 뽑아내자."라는 의미가 아니다. 돈을 들이더라도 언제나 신차 상태를 유지하며 탈 수 있게 만들자는 것이다. 폐차할 때까지도 돈만 들이면 신차처럼 탈 수 있는 셈이다. 반면 국산 차나 일본 차는 나이 먹는 건 어쩔 수 없지만 유지비를 최대한 줄여 폐차할 때까지 그냥 돈 안 들이고 타도록 하자는 주의다. 국산 차나 일본 차가 자동차 자체를 소모품으로 본다면, 독일의 자동차는 소모성 부품만 바꾸면 오래도록 함께할 수 있는 '친구'처럼 만들었다는 느낌이었다.

물론 두 철학 모두에 일장일단이 있다. BMW의 소모품 교체는 사회 초년생이었던 내게 꽤 큰 지출을 요구했기 때문에 두 번째 차는 일본 차로 골랐다. 구입 이후에는 가능하면 돈을 쓰지 않는 편이 내 형편에 맞았기 때문이다.

그러나 세월이 흐른 지금은 가끔 "그때 그 차를 계속 고쳐 가면서 탈 걸……." 하는 후회를 하곤 한다. 환경과 효율이 스포츠성보다 훨씬 중요한 가치가 된 지금은 예전의 BMW처럼 우직하게 '달리는 즐거움'만을 추구한 차를 만나기가 쉽지 않기 때문이다. 요즘은 BMW도 소모품의 수를 줄이고, 고회전의 즐거움보다는 연비와 경제성을 추구한다. 소비자의 요구와 시대의 흐름이 그러니 어쩔 수 없는 것이다. 물론 그렇다고 예전 차보다 느리다거나 재미가 없는 건 아니지만, 젊은 시절에는 패기와 열정으로 가득 차서 자기가 하고 싶은 대로 하던 아이가 사회생활을 하면서 주변 분위기에 신경을 쓰게 된 느낌이라고나 할까. 놀랍고 대견스러운 한편 안타깝기도 한 기분이다.

내가 지금 타고 있는 차는 내 첫 차의 손자뻘이 되는 3시리즈다. 2009년에 구입한 이후로 지금까지 고장 한 번 없이 타고 있다. 5년 동안 소모품을 대 주기 때문에 아직까지는 돈이 들어간 일도 없고, 요즘 BMW는 예전 모델처럼 소모품 교체 주기가 짧지도 않다. 기름 값을 생각해서 디젤 엔진을 선택했기 때문에 예전처럼 고회전까지 돌리는 맛을 즐길 수는 없지만, 시내 주행에서 스트레스를 받을 일도 없고 고속도로에서도 예전 차보다 훨씬 빠르기 때문에 불만은 전혀 없다. 요즘도 탈 때마다 감탄하면서 즐겁게 운전하고 있다.

나는 지금도 제대로 운전을 배우고픈 사람에게는 내가 그랬던 것처럼 2000만 원대에 구입할 수 있는 중고 BMW 3시리즈 혹은 1시리즈를 사라고 조언한다. 가끔 BMW를 '부자들의 탈 것'이라고 생각하는 사람도 있지만, 그건 잘못된 판단이다. 좋은 차를 만들다 보니 비싸졌고, 그러다 보니 부자들이 많이 탈 뿐이다. 부자, 그리고 부자의 여자들이 많이 탄다고 해서 BMW의 실력을 얕보면 안 된다는 말이다.

가끔 일본 만화 많이 본 사람들이 "드라이버의 실력을 키우는" 따위의 표현을 많이 하는데, 우리나라에 정식 수입되는 일제 차 중에는 그런 차가 없다. 엔진, 서스펜션, 섀시, 브레이크 등의 밸런스 면에서 3시리즈를 앞지를 수 있는 차는 이 세상에 존재하지 않는다. 두 배 이상의 가격을 지불해야 구입할 수 있는 포르쉐 911 정도가 밸런스 면에서 이 차와 비교할 수 있는 차다.(그러나 두 명밖에 못 탄다.) 정말 '좋은 자동차'를 경험하고 싶다면, 그리고 운전 실력을 키우고 싶다면 3시리즈는 매우 현명한 선택이다. 수리비, 유지비는 물론 국산 차보다 많이 든다. 저렴하고 걱정 없는 차를 사고 싶으면 그냥 국산 차를 예산에 맞춰 구입하는 게 낫다. 그러나 중요한 게 '운전의 재미'라면, '최고의 차'가 어떤 느낌인지 궁금하다면 이 차를 놓치면 안 된다.

오래해 911은 벤츠가 참말
흔해질 적다 있기보다 가깝이
두 배이상 비싼 차일러이지
만 포르셰라고 제도 더 사는
사람에 볼 수 없음을 것이다.
그마큼 값만으로 가한 재원
적인하노시 좀 더 저렴한
차능을 원기 없으 보다면
포거시러도 사지 말라

제6부 자동차가 인생을 바꿀 수 있을까

아내를 위한 자동차 고르기

결혼식을 올리던 날, 턱시도를 입고 하객들을 맞이하기 위해 서 있을 때였다. 대학 시절 너무 무서워서 얼굴만 봐도 벌벌 떨었던 선배가 인자해진 표정과 두둑해진 배를 내밀고 식장으로 들어오는 게 보였다. 양손에 두 딸의 손을 잡고 나타난 그 형은 독기 어린 눈으로 예비군 모자를 비껴쓰고는 소주 병나발을 불던 대학 시절 그 사람이 아닌 듯했다. 어디서 만났는지 여리고 가냘픈 몸매의 자그마한 형수는 내게 눈인사를 하자마자 표정이 굳더니 먼저 저쪽으로 사라져 갔다. 그 뒷모습을 힐끗거리던 선배가 내 귀에 대고 남긴 말이 아직도 기억에 남는다.

"결혼하고 나면 말이야. 여자가 무조건 옳은 거야. 그냥 다 맞다 그래. 네 의견은 이제 없는 거야. 그래야 살기 편해. 알았지? 명심해."

그의 커다란 뒷모습이 왠지 슬퍼 보였지만, 뭘 말하고 싶었는지는 알 것 같다. 나는 아내가 무섭지도 않고, 내게 독하게 구는 것도 아니다. 우리는 어느 쪽인가 하면 오랜 친구 같은 관계로 언제나 상대방의 말을 귀담아 듣고 서로에게 일어난 일에 관심을 갖는다. 부부싸움다운 건 아직까지 한 번도 해 본 적이 없다. 그러나 의견 충돌이 생길 것 같거나, 뭔가 결정을 해야 하는 일이 생기면 난 언제나 아내의 의견을 우선시한다. 사실 그건 내가 애처가여서도 공처가여서도 아니고, 그저 그렇게 하는 편이 '편하다'는 것을 잘 알고 있기 때문이다.

우리나라 도로가 무채색의 세단으로 넘쳐나는 건, 우리나라 남편들이 나처럼 행동하는 게 인생 편하게 사는 길임을 잘 알고 있다는 증거다. 남자에게 차를 고르는 권한이 있다면, 아마도 더 많은 쿠페와 더 많은 왜건이, 그리고 더 많은 원색 자동차들이 있을 것이다. 국산 컨버터블도 한두 종류쯤 태어났을지도 모른다.

여자들은 다년간에 걸친 쇼핑 경험이 있기 때문에 원색이나 눈에 띄는 특이한 디자인도 쉽게 질린다는 것을, 남들과 다른 걸 구입하면 결국 나중에 후회한다는 것을 잘 알고 있다. 그녀들은 자동차를 구두나 백을 구입하는 것과 같은 프로세스로 이해하고 구매한다 남자가 뭔가 모험을 해 보려고 해도, 여자가 혀를 끌끌 차며 철이 덜 들었다는 듯이 눈을 한 번 흘기고 나면 본능적으로 움츠러들고 만다. 시장에서 장난감 사달라고 조르다가 엄마가 미간을 찌푸리며 "쓰읍!" 하고 공기 마시는 소리만 내면 바짝 쫄고 말았던 그 시절 기억이 되살아나는 것

아내에게 선물할 때는
이렇게 튜닝된 것보다는
얌전한 기본형을 골라야
한다는 걸 잊지 말자
당신의 검은 속내를 들켜서
좋을 건 하나도 없으니까

이다. 그렇게 남자들은 어려서부터 꿈꿔 오던 드림 카의 욕망을 접고, 성실한 가장으로서 타고 다니기에 적당한 자동차에 만족하며 살게 되는 것이다.(스포츠카를 탄 남자들이 지나갈 때마다 그 집안 전체를 저주하면서.)

남자들은 어려서부터 뭔가를 구입할 때 '꽂혀서' 산다. 파워레인저 로봇을 사는 사내아이들이 변형 메커니즘의 정교함이나 오래 갖고 놀 수 있는 견고함을 볼 리가 없는 것처럼, 카메라를 고르는 사내들도 렌즈의 초점 성능이나 보디의 조작 편의성보다는 "사나이는 니콘", "나는 캐논 슈터" 같은 감성적인 문구에 혹해서 지갑을 열곤 한다. 뭔가를 구입할 때 남자의 머릿속에서는 '위이이이잉' 하는 컴퓨터 연산이 작동하는 게 아니라 '아아아아아아앙' 하는 맹목적인 사랑의 화학 작용이 일어날 뿐이다.

반면 여자들은 대부분 꽂혀서 지르지 않는다. 남자들이 볼 때는 전혀 비쌀 이유가 없어 보이는 천만 원짜리 에르메스 가방이나 자동차 탈 때는 거추장스럽고 대중교통에는 안 어울리는 모피조차도 뭔가 나름의 '이유'가 있어서 지른다. 그 이유는 남자들이 절대로 납득할 수 있는 게 아니니 여기서 늘어놔 봐야 별 의미가 없고, 그런 그녀들의 심리를 이용하는 방법에 대해서 알아보도록 하자.

이 글의 제목에서 알 수 있듯이 우리는 지금부터 아내에게 선물할 차를 고르는 거다. 선물을 한 후 빼앗아 타기 위해서 고른다는 건 우리끼리의 비밀이다. "당신 안 탈 때는 나도 좀 타지 뭐."라는 건 그녀들을 납득시킬 수 있는 좋은 '이유'가 된다.

우선 아내에게 선물하기에 가장 좋은 차는 미니다. 여자들은 대부분 이 차에 호감을 갖고 있으니, "1600cc라서 세금이 싸고, 차체가 작아서 장 보러 갈 때나 좁은 백화점 주차장 같은 곳에서도 편리할 것 같아." 정도만 하면 대부분 넘어온다. 그래도 마지막에 "무엇보다 당신에게 너무 잘 어울릴 것 같아." 하고 덧붙이면 거의 100퍼센트 미니에 올라타는 자신의 모습을 상상하며 넘어온다. 아내도 사람이니, 당신에게 내세우는 잣대보다는 좀 더 느슨한 잣대를 자기 자신에게 들이댈 것이다. 당신이 미니를 세컨드 카로 들일 자격이 없다고 생각하는 그녀도, 자기 자신은 이 정도 차를 탈 자격이 있다고 생각할 것이다. 잘 안 넘어온다면 "이 차는 사상 최강의 리세일 밸류를 자랑한다고! 1~2년 타다가 팔아도 이득이라니까."라고 설득하면 된다. 실제로 미니는 강남 아파트도 아닌 것이 좀처럼 중고차 가격이 떨어질 줄을 모른다.

그러나 그녀들이 모르는 점은 이 차가 사실 '스포츠카'라는 점이다. 귀여운 외모를 갖고 있기는 하지만, 이 차를 한마디로 정의하는 단어는 '고-카트 필링(Go-Kart feeling)'이다. 마치 카트를 운전하는 것처럼 타이트하고 다이내믹한 드라이빙을 즐길 수 있다는 말이다. 모양이 예쁘기는 하지만, 여자보다는 남자에게 훨씬 어울리는 차다. 타이트한 핸들링과 강력한 동력 성능이 가져다주는 운전 재미는 포르쉐와 한없이 닮았다. BMW의 기술력으로 만들어져 운전하는 재미가 장난이 아니다.

당신의 아내가 운전을 전혀 즐기지 않는, 천상 '아줌마'라면 이 차

'고-카트 필링'이라는 말은 말 그대로 '고-카트를 운전하는 듯한 느낌'이라는 뜻이다. F1 레이서의 필수 코스로 일컬어지는 고-카트는 작지만 매우 강렬한 운전 재미를 전해 주는 탈것. 레저용으로도 사용되지만 레이스도 펼쳐진다. 스티어링 휠과 앞바퀴가 직결되어 있는 듯한 코너링 감각은 한 번 경험하면 중독될 정도로 재미니다.

의 외모에 반해 얼마간 타고 다니다가 점점 차에 오르는 시간이 줄어들 것이다. 생색을 잔뜩 내며 아내에게 미니를 선물한다는 건, 당신의 주말용 스포츠카를 한 대 사는 것과 동일한 의미를 갖는다는 이야기다. 운이 좋으면 몇 달 안에 새 미니의 키를 당신에게 넘기고 십 년 된 SUV를 자기가 타겠다고 할지도 모른다. 아무것도 모르는 아내의 친구들은 "너희 남편이 너를 정말 사랑하는가 보다."며 질투의 화신으로 변신할 것이고, 친구들의 그런 반응은 실제로 당신의 아내가 느끼는 감정의 99퍼센트쯤을 차지한다. 당신은 손 안 대고 코 푼 것이나 마찬가지다. 당신 아내의 친구 남편들은 그 때문에 살기가 조금 팍팍해질 거고, 그럴수록 당신의 점수는 올라간다. 당신은 꿈에도 그리던 당신만의 스포츠카와 아내의 호의, 두 가지를 손에 넣는 셈이다.

물론 미니는 남자에게도 승차감이 조금 딱딱하게 느껴질 수 있다. 그러나 요즘은 승차감과 드라이빙의 재미 두 가지를 동시에 잡는 튜닝용 서스펜션도 많이 나와 있다. 아내의 허리를 위하는 척하면서 달아주면, 당신의 주말 와인딩이 훨씬 재미있어질 수도 있다. 단, 주의해야 할 점은 미니에게 빠진 나머지 너무 과한 튜닝을 하면 안 된다는 것. 아내가 타고 다니기 창피할 정도로 거대한 날개를 달거나, 스티커로 덕지덕지 도배를 하거나, 너무 딱딱한 서스펜션을 끼워서 운전 재미만 얻고 승차감을 잃는다거나 하면, 그녀가 차를 팔아 버리려고 할지도 모른다. 그러면 당신은 스포츠카를 잃어버리게 된다.

미니는 이런 용도로 전 세계적인 인기를 끌었다. 그래서 폭스바겐

비틀도 이 시장을 넘보기 시작했다. '뉴 비틀'이라고 불리던 동글동글 귀여운 이 차는 2012년에 등장한 신형부터 '뉴'를 떼어 내고 '비틀'이라고 이름을 바꿨다. 이름만 바꾼 게 아니라 외관도 많이 달라졌다. 더 이상 동그랗기만 한 게 아니라 늘씬한 라인이 더해져 조금 남성스러워졌다. 이 차를 타도 더 이상 게이로 오인 받을 일은 없을 것이다. 거기에 록 마니아들에게는 성서와도 같은 기타 메이커 펜더(Fender)가 개발한 오디오 시스템을 넣고, 실내 디자인도 좀 더 남성 취향으로 바꾸었다. 계기반 옆에 있던 꽃병도 치워 버렸다. 이 차는 훌륭한 네오 클래식카로 바뀐 것이다. 검은색이라면, 게이는커녕 마초처럼 보일 수 있다. 그래도 여자들은 비틀에 여전히 호감을 갖고 있으며, 남자보다는 여자를 위한 차라고 믿는다. 폭스바겐이 자랑하는 2리터 터보 엔진을 장착한 비틀을 구입해서 아내에게 선물하는 것도 좋다. 이 차는 낮에는 장보기용 차로, 밤에는 드라이빙의 괴물로 변신할 수 있다.

월급쟁이도 탈 수 있는 수입 차

엄마 친구 아들은 월급쟁이이긴 한데 연봉이 1억이 훨씬 넘어서 독일제 수입 차를 멋지게 굴리고 부모님 차도 새로 장만해 드린다지만, 엄마 친아들인 우리는 국산 중형차 한 대 타기도 여간 어려운 게 아니다.

우리 사회에서 '수입 차'란 남녀노소를 불문하고 입에 오르내리는 관심사임에도 불구하고, 수입 차를 사겠다고 선언하면 돌아오는 반응은 한결같다.

"국산 차도 많이 좋아졌는데, 굳이……."
"네가 돈 쓸 나이냐? 모아야 나중에 잘 살지."
"차보다 집이 먼저 아닌가?"

다 맞는 이야기다. 나도 대한민국에서 태어나고 자란 월급쟁이니까 잘 알고 있다. 대한민국 월급쟁이가 수입 차 타는 게 정상은 아니란 걸.

그러면서 왜 '월급쟁이도 탈 수 있는 수입 차'라는 제목으로 글을 쓰냐고? 그야 당연히 수입 차가 타고 싶어서다. 남과 다른 차, 좀 더 좋은 차, 달리고 있을 때 함박웃음을 지을 수 있는 그런 차를 타고 싶은 게 죄악은 아니지 않나. 된장찌개보다 비싼 스타벅스 커피를 마시는 걸 이해 못하는 사람이라면 몰라도, 이 책을 골라서 읽을 정도의 사람이라면 내 기분을 이해할 수 있을 것이다.

그러나 수입 차라고 모두 다 사치인 것은 아니다. 부자들만 타는 차는 더더욱 아니다. 스타벅스 커피를 마시는 게 캔커피만 마셨다가는 죽을 때까지 가진 돈을 다 못 쓸까 봐 걱정돼서 그런 게 아니지 않나. 지금은 수입 차의 가격 거품도 많이 빠졌고, 반대로 국산 차 가격에 거품이 끼면서 국산 차보다 돈을 절약할 수 있는 수입 차도 등장했다.

국산 차보다 돈이 덜 드는 수입 차라는 게 가능한 이유는 디젤 엔진 덕분이다. 이렇게 이야기하면 아직도 "난 세단이 좋아! SUV는 싫어!"라고 하는 사람이 나온다. 이건 분명 승용차 이야기다. 승용차에도 디젤이 있다. 당신이 기억하는 그 덜덜거리는 디젤 승용차가 아니라, 잘 나가고 조용하고 환경도 보호하는 만능 디젤 승용차.

우선 디젤 엔진에 대해 알아 둘 것이 있다. 디젤은 흔히 생각하는 것처럼 검은 연기를 내뿜는 그런 차가 아니다. 그런 차는 이미 환경 규제에 의해 생산과 판매가 불가능하다. 거리에서 볼 수 있는 더러운 매연을 뿜는 차들은 모두 예전에 생산된 것들로, 점차 그 모습을 감추고 있다. 요즘 생산되는 디젤 엔진은 뒷모습만 봐서는 도저히 디젤인지 알 수 없을 정도로 배기가스가 깨끗하다. 지구 온난화의 주범인 이산화탄소 배출량은 휘발유보다 훨씬 적다. 디젤 엔진의 단점이었던 검은 매연의 정체인 미세 먼지는 DPF(Diesel Particulate Filter)라는 필터 장비를 사용해 걸러 낸다. 이 장치는 달리면서 발생하는 열로 축적된 미세 먼지를 태워 버리기 때문에 반영구적으로 사용할 수 있다. 엔진 제작 기술이 발달하면서 디젤 엔진 고유의 단점이었던 진동과 소음도 줄었다. 방음 장치를 철저히 해서 실내에서는 거의 진동과 소음을 느낄 수 없는 경우가 대부분이다. 즉, 요즘의 디젤 엔진은 더럽지도 시끄럽지도 않다는 말이다.

유럽에서는 승용차의 50퍼센트 이상이 디젤 엔진이다. 기름 값이 휘발유에 비해 상대적으로 저렴하고, 연비가 휘발유보다 월등히 좋은 데다 힘까지 좋아서 운전이 재미있기 때문이다. 일본 자동차 회사들이 개발해 낸 하이브리드는 유럽 시장에선 맥을 못 춘다. 유럽 사람들은 연비가 아무리 좋아도 차에 힘이 없고 운전의 재미가 없는 차는 타지 않기 때문이다.(유럽 자동차 회사의 하이브리드는 대부분 미국 시장을 위해 개발된 차들이다.) 일부 유럽 국가 중에는 디젤이 휘발유보다 비싼데도 불구하고 디젤 차량이 더 잘 팔리는 경우도 있다. 2리터 디젤 엔진으로 3리터 휘발유 정도의 파워를 얻을 수 있는데, 연비가 좋으니 기름 값이 다소 비싸더라도 3리터 휘발유 차를 타는 것보다 훨씬 유지비가 저렴하기 때문이다.

그러니 휘발유보다 디젤이 저렴한 우리나라에서 디젤 차를 타는 건 일종의 재테크라고도 할 수 있다. 2000cc 디젤 승용차를 탈 경우, 국산 2000cc 휘발유 승용차를 탈 때보다 기름 값 지출은 3분의 1 수준으로 줄어든다. 고속도로를 주로 달린다면 리터당 20킬로미터 주행도 꿈이 아니다.

가장 좋은 예는 '유럽의 쏘나타'라고 해도 좋을 폭스바겐 골프다. 이 차는 내 옛 애마이기도 하다. 이 차를 사기 전 국산 2000cc 휘발유 차를 탈 때는 당시 한 달에 40만 원 정도의 기름 값이 들었는데, 2000cc 디젤 엔진을 장착한 폭스바겐 골프 TDI로 바꿨더니 한 달에 12만 원이 들었다. 주행 거리도, 운행 구간도 완전히 동일한 상태에서 기름 값이 3분의 1로 줄어든 셈이다. 55리터 연료 탱크에 6만 원어치 기름을 넣으면 아무리 밟고 다녀도 600킬로미터는 너끈히 달렸다. 연비 운전으로 천천히 달리면 700킬로미터 넘게 달렸고, 고속도로에서 정속 주행하면 1000킬로미터도 넘게 달렸다. 얼마나 달리나 싶어 시험해 봤더니 서울에서 부산을 왕복하고 또다시 대전까지 갈 수 있을 정도였다.

내 경우로 계산해 보면 국산 2000cc 세단을 탈 때보다 골프 TDI를 탈 때 매달 28만 원을 절약했다. 한 달에 28만 원이면 일 년에 336만 원을 절약할 수 있다. 5년을 탄다고 가정해 보면, 기름 값으로만 1680만 원이 절약된다는 이야기다. 국산 2000cc 세단에 어느 정도의 옵션을 넣으면 차 가격이 2500만 원 정도 되고, 폭스바겐 골프는 기본형이 3070만 원이었으니 가격 차이는 570만 원인 셈인데, 그 차이는 2년도

골프 TDI는 우리나라에서 수입 차의 대중화를 이끈 일등공신이다. 이 차라면 가족을 위한 패밀리카, 자신을 위한 스포츠카, 그리고 레저를 위한 RV까지 다양한 용도로 사용할 수 있다. 전 세계적인 인기가 괜히 많이 아니다.

안 되어 상쇄된다는 말이다. 물론 차급이 다르고 실내 공간의 크기도 다르긴 하지만, 쏘나타라고 해서 여섯 명이 탈 수 있는 건 아니다. 언제나 다섯 명 타고 다니는 것도 아니니 활용도 면에서 떨어질 건 없다. 오히려 운전하는 재미는 골프가 훨씬 낫다. 게다가 5년 후의 중고차 값을 생각해 보면 당연히 수입 차인 골프가 감가상각이 덜 된다.

물론 유지비와 고장이나 사고가 났을 때의 수리비를 걱정하는 사람도 있다. 그러나 수입 차들은 대부분 적게는 2년에서 많게는 7년까지 보증 수리를 해 주며, 이와 비슷한 기간 동안 엔진 오일, 필터, 브레이크 패드, 와이퍼 등의 소모품도 지원해 준다. 보증 수리 기간 내에는 기름 값만 내고 타면 된다는 이야기다. 그리고 사고 시 수리비는 보험사가 지불하는 것이지 운전자가 지불하는 게 아니다. 보험료를 내면서 사고가 났을 경우의 수리비까지 걱정하는 건 바보 같은 짓이다. 4대 보험 가입된 직장에 다니면서 감기 걸릴까 봐 걱정하는 것과 마찬가지로 의미 없는 걱정이다. 또한 보험료와 세금은 차량 가격에 준할 뿐, 수입 차라고 해서 더 내야 하는 것이 아니다. 차량 가격이 국산 차보다 비싸니 조금 더 내기는 하겠지만, 그 차이가 수십만 원씩 나는 건 아니다.

"디젤 차는 2년만 지나면 덜덜거린다."는 말도 많이 들어 봤겠지만, 독일에서는 그런 말이 없다. 겨우 1~2년 지났다고 성능이 확 떨어지거나 덜덜거리는 소리가 나는 일이 없기 때문이다. 독일 차는 1만 킬로미터 정도 달리면 그제야 길들이기가 끝나면서 더 조용해진다. 르망 24시간 내구 레이스에서 디젤 경주차가 1등을 하는 것만 봐도 내구성을 증명할 수 있는 좋은 예다.

　게다가 달리기 성능이 비교가 안 된다. 신호 대기하다가 누가 먼저 출발하는지 신경전을 벌이는 일이 잦다면, 디젤 차로 바꾸는 것만으로 배틀 승률이 비교도 안 될 정도로 올라갈 것이다. 2000cc 휘발유 승용차는 더 이상 라이벌이 아니고, 3000cc 정도는 되어야 좀 달려 볼 만하다. 특히 디젤 엔진은 토크가 좋기 때문에 언덕길에서는 더더욱 가속력이 좋게 느껴진다.

　혼자 타는 시간이 많거나 아이 하나 있는 젊은 부부라면 실내 크기도 충분하다. 국산 차가 실내 공간이 워낙 넓다 보니 그걸 기준으로 보면 좁아 보이는 것도 사실이지만, 그 황량한 실내 때문에 연비도, 운전 재미도, 질감도 떨어지는 거다.

　다시 종합해 보자면, 골프를 타고 싶긴 한데 아무래도 좀 비싼 것 같아서 국산 세단을 선택한다는 건 결코 좋은 선택이 아니라는 이야기다. 절약이 목적이라면 골프를 사는 게 훨씬 현명한 선택이다. 자동차란 구입할 때만 돈이 드는 게 아니라 지속적으로 기름을 사서 넣어 줘야 하기 때문이다.

내 가슴속의 스피드 레이서

여자들에게 왜 미니스커트를 입느냐고 물어보면 십중팔구는 "자기만 족을 위해"라고 대답한다. 이런 얘기를 들은 마초들은 "거짓말하지 마라. 속으로는 남자들이 봐 주길 원하는 것 아니냐."고 흥분할지도 모르지만, 남성지에서 일하면서 여성들의 심리를 나름대로 연구해 온 전문가적 입장에서 말하자면 그녀들의 주장은 사실이다. 미니스커트를 입은 여자들이 신경 쓰는 것은 남자보다는 오히려 같은 성별을 가진 쪽이다. 남자들이 자신을 어떻게 봐 줄지보다는 다른 여자들이 자신을 어떻게 보는지에 더욱 신경을 쓴다는 이야기다.

    사회적으로 성숙한 인간은 종족번식의 본능을 아무 데서나 나타낼 수가 없다. 미니스커트를 입고 거리를 걷다가 마음에 쏙 드는 멋진 남자가 나타난다고 해서 스커트를 걷어 올리고 "당신의 아이를 갖게 해 주세요."라고 말할 수는 없는 일이다. 여성의 종족번식 욕구는 인간이 사회를 이루면서 거세됐지만, 무의식 속에 남아 있는 본능이 이성이 아닌 동성을 의식하게 만든다. 자신이 수컷들에게 더 매력적으로 보인다고 다른 암컷에게 자랑하고 싶은 욕구다. 남자가 미니스커트를 입은 여자를 바라보며 침을 흘릴 때 그의 여자친구가 옆구리를 꼬집는 이유는 그가 한눈을 파는 게 싫어서가 아니라 상대방 여자가 자신보다 더 종족번식에 유리할 것 같다는 위기의식 때문이다.

자, 이 이론에 반대 의견을 표하고 싶은 사람은 다시 한 번 잘 생각해 보라. 남자가 잘나가는 자신의 자동차를 운전하면서 의식하는 것은 길을 걷는 미니스커트 아가씨인가, 아니면 나란히 달리면서 서로 추월의 기회를 노리는 동급 자동차인가. 미니스커트는 기껏해야 고개를 돌리거나 룸미러를 힐끗거리게 만들 뿐이지만, 옆 차선의 자동차는 남자의 이성을 잃게 만들 수도 있다. 다른 차의 도발에 걸려들어 기름 값 걱정, 만류하는 조수석의 여자친구, 중요한 약속까지도 잊고 배틀을 벌인 적이 있다면, 남자들도 똑같은 심리 구조를 가진 것이다.

나는 해치백을 타고 있었다. 유럽 전역에서 사랑받는 폭스바겐의 골프였다. 그중에서도 2리터 디젤 엔진을 실은 내 골프는 어느 쪽인가 하면 연비를 중시하는 타입이었다. 화끈한 달리기를 원했다면 2리터 터보 가솔린 엔진을 실은 GTI 모델을 샀겠지만, 나는 탄탄한 섀시와 묵중한 토크, 그리고 연비가 더 중요했다. 구입한 지 몇 년이 지나도 참 옳은 선택을 했다고 매일 스스로 감탄하곤 했다. 그렇다고 빠르게 달리지 못한다는 이야기는 아니다. 아우토반에서 길들여진 독일제 차답게 달리기 성능도 장난이 아니었다. 예전에 타던 일제 2리터 가솔린 차보다 훨씬 빠른 페이스로 달려도 기름 값이 반도 안 들었기 때문에 아무런 고민 없이 선택한 차였다.

그런데 출근길에 자주 만나는 해치백 한 녀석 때문에 스트레스가 이만저만이 아니었다. 그 해치백은 현대의 i30였는데, 색깔까지도 나와 똑같은 쥐색이었다. 현대가 '골프를 능가하는 차'라고 대대적으로 선전한 탓인지 그 차의 운전자는 나를 무슨 경쟁 상대로 보는 모양이었다. 꽁무니에 바짝 붙어서는 노골적으로 경쟁 심리를 드러냈다. 사실 배기량이 1.6이건 2.0이건 간에 i30는 골프의 상대가 안 된다. 엔진 출력은 물론이고 하체의 완성도가 다르다. 녀석이 수동 미션에 레이서 라이선스를 갖고 있는 실력자라고 해도 내 골프에 장착된 DSG 미션의 변속 스피드를 따라 잡을 수는 없었다. 신호 대기에 나란히 설 기회라도 있으면 너한테 관심 없으니 다른 데 가서 놀라고 말이라도 해주고 싶었지만 주로 만나는 장소가 강변북로이다 보니 그럴 기회도 없었다. 운전이 서투른 앞차 때문에 급브레이크라도 밟게 될 때면 뒤통수가 화끈거렸다. 잔뜩 흥분한 쥐색 i30 녀석이 들이받을 것 같아서였다. 한번은 짜증이 나서 예열이 미처 끝나지 않았는데도 불구하고 미션을 스포츠 모드에 넣고 액셀러레이터를 깊숙이 밟아 녀석과의 거리를 단번에 벌려 버렸다. 성능 차이를 보여 주려는 의도였는데, 며칠 동안의 도발이 이제야 먹혔다고 생각했는지 녀석은 신이 나서 따라왔다.

남자라면 누구나 투쟁 본능이 있다. 하이빔을 쏘거나 경적을 울리지 않아도, 스쳐 지나가는 분위기만으로 도발인지 아닌지 구분할 수 있는 것도 그 본능 때문이다. 하지만 공공도로에서의 배틀은 100퍼센트 확률로 의미가 없다. 경쟁하지 않는다고 이상하게 생각하는 여자도 없다. 참아라. 처음엔 거세당한 기분이 들지도 모르지만, 그게 결과적으로 당신에게 이롭다.

붕붕거리는 소리가 들려오는 걸 보니 튜닝도 좀 한 모양이었다. 타이트한 코너가 이어지는 와인딩이라면 코너 두 개 만에 안 보일 정도로 따돌릴 자신이 있지만 출근길의 강변북로는 잘 뚫리는 차선에 선 쪽이 이기게 된다. 운이 좋아 앞서 가게 되면 녀석은 자기가 이긴 줄 알 것이고, 나도 사실은 비슷한 족속인지라 그런 상황에 빠지는 건 죽어도 싫었다. 젠장, 차 좋아하는 남자로 산다는 건 이래저래 피곤한 일이다.

야근을 마치고 퇴근하는 길에 남산 고갯길에서 배틀을 하다가 큰 사고를 낸 적이 있다. 사실 사고 자체는 크지 않지만 타고 있던 차가 1억 원이 넘는 고가의 차였던 탓에 출혈이 컸다.(다행인지 불행인지 내 차는 아니었다.) 때는 겨울이었는데 막 데뷔한 사륜구동 스포츠 세단 시승차를 타고 집으로 향하고 있었다. 4000cc가 넘는 차인 데다 사륜구동이어서 속도는 마음먹은 대로 낼 수 있었다. 남산 오르막을 신나게 달리고 있는데 뭔가 뒤에서 다가오고 있다. 꽤 빠른 페이스였는데도 차이가 점점 좁혀지고 있었다. 보통 녀석이 아니었던 것이다. 헤드라이트 형태로 유추해 보건대 그 차는 일제 대형 세단이었다. 그것도 스포츠성과는 거리가 먼, 아저씨들이 독일 차보다 싸다는 이유로 즐겨 타는 차였다. 갑자기 자존심이 퍼뜩 상하면서 오른발에 힘이 들어가기 시작했다. 페이스를 거의 한계에 가깝게 올리자 뒤차 헤드라이트는 다시 점점 멀어지기 시작했다. 룸미러로 보니 커다란 차체가 뒤뚱거리기 시작하는 것이 운전자도 꽤 열이 오른 모양이었지만 내가 탄 차가 더 빨랐다. 오르막에서는 사실 운전 실력보다는 차의 성능이 더 큰 역할을 한다. 게다가 나는 전문 레이서에게 드라이빙 교육도 몇 차례 받은 데다 서킷 주행 경험도 많아서 운전 실력에는 꽤 자신이 있었다. 아마도 녀석은 다시는 내 미등을 볼 수 없을 것이다……라고 생각하는데 뭔가 이상했다. 차체가 앞이 아니라 옆으로 움직이는가 싶더니 오른쪽 코너를 돌고 있는데 차가 왼쪽으로 향하기 시작했다. 눈과 염화칼슘이 섞여 얼어 버린, 게다가 눈에 잘 띄지도 않는 '블랙 아이스'를 밟은 것이다. 차는 중앙 분리대를 들이받았고 내 머리는 세차게 운전석 유리창에 부딪혔다. 1초 정도 정신이 나갔다 들어온 것 같았다. 위험을 감지한 전자 제어 장치는 차를 그 자리에 세워 버렸고, 뒤따라오던 차는 쏜살같이 옆으로 지나갔다.

  그 차의 운전자는 쌤통이라는 듯이 사고 난 내 모습을 보고도 차를 세우지 않은 채 지나가 버렸다. 어쩌면 내 자존심을 지켜 주려는 것이었는지도 모른다. 잠깐 객기를 부리다가 1억 원이 넘는 차를 처참하게 부숴 버렸다. 시간이 새벽 2시에 가까웠기 때문에 나는 홀로 한참을 그 자리에 서 있어야 했다. 다음 날 보험사 직원은 내가 술을 마시지는 않았는지 집요하게 캐물었고 나는 조그마한 목소리로 "전 원래 술 안 마셔요."를 반복할 뿐이었다.

  언젠가 인천공항 고속도로에서 배틀을 하던 형이 사고를 냈을 때 큰 소리로 비웃었던 적이 있는데, 그 벌을 받았는지도 모르겠다. 그 형은 사업이 성과를 내기 시작하자 바로 검은색 포르쉐 911 터보를 샀다. 연식은 좀 오래됐지만 여전히 막강한 아우라를 뿜어내는 녀석이었다. 그 형은 인천공항 고속도로를 혼자 달리다가 뒤쫓아 오는 BMW M3를 보고 흥분한 나머지 배틀을 벌였고, 결국 코너에서 사고를 냈다. 속도가 거의 시속 300킬로미터에 가까웠던지라 둘 다 30바퀴 정도를 뱅그르르 돌다가 가드레일을 100미터 가까이 긁은 후에야 멈춰섰다고 했다. 그때 안 사실인데, 인천공항 고속도로의 가드레일은 충격을 흡수하는 특수 소재를 쓴다고 한다. 형과 상대 운전자는 자동차 수리비 이외에 상당한 금액의 가드레일 수리비까지 지불해야 했다. 그로부터 몇 년 후에는 똑같은 자리에서 빨간 페라리가 사고를 당해 운전자와 동승자가 사망하는 사고도 있었다. 지금도 새벽녘이면 자유로 끝자락과 인천공항 고속도로에서는 배틀이 벌어진다. 잔뜩 튜닝을 해서 포르쉐보다도 빠른 국산 차가 있는가 하면 10억 원이 넘는다고 뉴스에 오르내렸던 한정판 스포츠카까지 등장 선수들의 이름도 거창하다. 이긴 사람이 진 사람의 차를 갖는 차 따먹기 배틀도 종종 벌어진다. 실제로 명의 이전까지 가는 경우가 얼마나 되는지는 모르지만 사내들의 뜨거운 혈기는 그렇게 무의미한 사태로 번진다.

내 자동차가 다른 사람의 자동차보다 빠른 게 뭐가 그리 중요한지를 곰곰이 생각해 본 적이 있다면 바보가 아닌 이상 그런 호기 싸움에 동조할 리는 없다. 그러나 실제로 그런 상황이 되면 생각할 겨를도 없이 몸이 먼저 반응하고 마는 것이다. 적대감이 있어서가 아니라 본능적으로 자신이 더 우수함을 나타내려고 하는 것이다. 그런 점에서 여자는 역시 남자보다 똑똑하다. 여자들이 경쟁하는 몸매와 스타일은 실제로 그녀들의 경쟁력이지만, 자동차 성능은 내 성능과는 무관하니까 말이다. 자동차의 성능을 자신의 성능으로 착각하는 바보짓은 20대 초반 정도에 졸업하는 게 여러모로 이득이다. 지금까지의 사고 견적을 합하면 2억 원에 육박하는 사람의 충고이니 믿어도 좋다.

여자를 사로잡는 남자의 차

남자는 예쁜 여자를 좋아한다. 사실 좀 더 깊게 들여다보면 우리가 여자를 좋아하는 프로세스는 '조금' 더 복잡하지만, 대개 예쁘다면 다른 이유들은 묻히고 만다.

그러나 여자가 남자에게 호감을 갖는 이유와 과정은 남자와 비교하면 훨씬 복잡하다. 그것은 덧셈 뺄셈과 우주선을 달에 착륙시키는 데 쓰이는 수학만큼이나 차이가 있다. 가령 남자들은 발렌시아 오렌지색 람보르기니의 버킷 시트에 앉아 시저 도어를 하늘을 향해 '천컥 위이이이잉' 하고 열면, 여자들 눈 속에 별이 반짝이고 눈물이 살짝 고일 거라고 착각한다. 하지만 사실 여자들은 턱 밑으로 손을 맞잡긴 하지만(그건 본능적인 게 아니라 단순히 그 포즈를 남자들이 좋아한다는 걸 알기 때문에 취하는 거다.) 그 순간 계산기를 두드리거나 람보르기니 운전자의 여성

편력을 연상하고 있을 것이다.

그렇다면 여자들은 어떤 차를 좋아할까? 나이나 지위에 상관없이 고르자면, 두말할 것도 없이 문이 네 개 달린 '세단'이다. 세단은 우리 사회에서 가장 일반적으로 사용되고 있기 때문에 이용하는 데 불편함이 없고, 지나치게 눈에 띄는 일도 없으며, 반대로 남에게 열등감을 갖게 되는 일도 적다. 승차감은 쿠페와는 비교도 할 수 없을 정도로 안락하며, 해치백이나 왜건보다는 훨씬 격식을 차린 것처럼 보인다.

실제로 예를 들어 보자면 쿠페의 커다란 도어는 보기에는 매우 멋지다. 그 문을 활짝 열고 내릴 때의 그 만족감은 세단과는 비교가 안 될 것이다. 하지만 여자의 입장에서는 큰 문이 무거울 뿐이다. 더구나 세단보다 도어의 길이가 길기 때문에 문을 열 때 옆 차와의 간격이 더 필요하다. 차간 간격이 좁은 우리나라 주차장에서 쿠페 도어를 폼 나게 열고 내리기란 쉬운 일이 아니다. 바지를 입은 남자라면 괜찮겠지만, 치마를 입은 여성이라면, 속으로 "뭐 이딴 차를 가지고 왔어." 하고 당신을 욕하고 있을지도 모를 노릇이다.

남자는 데이트를 할 때 뭘 먹었나, 무엇을 했나로 만족도를 따질지 모르지만, 여자들은 그보다 훨씬 많은 것들을 따지고 평가하며 되새긴다. 이는 여자들이 그만큼 예민하다는 이야기이고, 바꿔 생각하면 그녀들을 만족시킬 수 있는 요소가 많다는 의미이기도 하다. 아무리 멋진 레스토랑에서 셰프가 엄선한 재료로 만든 요리를 먹어도, 아무리 비싼 초호화 오리지널 캐스팅의 뮤지컬을 본다고 해도 주차장에서

람보르기니 아벤타도르.
남자가 이 차를 타고 데이트에
나간다는 건, 딱 두 가지를
증명할 뿐이다. 첫째, 차를
산 지 얼마 안 됐다. 둘째,
여자를 만나 본 적이 별로
없다. 진짜 멋진 남자는 절대
이런 차를 타고 데이트하러
가지 않는다.

문을 열 수 있는 공간이 좁아서 낑낑 대며 나왔다면, 그 과정에서 속옷이라도 보일 것 같아서 조마조마했다면, 몇 시간 공을 들여 세팅한 머리카락이 주르륵 흘러내렸다면, 그 데이트는 별로 좋은 점수를 못 받는다. 이때 당신이 몰고 간 차가 승차감이 나쁜 데다 문까지 무겁고 거대한 빨간색 쿠페였다면 그 '실패한 데이트'는 완벽하게 당신 몫이다. 그러나 당신의 차가 윤기가 흐르는 검은색 세단이고 승차감은 흠잡을 곳이 없는 데다 차 안에 음악까지 은은하게 깔리고 있었다면, 그리고 당신은 그녀가 내리기 쉬운 자리에 주차한 후 문까지 열어 주며 에스코트했다면 상황은 바뀐다. 그리고 침대에서 그녀가 당신 생각을 했다면 게임은 끝난 것이나 마찬가지다.

순전히 데이트가 목적이라면 최고의 차는 일본제 세단이다. 그중에서도 토요타나 렉서스가 최고다. 실내가 넓고 정갈하며 무엇보다도 정숙하다. 오디오 성능도 적당해서 잔잔하게 음악을 깔고 도란도란 이야기를 나누며 이동하기에 최적이다. 데이트하면서 고속도로를 200킬로미터 이상의 속력으로 달릴 일도 없으니 승차감이나 운동 성능도 충분하다. 이제 가격도 국산 세단과 거의 다를 바 없으니 가격 대 성능비로는 최고의 선택이다. 국산 차보다 무조건 수입 차가 낫다는 건 아니지만, 남들 다 타는 평범한 세단이 아니라 약간 특이한 선택을 했다는 점도 가산점이 될 수 있을 것이다.

능력도 안 되면서 겉멋만 들었다는 느낌을 주지 않을 자신이 있다면 독일제 세단이야말로 궁극의 선택이다. 타 보지 않은 사람들은 자동차가 다 똑같다고 할지도 모르지만, 두 배 이상 비싼 돈 주고 독일 차를 사는 사람들을 바보라고 생각하는 사람들은 오히려 그들이 더 바보다. 흔히들 지적하는 독일 차의 문제점, 예를 들면 딱딱한 승차감이나 거슬리는 엔진 소음 등은 우리에게 익숙한 국산 차와 달라서 이질감을 느끼는 것일 뿐 실제로는 단점이 아니다. 노면 요철을 지난 후 하염없이 출렁대는 국산 차와 달리 독일 차들은 일순간의 충격은 있을지언정 금세 자세를 다잡는다. 자유로를 따라 드라이브한다면 그녀는 흔들림 없이 순항하는 차에 적응하고 한탄강 쪽 야경을 보는 척하면서 당신의 옆모습을 힐끔거릴 것이다. 액셀러레이터에 힘을 주어 다른 차를 추월할 때마다 때때로 들려오는 엔진의 회전음은 알게 모르게 가슴을 두근거리게 할 것이다. 여자에게 '변화'만큼 중요한 것은 없다. 아무 소리 없이 계속 달리는 차나 시종일관 시끄러운 차보다 상황에 따라 표정을 달리하는 차가 좋은 것은 당연하다. 독일 차를 여자들이 좋아하는 건, 그 차가 비싸거나 능력 있는 남자를 대표하는 차이기 때문만은 아니다. 그 차가 가져다주는 상황과 분위기가 좋기 때문이다. 대부분의 남자들은 에르메스의 버킨 백을 천만 원 넘게 줘 가며 사는 여자들을 이해할 수 없겠지만, 그녀들에게는 충분한 이유가 있다 그리고 그 가방을 드는 내내, 심지어 들고 있지 않을 때도 그 가방의 존재와 장점을 만끽한다. 남자에게 고급 세단이 운전의 재미와 남들의 시선을 느끼게 해 주는 존재라면, 여자들에게 자동차는 그런 장점에 더해서 삶의 질을 높여 주는 역할까지 하는 것이다.

이 글을 읽고 얼굴을 찌푸리며 "뭐야, 결국 비싼 차가 좋다는 거잖아."라고 하는 독자들을 위해서 덧붙이자면, 여자들 앞에서는 절대 그런 말을 하지 마라. 평생 놀고먹을 수 있는 재벌 2세들이 왜 굳이 힘들게 일을 하는지 아는가. 인간이란 언제나 더 나은 것을 향해 갈 때 비로소 존재하기 때문이다. 당신이 만약 지금의 상황에 만족하지도 못하면서 당신보다 앞서 가는 사람을 비난한다면, 그건 여자들이 좋아하는 남성상과는 매우 거리가 멀다. 당신은 여자의 현재 외모만을 볼지도 모르지만, 여자들은 당신을 볼 때 지금의 모습뿐 아니라 미래의 모습까지도 연상하고 있다.

좀 더 알기 쉽게 이야기하자면, 당신의 차가 만약 오래된 중고차라면 독일 차 못지않은 승차감을 위해 타이어 공기압을 점검하고, 과속방지턱에서는 충분히 속도를 줄이라는 이야기다. 주차할 때는 여자친구가 내리기 쉽도록 배려하고, 가능하면 문을 열어 줘라. 그리고 지나가는 외제차를 보며 저주의 말을 내뱉거나 엔진 출력을 읊는 행위는 삼가고, 그 차에 여자를 위한 어떤 옵션이 있는지를 설명해 줘라. 당신이 여자들의 시선에서 생각한다는 사실을 어필하는 건, 두둑한 지갑을 그녀에게 보여 주는 것보다 훨씬 효과적인 유혹법이다.

단순히 데이트를 위해
사용한다면 이 차가
최고의 선택이다. 조용하고
안락하며, 충분히 속물근성이
녹아 있다. 아래 사진 속의
최신형 LS600까지 갈
필요도 없다. 위의 10년 된
구형 렉서스라도 모든 역할을
충분히 해낼 수 있을 것이다.

생애 마지막 차를 고른다면

메르세데스 벤츠 E클래스 카브리올레 시승을 위해 스페인 마요르카 섬을 찾았을 때 그곳에는 지금까지 메르세데스가 선보였던 수많은 컨버터블이 자리를 함께하고 있었다. 그중에서 내 눈을 잡아 끈 것은 1961년형 220SE b였다. 뽀얀 피부에 윤기 나는 가죽 시트, 당시에는 최첨단 소재였을 플라스틱 버튼까지 전성기 모습을 그대로 갖추고 있었다. 메르세데스 벤츠 클래식 센터에서 직접 관리하는 이 차들은 겉모습이 깨끗할 뿐 아니라 시승도 가능한 상태였다. 이 차에 관심을 보였더니 시승 담당자가 선뜻 키를 내어주었다. 50년 전의 유산인데도 키를 건네주고는, 아무런 주의 사항 전달도, 어떤 형태의 각서도, 뒷자리에 앉아 눈치를 주는 관계자도 없었다. 그들의 자동차가 낯선 사람의 조작에 쉽게 고장 나지 않으리라는 확신이 있었을 뿐 아니라 동양

광택을 잃지 않은 차체와
윤기 나는 가죽 시트, 당시에는
지척된 소재였을 플라스틱
버튼까지 1961년형 메르세데스
벤츠 220SE b는 50년 전 신상기
모습을 그대로 갖추고 있었다.
마요르카의 와이너리 옆을
지나는 드라이빙 코스는 마치 새
50년 전으로 돌아가 있는
듯했다.

에서 날아온 낯선 시승자에 대한 신뢰가 있지 않고서야 불가능한 일이었을 것이다.

클러치를 밟아 넣고 시동을 걸었다. 바아아앙 하는 기분 좋은 직렬 6기통 엔진 특유의 건조한 배기음이 울려 퍼졌다. 오른손으로 얇은 기어봉을 천천히 움직여서 1단에 넣고는 서서히 클러치를 뗐다. 연식이 오래된 차에서 나는 쿨럭거리는 소음도 없이 50년의 세월을 거슬러 온 타임머신이 달리기 시작했다. 느긋하게 가속하는 맛을 느끼는 동안 마요르카의 바람이 유리창을 넘어와 머리카락을 헝클어 놓는 느낌이 싫지 않았다. 마요르카의 와이너리 옆을 지나는 드라이빙 코스는 어느새 50년 전으로 돌아가 있는 듯했다.

널찍한 와이너리가 끝나는 지점에 있는 한 노천카페에 차를 세워두고 잠시 쉬어 가기로 했다. 그때 한 노인이 다가 와서 내게 말했다.

"내가 젊었을 적에 그 차를 탔다네. 1962년식 메르세데스 220SE b였지. 정말 끝내줬어."

딱딱한 독일 억양의 영어로 말을 건넨 노인은 이 차의 이름을 똑똑히 기억하고 있었다. 그는 나보다 훨씬 애잔한 눈빛으로 차를 훑어보았다. 차를 내려다보며 쓰다듬는 손길에는 삶의 무게가 담겨 있었다. 어디서 왔냐고 묻는 노인의 질문에 나는 그의 인생에 대한 존중을 담아 대답했다. "저는 잡지사 기자인데 시승을 위해서 한국에서 왔습니다. 이런 차를 타며 젊은 시절을 보내신 선생님이 부럽습니다." 취미삼아 클래식카에 돈을 쓰는 중국 애송이 갑부처럼 보이고 싶지 않았다.

컨버터블을 타고 달리고 싶지만 젊었을 때는 여유가 없고, 잘빠진 컨버터블을 구입할 능력이 생겼을 때는 더 이상 젊음이 없다면서 어떤 이들은 컨버터블을 '슬픈 차'라고 한다. 이 말에 동의하지 못하는 것은 아니지만, 마요르카에서 이 노부부가 탄 컨버터블은 지금까지 내가 본 어떤 차보다도 멋졌다.

그때 어디선가 맹렬한 엔진 소리가 들리더니 짙은 감색의 911 카브리올레가 멈춰 섰다. 노인의 부인이 몰고 온 차였다. "그래도 난 자네의 메르세데스보다 이 차가 훨씬 좋다네." 내가 뭐라고 대답하기도 전에 노부부를 태운 911은 눈 깜짝할 사이에 저 너머로 사라져 갔다.

노부부를 떠나보낸 후 나는 저들 나이쯤 됐을 때 어떤 차를 타고 있을까 상상해 보았다. 내 아이가 훌쩍 커서 자기 차를 갖고 자기 가족을 구성해 독립할 무렵에 내가 갖고 싶은 차라면, 이미 오래전부터 결정되어 있었다. 두 번 생각할 것도 없이 포르쉐 911이다. 클래식도 좋지만, 그 시대에 나온 최신 모델이어야 진짜 의미가 있다고 생각한다. 차체는 은색, 시트는 빨간색으로 하고 안전벨트는 차체 색상과 같은 은색으로, 그리고 도어 트림에는 내 이름을 새길 것이다. 포르쉐의 은색은 제임스 딘이 탔던 550 스파이더 이래로 꿈꿔 오던 색상이기도 하고, 희끗희끗해져 있을 내 머리카락에도 잘 어울릴 것이다. 좀 더 일찍 탈 수 있어도 좋겠지만, 스포츠카는 그 나이에 타야 참맛을 알 수 있다고 생각한다.

포르쉐와 페라리를 구분하지 못하는 사람들을 위해 부연 설명하자면, 머리 희끗해질 무렵에 자기가 번 돈으로 페라리를 사는 사람은 좀 어리석어 보인다. 그럴 돈이 있었다면 미리 샀어야지. 게다가 페라리는 자기가 번 돈으로 사는 차가 아니다. 당신이 페라리 매장에 가서 평생 번 돈으로 이 차를 사겠다고 하면 영업사원도 아마 깜짝 놀랄 것이다. "아니 고객님, 이 돈을 직접 버셨다고요? 그럼 아드님 것부터 한 대……." 그래, 페라리는 돈 많은 집 자식이 타야 옳은 차다. 자기가 번 돈이 아니라 선대가 번 돈으로 사는 차. 성공한 남자보다는 성공한 집안 출신의 남자가 타는 차다. 자동차 마니아라면 가격을 보고 그 정도는 구분할 줄 알아야 한다.

포르쉐는 페라리보다 못해서 그보다 싼 게 아니라, 자기가 번 돈으로 자동차를 사는 사람은 절대 그 이상의 가격을 자동차에 투자하지 않기 때문이다. 물론 둘 다 최고의 자동차이지만, 그 차이는 꽤 크다. 만약 대대로 만석꾼처럼 보이고 싶다면 페라리를 고르는 게 옳다. 페라리를 타면서 작은 집에 살거나, 저녁을 다른 사람에게 얻어먹거나, 세차를 직접 하거나, 반주로 크루그(Krug)를 곁들이지 않는 건 매우 이상한 일이다.

하지만 포르쉐라면 이야기가 다르다. 이 차는 부자들의 장난감이라기보다는 열정을 잃지 않는 남자의 장난감이다. 거친 노면이 나타나면 슬슬 기어야 하는 페라리와 달리 서킷이건 강남대로건 아무 걱정 없이 달릴 수 있고, 주변에 어울리지 못하고 생뚱맞게 튀는 일도 없다. 돈 자랑하고 싶어 하는 졸부처럼 보이지도 않는다.

"그래? 그렇게 좋다면 나도 한 대 살까?" 하고 생각하고 계신, 나보다 먼저 성공한 분들을 위해 약간의 조언을 더하자면, 나는 당장 돈이 있다고 해도 덥석 911을 사지는 않을 것이다. 우선 박스터를 타야 하기 때문이다. 우리나라 사람들은 어딜 가든 "여기서 제일 비싼 거 줘." 해야 자존심이 산다고 생각하는 경우가 많은데, 그건 정말 유치하고 제대로 즐기지 못하는 짓이다. 박스터는 제임스 딘이 타던 550 스파이더의 현신이자, 엉덩이 놀림이 너무너무 섹시한 '포르쉐 중의 포르쉐'다. 이 차를 거치지 않고서는 포르쉐를 논할 수 없다. 911을 타기 전에 이 박스터가 오픈 에어링(open-airing)에 대한 갈증도 해소해 줄 것이다. 게다가 이 차를 타면서 움직임을 완벽하게 이해한 후 911을 타면 그 매력은 배가된다. 그러면 911을 좀 더 즐겁고 유쾌하게, 그리고 군더더기 없이 깔끔하게 조작할 수 있을 것이다.

시트는 반드시 최대한 다양한 방향으로 조절되는 것으로 고르고,

좀 비싸긴 해도 PCCB*도 넣을 것이다. 휠은 가벼운 20인치 BBS를 끼우겠다. 그렇게 하면 가격은 911 수준으로 올라가겠지만, 서킷이나 와인딩에서 모두 만족할 수 있을 것이다. 아참, 보스 오디오 시스템도 잊으면 안 된다. 아아아아아, 생각만 해도 황홀할 지경

● 포르쉐 세라믹 컴포지트 브레이크(Porsche Ceramic Composite Brakes). 일반 스틸보다 내구성이 강하고 제동 성능이 뛰어난 브레이크 시스템으로, 웬만한 소형차 가격과 맞먹을 정도로 비싸다. 여기에 달려 있는 캘리퍼는 주로 경주차에 쓰이는 제동 장치다.

이다. 물론 이 글을 읽고 있으면서, 쓴 입맛을 다시는 사람도 있을 것이다. 세상 사는 게 그렇게 녹녹치 않으니까. 대부분의 사람들은 스포츠카는 언감생심이고, 자신을 위한 차보다는 가족을 위한 차를 타면서 일생을 보내기 마련이다. 하지만 전륜구동 패밀리 세단을 타는 남자가 따분해 보이는 것도 사실이다.

　물론 가정에 충실한 남자를 무시하고 싶은 건 아니다. 그리고 가족을 위해 자신의 취향을 희생한다는 건, 그 나름대로 사나이다운 선택이라고 박수를 치고 싶다. 그래도 따분해 보이는 건 어쩔 수 없다. 미안하지만 사실이다. 차라리 자신의 모든 것을 버리고 패밀리 밴이나 왜건을 선택하면 더 좋았을 텐데, '세단'을 선택했다는 점이 뭔가 끈 하나를 놓지 않으려고 버둥대는 것처럼 보이는 것이다. 다른 차를 선택하고 싶어도 아내가 고집해서 어쩔 수 없다고? 그래, 자동차 하나 마음대로 선택하지 못하는 그 나약함이 처량해 보인다는 거다. 자기 아내 한 명 설득하지 못하면서 "가족을 위해 희생했다."고 자위하는 그 모습이 한없이 슬프다.

제임스 딘의 최후를 함께한 550 스파이더를 현대적으로 재현한 박스터 스파이더. 제대로 된 소프트톱이 아니라 일회용 우산처럼 얇은 방수 천을 지붕에 씌워 놓았지만, 햇살 좋은 날 지붕을 열고 달리다 보면 마치 제임스 딘이 된 듯한 기분이 들 것이다. 스포츠카란 그런 기분 좋은 착각을 위해 존재하는 물건이다.

GT 실버 컬러에 붉은 가죽 인테리어와 소프트톱을 가진 포르쉐 신형 박스터. 이 차는 내가 지금 꿈꾸고 있는 드림 카다. 이 차는 값이 비싸서, 혹은 속도가 빨라서 멋진 게 아니다. 남자의 성공을, 열심히 살아온 인생을 증명하기 때문에 멋진 것이다. 언젠가 내가 충분히 뛰었다는 생각이 들 때, 스스로에게 이런 트로피 하나 선물할 수 있으면 좋겠다.

컨버터블을 타고 달리고 싶지만 젊었을 때는 여유가 없고, 잘빠진 컨버터블을 구입할 능력이 생겼을 때는 더 이상 젊음이 없다면서 어떤 이들은 컨버터블을 '슬픈 차'라고 한다. 이 말에 동의하지 못하는 것은 아니지만, 그때 그 마요르카에서 노부부가 탄 컨버터블은 지금까지 내가 본 어떤 차보다도 멋졌다. 환갑 선물로 나 자신에게 컨버터블 한 대를 사주고 싶다는 오래된 꿈을 다시 한 번 다짐하게 만드는 경험이었다. 컨버터블을 우리 삶에서 멀게 느껴지게 만드는 것은 사람들의 시선도, 우리나라의 날씨도 아니라는 생각이 들었다. 중요한 것은 나의 마음가짐일 뿐. 그날 이후로 나는 언젠가 타게 될 내 생애 마지막 차를 위해 바람이 머리카락을 살며시 어루만지는 그 느낌을 영원히 잊지 않기로 했다.

도판 출처

p.15 ⓒBMW AG; **p.18**(위) ⓒ이명재(MJ Cargraphy), (아래) ⓒAUDI AG; **p.23** ⓒHYUNDAI MOTOR COMPANY; **p.30** ⓒGettyImages/MultiBits; **p.36** ⓒAntramir, Creative Commons(CC); **p.39** ⓒHYUNDAI MOTOR COMPANY; **p.40** ⓒWritegeist, Creative Commons(CC); **p.43** ⓒ이명재; **p.44**(위) ⓒCitroen, (아래) ⓒRenault; **p.58, 60, 63, 68, 78** ⓒBMW AG; **p.82** ⓒAngMoKio, Creative Commons(CC); **p.86** ⓒStuttgart Sport Cars Ltd., Porsche Korea; **p.89** ⓒ이명재; **p.90** ⓒStuttgart Sport Cars Ltd., Porsche Korea; **p.92** ⓒ이명재; **p.97** ⓒBMW AG; **p.98, 102, 106** ⓒ이명재; **p.113, 114** ⓒAUDI AG; **p.116** ⓒBMW AG; **p.119** ⓒ이명재; **p.121, 122** ⓒBMW AG; **p.127, 128** ⓒStuttgart Sport Cars Ltd., Porsche Korea; **p.137**(위) ⓒGeneral Motors, (아래) ⓒ신동헌; **p.147** ⓒ이명재; **p.152** ⓒBrian Snelson, Creative Commons(CC); **p.154** ⓒ이명재; **p.156** ⓒFerrari S.p.A.; **p.158, 163** ⓒ이명재; **p.168, 171** ⓒStuttgart Sport Cars Ltd., Porsche Korea; **p.174** ⓒ이명재; **p.177** Creative Commons(CC); **p.180, 182**(아래) ⓒ이명재; **p.182**(위) ⓒAUDI AG; **p.188** ⓒ이명재; **p.192** ⓒStuttgart Sport Cars Ltd., Porsche Korea; **p.199, 200, 203** ⓒBently Motors; **p.204** ⓒ이명재; **p.210~212, 214** ⓒDaimler, Mercedes-Benz; **p.216, 223** ⓒ이명재; **p.224** ⓒProton Motorsports; **p.226** ⓒ신동헌; **p.230, 234, 235** ⓒVolvo Car Corporation; **p.236, 240** ⓒ장원석; **p.246, 249, 252, 256, 261, 262** ⓒ신동헌; **p.268, 273** ⓒ이명재; **p.283** Creative Commons(CC); **p.289** ⓒBMW AG; **p.315, 333, 339, 347, 350, 354** ⓒ이명재; **p.361** ⓒAutomobili Lamborghini S.p.A.; **p.367** ⓒJoe Cho; **p.369** ⓒ신동헌; **p.373** ⓒ이명재; **p.374** ⓒStuttgart Sport Cars Ltd., Porsche Korea

더 읽을거리

자동차 유형별 특징

세단(Sedan) 지붕이 있고 4도어를 가진 가장 일반적인 차체 스타일이다. 엔진이 있는 엔진룸, 사람이 타는 캐빈룸(객실), 짐을 싣는 트렁크룸, 이렇게 3부분으로 이루어져 있어서 3박스카라고도 불린다. 실내에 좌석이 2열로 배치되어 보통 4~5명이 탈 수 있다. 가족용 또는 업무용으로 사용하기에 무난하기 때문에 가장 많이 생산되는 유형이다.

쿠페(Coupe) 2도어에 지붕이 낮고 날렵하게 생긴 스타일의 차를 말한다. 원래 2인승의 세단형 승용차를 쿠페라고 불렀으나 최근에는 4인승 이상이라도 좌우 하나씩 문이 두 개이고 스포티한 외관이면 보통 쿠페라고 한다.

컨버터블(Convertible) 한국에서 일명 '오픈카'라고 부르는 차를 말한다. 지붕을 접었다 펼쳤다 할 수 있는 스타일로 지붕을 접으면 '오픈카'가 되고, 지붕을 덮으면 쿠페형이 된다. 지붕의 재질에 따라 각각 다른 이름으로 불리는데, 천으로 만들어진 지붕을 '소프트톱'이라고 하고, 차체와 같이 딱딱한 재질로 만들어진 지붕을 '하드톱'이라고 한다. 유럽에서는 컨버터블을 '카브리올레(Cabriolet)'라고 부른다.

로드스터(Roadster) 컨버터블과 달리 아예 차체에 지붕이 없고 좌우측 유리창도 없는 오픈카를 일컬었으나, 요즘에는 지붕의 유무와 상관없이 2인승 컨버터블을 로드스터라고 부르기도 한다.

SUV(Sports Utility Vehicle) 스포츠나 레저 활동에 적합하게 만들어진 스타일의 차다. 비포장도로나 산악지대에서도 달릴 수 있도록 차체가 높고 튼튼하게 만들어졌다. 레저용 차량인 RV(Recreational Vehicle)나 다목적 차량을 뜻하는 MPV(Multi-Purpose Vehicle)와도 유사하다.

해치백(Hatchback) 차체 뒤쪽의 트렁크 부분을 잘라내고 들어 올려서 여는 문을 단 차량을 말한다. 객실의 뒷좌석과 트렁크가 하나로 연결되어 있어서 2박스카라고도 하며, 문의 개수에 따라 3도어와 5도어 해치백으로 나뉜다. 실내 공간을 효율적으로 사용할 수 있어서 실용적이나.

왜건(Wagon) 세단 스타일의 차량에서 트렁크 뒤편으로 꽁무니를 길게 늘여 더 많은 짐을 실을 수 있도록 만든 차다. 미국에서 가장 많이 사용되며, 특히 방과 후 축구클럽에 아이들을 데려다 주는 중산층 엄마를 '사커 맘(soccer mom)'이라고 부르는데 왜건 타입의 차는 이러한 사커 맘들에게 인기가 많다.

픽업(Pick Up) 소형 트럭의 일종으로, 1열 또는 2열로 배치된 좌석 뒤편으로 덮개가 없는 짐칸이 있는 차량을 말한다. 주로 미국에서 쓰이며, 작고 가벼운 물건을 쉽게 싣고 내릴 수 있어서 배달 차량으로 많이 사용된다.

자동차 외관의 부분별 명칭

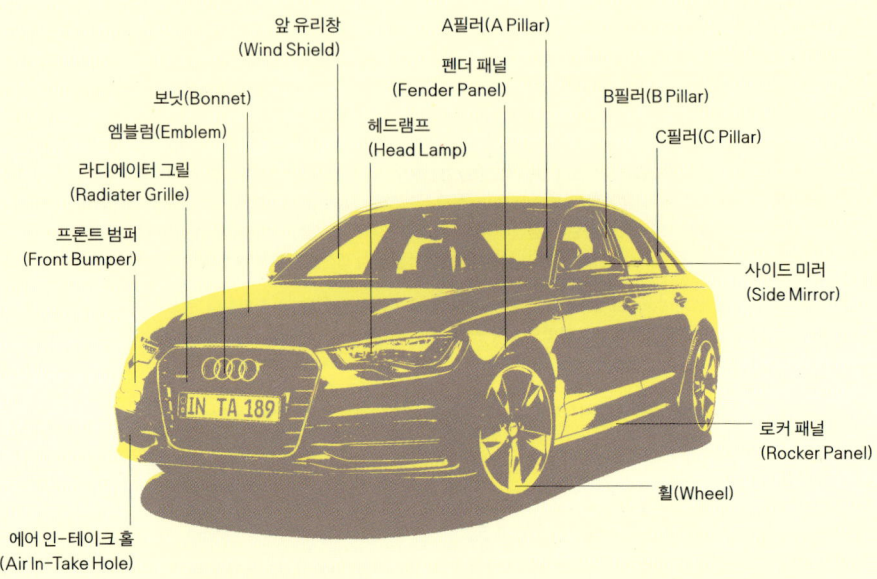

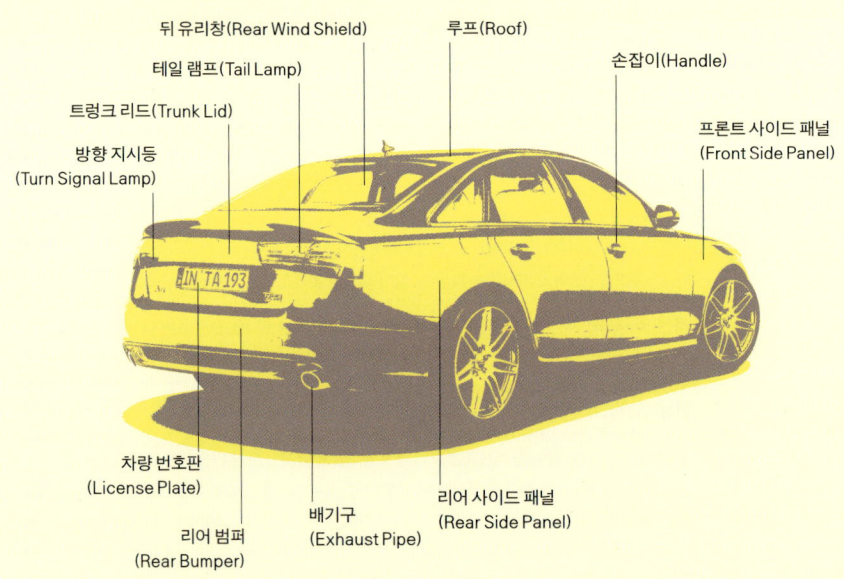

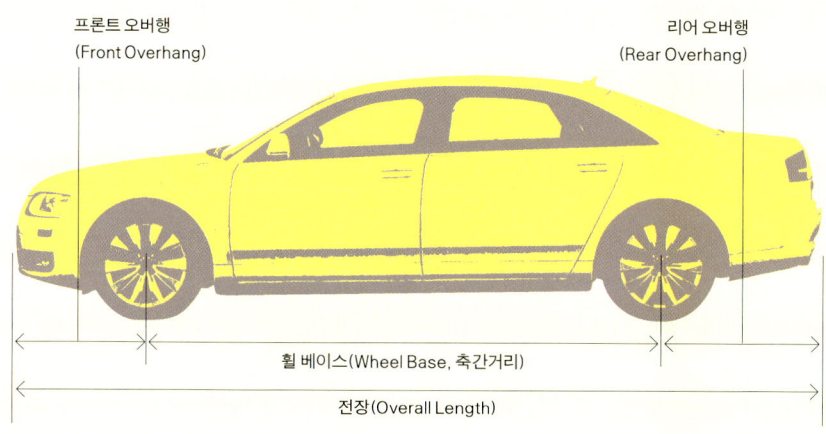

F1 머신 둘러보기

세상에서 가장 빠른 자동차. 더 이상 설명이 필요하지 않을지도 모르겠지만, 사실 F1 머신에 대해 잘 알고 있는 사람은 그리 많지 않다. 당신이 알고 있는 것보다 훨씬 대단한 F1 머신을 샅샅이 들여다보자.

1. 브레이크 브레이크 디스크는 탄소섬유로 만들어진다. 섭씨 2000도의 열로 6개월간을 구워야 디스크 한 장이 만들어진다고 하니 가격은 말 안 해도 상상할 수 있을 것이다. 이 브레이크는 500~800도 사이에서 제 성능을 발휘한다. 온도가 너무 낮으면 전혀 브레이크가 듣지 않고, 너무 높아져도 성능이 떨어진다. 온도 관리도 드라이버의 능력인 셈이다.

2. 섀시 F1 경주차의 차체는 벌집 모양의 알루미늄 구조물 위에 탄소섬유 껍질을 붙여 만들어진다. 이는 지구상에 자연적·인공적으로 존재하는 모든 것 중 가장 튼튼한 구조다. 시속 200킬로미터 이상의 속도로 달리던 차가 충돌 후 내동댕이쳐져도 드라이버가 무사할 수 있는 건 바로 이 차체 구조 덕분이다. 이런 구조는 지금까지 몇몇 슈퍼카들이 흉내를 내 왔지만 가격이 너무너무 비싸 일반 차에 사용하는 건 무리다.

3. 프런트 윙 이걸 날개라고 부르는 건 결코 틀린 게 아니다. 프런트 윙이라고 부르는 이 부분은 비행기의 날개와 완전히 동일한 역학 구조를 가지고 있다. 비행기의 날개가 위로 떠오르게 하는 역할을 한다면, 이것은 F1 경주차의 차체를 땅바닥으로 누른다는 것이 다를 뿐이다. 비행기의 날개를 거꾸로 달아놨다고 생각하면 된다. 이 부분은 '포뮬러'에 따라 엄격하게 규정되지만 팀마다 조금씩 다른 구조로 설계되며 매 경기마다 조금씩 바뀐다. 각 팀들이 이 부분의 디자인을 가능한 한 감추려고 하는 것을 보면 이게 얼마나 승부에 큰 영향을 미치는지 알 수 있다.

4. 스티어링 휠 F1 경주차의 변속기를 조작하는 패들이 스티어링 휠에 달렸다는 건 누구나 아는 사실이다. 그러나 요즘은 국산 차도 스티어링 휠에서 변속할 수 있으니 별로 대단할 것도 없다. 그러나 F1 경주차는 클러치도 스티어링 휠에 달려 있다. 앞뒤 브레이크의 제동력을 분배할 수 있는 장치도 있다. 프런트 윙의 각도도 조절할 수 있으며, 엔진 출력을 제어할 수도 있다. 어떤 버튼을 누르면 헬멧 속의 빨대를 통해 물을 마실 수도 있다. 라디오 조작 기능도 달렸지만, 들리는 건 감독과 머캐닉의 목소리뿐. 배철수의 목소리를 듣는 건 불가능하다.

5. 드라이버 헬멧 내부는 60도, 조종석 내부는 70도까지 올라간다. 스티어링 휠을 돌리는 데 드는 힘은 40킬로그램 이상, 브레이크와 액셀러레이터 페달을 밟는 힘은 80킬로그램 이상이 필요하다. 브레이크를 밟을 때, 코너링 할 때 드라이버에게 주어지는 힘은 중력의 다섯 배. 경기를 마치고 나면 체중이 약 4킬로그램 줄어든다. 무슨 얘기냐고? 아무나 할 수 없다는 이야기다. 도로에서 좀 깝죽댔다고 F1 드라이버의 꿈을 꾸는 건, 당신이 톰 크루즈보다 훌륭하게 연기할 수 있다고 떠벌리는 것이나 마찬가지로 속절없다는 말이다.

6. 타이어 타이어 표면에 아무 무늬가 없는 슬릭 타이어가 2009년 시즌에 10년 만에 부활했다. 팀 유지 비용이 지나치게 많아지자 비용 절감 차원에서 엔진 개발을 제한하는 대신 슬릭 타이어를 다시 사용하기로 한 것이다. 엔진의 출력이 다소 떨어지면서 안전도를 확보할 수 있다고 판단했기 때문이다. 1994년 아일톤 세나의 죽음 이후 속도가 너무 빨라 사고가 잦다는 의견이 대두됐다. 안전도 강화를 위해 고심하던 F1은 1998년부터 홈이 네 개 파여 있어서 기존의 슬릭 타이어보다 접지력이 떨어지는 타이어를 사용하기 시작했다.

7. 엔진 예전에는 경기당 엔진을 한 개씩 사용하고 버리는 매우 호화로운 레이스였지만, 운영 비용이 과도하게 든다는 지적이 이어지면서 연간 여덟 개까지만 사용할 수 있도록 결정되었다. 알루미늄이나 티타늄 등 가볍고 열에 강하며 강성이 뛰어난 소재가 사용되어 무게는 80~100킬로그램에 불과하다. 두 사람이 번쩍 들고 옮길 수 있을 정도지만 최고 출력은 무려 750마력. 배기량이 쏘나타와 같은 2.4리터라는 점을 고려하면 얼마나 엄청난 힘을 내는 건지 알 수 있다. 이 엔진은 최고 1만 7000rpm까지 돈다. 그때의 소리는 온몸의 털을 곤두서게 만든다. 아아아아아아앙.

8. 리어 윙 위에서 본 사진으로는 이 부분을 명확하게 나타낼 수 없다. 옆에서 본 사진 한 장으로도 불가능하다. 뒤에서 본 사진으로도, 혹은 정면에서 본 사진으로도 이 복잡 미묘한 형태의 날개를 묘사하는 건 불가능하다. 심지어 눈앞에 갖다 놓고 봐도 이 날개가 왜 이런 모양을 취해야 하는지 이해하는 건 쉽지 않을 것이다. 이 날개의 디자인에 따라 최고 시속 350킬로미터에 달하는 영역에서 10킬로미터 이상의 속도 오차가 난다. 주행풍뿐 아니라 배기가스조차도 이 날개를 이용해 차체를 노면에 밀착시키는 데 쓰인다. 1000마력의 힘이 있어도 땅에 붙어 있지 않으면 소용이 없으니까.

엔진 기통별 특징

단기통 실린더 하나만으로 구성된 엔진을 '단기통 엔진'이라고 부른다. 기술적으로 실린더 하나당 배기량 700cc를 넘기기 쉽지 않기 때문에 토크와 출력을 확보하는 데 어려움이 있어 자동차용으로는 쓰이지 않는다. 진동이 심하고, 배기량이 커질 경우 다기통보다 효율이 떨어지기 때문에 주로 소형 모터사이클이나 예초기 등에 쓰인다.

2기통 원래는 모터사이클에 주로 쓰이는 엔진이지만 최근 피아트가 875cc급 2기통 엔진을 사용하면서 다시 자동차에도 쓰이기 시작했다. 병렬, 수평대향형(Boxer Engine), 다양한 각도의 V형 등 수많은 타입이 있으며, 모터사이클 시장에서의 인기 또한 높다. 알고 보면 가장 개성이 다양한 엔진 중 하나.

3기통 1리터 이하의 경우, 같은 배기량의 4기통보다 3기통이 토크 특성에 있어 더 유리하다고 판단되어 경차 위주로 많이 사용되던 엔진. 그러나 4기통의 기술 발달로 최근에는 4기통에게 자리를 내주고 있다. 모터사이클에서는 영국의 트라이엄프가 3기통 스페셜리스트로 유명하다.

4기통 현재 가장 기본적인 자동차 엔진 중 하나. 1~2.5리터급까지 다양하게 사용되며 적절한 가격에 적절한 성능을 낼 수 있어 많이 사용되고 있다. 실린더를 나란히 연결한 직렬식이 주류이며, 드물게 수평대향 방식을 사용하는 메이커도 있다. V형 4기통은 모터사이클에는 쓰이나 자동차에서는 쓰이지 않는다.

5기통 매우 개성 넘치는 엔진의 하나. 직렬 4기통 엔진에 실린더 하나를 더 단 것, V6 엔진에서 실린더 하나를 떼어 낸 것, V10 엔진의 한쪽 뱅크를 덜어 낸 것 등 다양한 방식이 있다. 주로 볼보, 아우디 등의 유럽 메이커에서 사용되며 4기통이나 V6에 비해 개성 넘치는 특성 때문에 마니아들의 지지를 받는다.

6기통 현재 '고급 차'의 기준이라고 볼 수 있다. 같은 회전수일 경우 4기통보다 실린더 하나당 하는 일이 적기 때문에 회전감이 부드럽고 가볍게 고회전까지 올라가는 특성이 있다. 진동을 줄이고 정숙성을 도모하는 데도 무척 유리하다. 예전에는 2리터급에서도 자주 볼 수 있었지만, 최근에는 3리터 이상에 쓰이는 경우가 많다.

8기통 고성능 엔진의 대명사와 같은 존재. 미국에서는 특히 8기통을 사랑하는 사람이 많아서 "V8이 아니면 자동차라고 부를 수 없다."는 의견도 많다. 부드러운 회전 감각, 넘치는 파워, 박력 넘치는 배기음 등으로 팬이 많다. 현재 기술적으로 가장 우수한 대형 차량용 엔진이라고 볼 수 있으며, 더 기통수를 늘리는 것은 의미가 없다는 의견도 있다.

10기통 이제는 무척 보기 힘들어진 엔진. F1이 10기통을 사용하던 시절(현재는 8기통), BMW가 F1의 기술을 이용해 만든 V10 엔진을 M시리즈에 장착했지만, 이제는 V8로 다운사이징 되었다. 트럭용 V10 엔진을 개조해 실은 닷지의 스포츠카 바이퍼는 2010년 단종됐다가 2013년부터 부활한다고 한다. 현재 람보르기니 가야르도와 아우디 R8이 이 방식의 엔진을 사용하고 있다.

12기통 '최고의 자동차용 엔진'이라 불리는 존재. 더 가벼운 V8으로도 V12 못지않은 출력을 낼 수 있는 시대지만, '효율' 같은 현실감 넘치는 단어로는 설명할 수 없는 특별함이 깃들어 있다. 오랜 세월 동안 최고의 자동차에만 사용되었기 때문에, 지금도 그 가치를 사랑하는 사람들이 많다.

굴림 방식의 종류와 특징

앞바퀴 굴림(FF, Front Engine Front Drive, 전륜구동前輪驅動)
엔진을 차체의 앞에 놓고 앞바퀴를 굴리는 방식. 구동계가 모두 앞부분에 있기 때문에 만들기 쉽고 생산 단가도 저렴하며 실내 공간도 넓다. 오늘날 대부분의 자동차가 택하고 있는 방식이지만 차체 앞부분이 지나치게 무거워 밸런스가 떨어진다.

뒷바퀴 굴림(FR, Front Engine Rear Drive, 후륜구동)
엔진을 앞에 놓고 뒷바퀴를 굴리는 방식. 앞바퀴는 조향을, 뒷바퀴는 구동을 각각 담당하기 때문에 가장 효율적이고 안정되며 앞뒤 무게 배분 면에서도 유리한 방식이다. 하지만 차체 앞에서 뒤로 구동축이 지나가기 때문에 실내 공간이 좁아진다. 승차감이 가장 좋아 대부분의 고급 차는 이 방식을 택한다. 눈길에서 뒷바퀴 안정성이 떨어지기 때문에 윈터 타이어는 필수다.

네 바퀴 굴림(4WD, Four Wheel Drive, 사륜구동)
오프로드 주행이 가능하도록 저속 트랜스미션을 장착한 SUV형 자동차를 4WD라고 부른다. 평소에는 앞바퀴 혹은 뒷바퀴만을 굴리다가 험난한 지형에서 네 바퀴를 모두 굴리는 방식이 많다. 네 바퀴를 모두 구동하는 가장 중요한 목적은 '험로 주파'다. 최근에는 전자식 AWD에 밀려 점점 사라지고 있는 추세.

상시 사륜구동(AWD, All Wheel Drive, 전륜구동全輪驅動)
4WD와 구분되는 점은 '험로 주파'보다는 '트랙션 확보'에 초점을 맞추고 있다는 것이다. 언제나 네 바퀴를 굴리며 상황에 따라 각 바퀴에 출력을 나누어 분배하므로 험로 주파는 물론, 빗길이나 눈길, 코너링 시에도 좋은 효과를 낸다. SUV뿐 아니라 세단이나 왜건, 스포츠카에도 사용되고 있다.

미드십(MR, Mid Engine Rear Drive)
운전석 바로 뒤, 즉 차체 한가운데에 엔진을 놓고 뒷 바퀴를 굴리는 방식. 자동차 부품 중 가장 무거운 엔진이 차체 한가운데에 있기 때문에 무게 배분에서 가장 유리하다. 구조적으로 2인승이 될 수밖에 없으며 정숙성도 떨어지기 때문에 스포츠카에만 사용된다. 핸들링이 무척 날카로우며 코너링 성능도 좋다.

RR구동(RR, Rear Engine Rear Drive)
세계에서 가장 많이 팔린 차 중 하나인 폭스바겐 비틀과 포르쉐 덕분에 유명해진 방식. 뒷바퀴 뒤, 즉 일반 차량의 트렁크 부분에 엔진을 싣고 뒷바퀴를 굴린다. 구동 시 노면 접지력이 좋고, 브레이킹 시 앞바퀴 부담을 덜어 주는 등 다양한 장점이 있지만 많이 쓰이지는 않는다. 현존하는 자동차 중에서는 포르쉐 911과 미쓰비시 i, 타타 나노, 그리고 대부분의 버스가 이 방식이다.

그 남자의
자동차

자동차 저널리스트 신동헌의 낭만 자동차 리포트

1판 1쇄 펴냄 2012년 8월 30일
1판 11쇄 펴냄 2021년 5월 17일

지은이 신동헌
펴낸이 박상준
펴낸곳 세미콜론

출판등록 1997. 3. 24. (제16-1444호)
(우)06027 서울특별시 강남구 도산대로1길 62
대표전화 515-2000 팩시밀리 515-2007
편집부 517-4263 팩시밀리 514-2329

ⓒ 신동헌, 2012. Printed in Seoul, Korea

ISBN 978-89-8371-441-1 13690

세미콜론은 이미지 시대를 열어 가는 (주)사이언스북스의 브랜드입니다.

www.semicolon.co.kr